Pearl S. Buck

谨以此书纪念赛珍珠诞辰*130*周年

PEARL S BUCK
1892—1973
AMERICAN AUTHOR

再见赛珍珠

徐和平 编著

江苏大学出版社
JIANGSU UNIVERSITY PRESS
镇 江

图书在版编目(CIP)数据

再见赛珍珠 / 徐和平编著. — 镇江 : 江苏大学出版社, 2022.5
ISBN 978-7-5684-1808-9

Ⅰ. ①再… Ⅱ. ①徐… Ⅲ. ①赛珍珠(Buck, Pearl 1892-1973)—人物研究②赛珍珠(Buck, Pearl 1892-1973)—文学作品研究 Ⅳ. ①K837.125.6②I712.065

中国版本图书馆 CIP 数据核字(2022)第 077398 号

再见赛珍珠
Zaijian Sai Zhenzhu

编　　著/徐和平
责任编辑/汪再非
出版发行/江苏大学出版社
地　　址/江苏省镇江市梦溪园巷 30 号(邮编: 212003)
电　　话/0511-84446464(传真)
网　　址/http://press.ujs.edu.cn
排　　版/镇江文苑制版印刷有限责任公司
印　　刷/扬州皓宇图文印刷有限公司
开　　本/710 mm×1 000 mm　1/16
印　　张/16.5
字　　数/240 千字
版　　次/2022 年 5 月第 1 版
印　　次/2022 年 5 月第 1 次印刷
书　　号/ISBN 978-7-5684-1808-9
定　　价/52.00 元

如有印装质量问题请与本社营销部联系(电话:0511-84440882)

自　序

时光飞逝。还清楚记得 1992 年 3 月与南京大学外语系刘海平教授赴美国兰道夫–梅肯女子学院参加赛珍珠百年诞辰研讨会。而今，2022 年即将到来，赛珍珠一百三十周年诞辰在即。如何纪念她？我觉得将 20 世纪八九十年代我曾参与赛珍珠研究的早期情况作一回顾与汇编，应该是纪念她的最合适的方式之一。

在 20 世纪中美交往历史中，赛珍珠是中国人需要铭记的真诚朋友、一位特别的“爱国者”。她为中美两国人民的了解与交往做出了巨大的贡献，在 20 世纪中国走向世界的历程中发挥了非常独特与重要的作用，是那个时代中美交流中的一位重要历史人物。

1892 年，赛珍珠出生三个月时即被其身为传教士的父母带到中国。从那时起，除去青年时代回美国上大学及探亲，直到 1934 年返回美国定居的 30 多年时间里，赛珍珠成长、生活、工作和写作在中国。她一生创作小说上百部，绝大部分以中国为题材，可以说中国生活是她写作的主要素材和创作源泉。她也凭借在南京写就的《大地》三部曲等中国题材小说，于 1932 年获美国普利策奖，1938 年获诺贝尔文学奖。

赛珍珠以对那个时代中国农村全面深入的史诗般描绘，打开了美国等西方人面向东方的视野，增进了美欧读者对中国的了解。这也为二战期间众多美欧民众积极支持中国人民的抗日战争起到了重要的推动作用。20 世纪 50 年代末，美国社会学家艾萨克森曾做过一项调查：有三分之二的美国人认为他们在 20 世纪 30 至 50 年代对中国的印象来自赛珍珠。

赛珍珠还是作品被翻译语种最多的美国作家之一。1949 年以前，她的作品为那个时代中国知识分子及作家所熟悉。1949 年以后，因美国麦卡锡主义盛行，中国参加抗美援朝战争，以及东西方意识形态冲突，中美关系处于冰点，中美文化交流和民间接触全面中断，赛珍珠的创作也受到影响。

20世纪五六十年代，她因发表了一些批评中国政治运动和中国领导人的作品受到中国文学界的批判，其作品也被打入另册，此后赛珍珠的名字在中国逐渐变得陌生而被淡忘。

而实际上，赛珍珠对中国和中国人民的感情始终未变。

她在1961年出版的《过路的桥》扉页上写着："我拒绝称她是敌对的国家，中国的人民太善良，中国的土地太美丽。"赛珍珠始终热爱着这片命途多舛的"大地"，那份情感深沉、厚重、充满善意。

1962年2月5日在美国费城一个中国春节晚宴上，赛珍珠发表讲话，呼吁美国政府恢复与中国的交往。据镇江学者裴伟2020年1月23日发表在《人民政协报》上的文章，曾任中国清华大学科学技术与社会研究中心兼职教授的美国学者罗伯特·坦普尔是那天费城春节晚宴的参加者之一，他曾在南京发表的演讲中介绍了赛珍珠那次讲话的内容。赛珍珠的话是这样的：

我们必须打开以往自己对中国关闭的大门。为了我们自己的利益，我们不能无视或是排斥任何人或是任何国家。这一点适用于，我的观点是，适用于古巴。如果你不喜欢自己的一个邻居，你不要不理睬他或不跟他说话。任何一个有点教养的人，都不会这样待人行事。因为，如果这样做法，你不但失去了可能跟这个人延续友谊的机会，而且你还给自己增添了一个仇人。你只是由于不跟别人说话、不理会别人就增添了仇敌。同样的情况，对于今天的中国也是一样的。我们，不能不理会中国人。他们是太为重要的人们。我们必须同他们打交道，直截了当、诚恳坦率地同他们打交道。

我本人确信，在今天的共产党中国和西方之间，将会实现一种和解。我并不确切知道这种和解将会如何产生，但我相信它们定会实现。我了解中国人。他们是高傲自豪的人，他们是质量上乘的人。我曾在中国生活多年，其间有一部分时间我在那里教书（那是在南京）。我记得我教过的那些学生，记得他们当中有许多是多么的聪明。我也记得他们如饥似渴的求知欲望。

我常和人争辩，为什么中国人当中有这么大比例是聪明……绝对聪明……的人。

是的，今年是黄帝纪元第4660年。中国自古以来一直在进行着优胜劣汰的选择。弱者消亡，强者生存。如今，最最强势的中国人正居住在中国的土地上。我相信，这就是中国人之所以是伟大的人的理由之一。不断进行着的选择与淘汰，很是一回子事情。

中国人乃是一种优质的人。我也了解，当中国人决定，使自己适应如同世人今日所知的那种现代的生活之时，便以最快的速度来做这件事情……重要的是，国人应当立即打开以往自己对中国所关闭的大门，并在自己还能做到的时候就跟这个国家建立友好的关系。

我确信，中国迟早会有一天……不是立即……中国，早晚会在世界上，作为世上所有最伟大、最自豪的国家之一，而占有一席之地。①

赛珍珠在讲话中坚信中国将在不久后的某一天成为最伟大的国家之一。

在东西方冷战最严峻的时刻，赛珍珠能发表以上对中美关系和中国未来发展富有直觉与远见的感言实属难得与珍贵！更令人感慨的是，赛珍珠发表以上谈话后不到十年，她的预言就实现了。

1971—1972年，赛珍珠积极支持尼克松总统的对华新政策。她非常渴望重返中国——她心目中的另一个祖国，亲眼看到新中国的巨大发展变化，并以她所见所闻再次撰写一部向美国和西方世界介绍新中国的著作。但是赛珍珠访华签证申请被拒，未能成行。此后，她的健康出现问题，1973年3月6日因肺癌逝世于美国佛蒙特州丹比镇。根据她的遗嘱，赛珍珠被安葬于曾生活了几十年的费城郊区的青山农场。她的墓碑简洁至极，上面仅有三个篆书汉字“赛珍珠”，与她生前所用青田石章的篆文书法完全一致。据说，赛珍珠被安葬时，穿的是一件她平生最喜爱的丝绸旗袍。这也许是她对中国最后的爱意。对中国、中国人、中国文化的深情伴随了赛珍珠的一生，她希望能伴随到永远。

尼克松在悼念赛珍珠的声明中说：“赛珍珠是一座沟通东西方文明的人桥，一位伟大的艺术家，一位敏感而富有同情心的人。”

海伦·斯诺——被誉为中国人民最好的美国朋友之一，为镇江赛珍珠研

---

① 罗伯特·坦普尔. 回忆赛珍珠［G］. 汪健译//许晓霞，赵珏. 赛珍珠纪念文集（第4辑）. 镇江：江苏大学出版社，2013：104-105.

究题写："怀念赛珍珠，我亲密的朋友。她架起了第一座沟通东西方的桥梁。"

他们为何如此评价赛珍珠？

随着改革开放的到来，重新认识赛珍珠、重新评价赛珍珠的风潮在中国悄然展开。1988 年，漓江出版社出版了赛珍珠《大地》三部曲中译本。这位自幼成长在中国、以写作中国题材小说而荣获诺贝尔文学奖的美国女作家及其作品再次出现在了中国读者和学者的视界之中。自 1991 年以来，中国已经连续举办了十次赛珍珠文学创作讨论会或赛珍珠国际学术研讨会。如今，一些中国大学的外语系或外语学院还开设了赛珍珠研究的专业课程。镇江、南京、宿州、九江庐山等地恢复并修缮了赛珍珠故居。赛珍珠视自己为中国人，视中国为其故乡，她对中国的热爱、对中国文化的宣传，她的名字及文学作品，她不遗余力地援华抗战，积极推动废除《排华法案》，她对中国社会发展的关心与贡献，都得到了当今研究者们的肯定。多年来中国人对她的误解，也如同蒙尘被逐步拂去，"珍珠"如今再次闪现其真实的光彩！

中国人再次"见"到赛珍珠、重新审视赛珍珠、再次拥抱赛珍珠，这一改变在当初（20 世纪 80 年代）是怎样发生的，又是怎样一个历程？

我在 20 世纪八九十年代曾参与了赛珍珠研究的早期工作，很幸运地成为这一历程的见证者和亲历者。本书将重新整理这些往事，同时又适量增补了一些最新的研究史料，它们当中有一些是最近二十多年来研究者们的新发现。我觉得这对认识赛珍珠、研究赛珍珠来说显得弥足珍贵。

几十年的时光对个人记忆来讲无疑是漫长的。我的回顾与记录难免有遗漏或差错，恳请当年的知情者、参与者，还有本书读者给予指正与补漏。希望这本书可以使中国赛珍珠研究的发展脉络更加清晰与完整，同时也可让现在的年轻朋友"穿越时空"认识这位中国人民的老朋友。

谨以此纪念赛珍珠女士诞辰一百三十周年。

徐和平

2021 年 4 月写于美国洛杉矶

目录
CONTENTS

一、“相遇”历史名人

1977 年，我自南京师范学院（今南京师范大学）外语系英语专业毕业，回到原来任教的镇江市第五中学继续任英文教师。我关注到了中国旅游事业的蓬勃发展，于是投入其中开始研究。1980 年，我的第一篇论文《旅游经济规律初探》发表在云南《经济问题探索》杂志的第 2 期上，受到正在积极推进对外开放和发展国际旅游事业的镇江市领导的关注，随后我因此被调入镇江地区外事办公室（地市合并后为市政府外事办公室，简称市外办）担任英文翻译。

1980 年 3 月 5 日，我作为翻译参与接待美国印第安纳大学代表团。代表团中一位美国朋友拿着一本英文书 *The Good Earth* 问我：“你读过这本书吗？你知道 Pearl S. Buck 吗？她就是从你们这座城市走向世界的。”

啊？我懵了。我告诉对方我不知道这本书，也不知道 Pearl S. Buck 是谁。

尽管此前我做了镇江概况与旅游景点知识方面的认真准备，但对于他的提问，我当时却是无从回答。

我问他：“Pearl S. Buck 是谁？这本书是什么内容？”

美国客人回答：“Pearl S. Buck 是一位美国著名女作家。她写的这部小说是关于中国和中国农民的，并在 1938 年获得过诺贝尔文学奖。根据她的自传，她曾经在镇江这座城市生活多年。”

我听了非常惊讶。镇江还曾孕育过这样一位美国作家？我还算是爱读书的人，也读过不少外国小说，对外国的著名作家包括美国的作家也略有所知，但是我却从未听说过 Pearl S. Buck 的名字。我说：“很抱歉。我不知道这个人，也没有读过她的作品。不过我希望可以找到她的资料，以后可以向外国朋友们介绍和宣传镇江。”

就这样，在尴尬之中，我与赛珍珠这位历史名人“相遇”了。

送走美国客人后，我立即将接待中了解的这个情况写入我的接待工作简报中并上报市外办，还向当时的镇江市外办主任于允伦作了专门的口头汇报。那时我还不知道 Pearl S. Buck 的中文名字是赛珍珠，在接待简报中我将其英文名字译为“帕尔巴克”。于主任对此信息非常感兴趣，他对我说：“小徐，这个信息对镇江很重要，你要尽快搜集资料，我们需要了解她的具体情况。”

20 世纪 80 年代初，笔者（右一）与镇江市外办主任于允伦（右二）接待美国客人

于是我立即到市图书馆寻找 Pearl S. Buck 的作品与资料，但一无所获。后来我询问镇江的老同志，还有北京、上海、南京等地的国旅老翻译们，他们也不知道。我觉得这是一件怪事。这么一位著名的美国女作家，曾经在镇江生活多年，为什么中国人，特别是镇江人都不知道，而且图书馆里也没有她的任何作品或资料呢？这越发让我产生兴趣要了解“帕尔巴克”其人其事。40 年后的今天，回想起 1980 年的那次接待，仿佛就是在那个特定的时间老天爷安排了一个历史性的“偶遇”。我没一听而过，而是抱有很浓厚的兴趣想要了解究竟，结果把“偶遇”变成了认识赛珍珠的开始。

我继续寻找“帕尔巴克”的资料。几个月后，在接待一个香港旅游团参观镇江博物馆和西津渡古街时，我向客人们介绍：“镇江位于长江与古运河交汇处，是一座具有2500年历史的古城，自古以来便是中国南北交通要道。第二次鸦片战争后，随着不平等的《天津条约》的签订，镇江成为长江沿线的对外通商口岸之一，吸引许多外国洋行在镇江开设分号。随后几十年，一批批外国商人、传教士纷至沓来。最多时，镇江居住了数百位欧美洋人，他们设立教堂，开办教会学校、洋行等，镇江还辟有洋人公墓。很快镇江就成为长江下游一个重要与繁华的商业贸易中心。现在镇江博物馆的老馆舍建筑就是当年的英国领事馆。当年在镇江的洋人中，最著名者就是美国传教士的女儿“帕尔巴克”，英文名Pearl S. Buck。她从小成长在镇江，后来写作了中国题材的小说*The Good Earth*，也因创作中国题材小说而获得诺贝尔文学奖。”

讲到此时，我不由得问这些香港朋友中是否有人知道这位美国女作家。一位估计年已七旬看起来像学者的老人立马回答：“我知道她。她的中文名字叫赛珍珠。她获奖小说*The Good Earth*的中文书名是《大地》。”这是我第一次听到赛珍珠的中文名字和《大地》的中文译名。

我好奇地问他：“您是怎么知道的？”

老人说：“我当然知道。我在上海长大，大学毕业后工作了两年多，在1948年底随父母移民香港。年轻时，我曾经读过她的《大地》三部曲小说，这是她获得过诺贝尔文学奖的小说，而且那时报刊上也常有关于她的报道。”

哇，真是踏破铁鞋无觅处，得来全不费工夫！

他也问我：“你为什么问这个问题，你不知道吗？”

我实话实说：“原来我也不知道。几个月前，我接待美国客人时，他们告诉我赛珍珠自小生长在镇江，而我们镇江人却对她一无所知。我都不知道Pearl S. Buck中文名字叫赛珍珠，也不知道*The Good Earth*的中文书名是《大地》，写的是中国。我现在在寻找了解她的人与她的史料。”

老人惊讶地说：“我也不知道赛珍珠生长在镇江。但是，你是镇江人，还是大学生，为什么不知道她的名字？她因为写了《大地》三部曲而得过诺贝尔文学奖呀！”几秒钟后他似乎明白了什么，“嗯，我大概知道是些什么原因了。”我再问他原因时，他却摇摇头，不再当众回答了。晚上回到酒店，这位老先生把我拉到一边悄悄地告诉我，20 世纪 40 年代他于上海求学期间，赛珍珠在中国很有名，书店里有她的书，报刊上也常有报道，后来可能是因为朝鲜战争爆发，中美在多方面发生冲突，中国就不再提及赛珍珠了，不知是否如此？听到此话，我似乎明白了一些，也就越发想去了解赛珍珠。接待结束后，我将这个情况写进了接待简报并上报市外办。

1980 年夏，由日本著名男歌星佐田雅志投入巨资，中国中央电视台与日本佐田雅志企画社联合拍摄长江的纪录片摄制组到镇江取景（注：中日合拍的央视版 25 集纪录片《话说长江》于 1983 年在全国播放，收视率极高，影响极广）。佐田雅志和日方摄制组临时提出要到赛珍珠曾经的母校——镇江崇实女中（即现在的镇江市第二中学）拍摄场景，这让央视摄制组和参与接待的江苏省及镇江市外事办公室的陪同人员大惑不解。赛珍珠何许人也？为什么要去第二中学拍摄？日方给出了一番解释，说赛珍珠是成长在镇江的美国著名女作家，曾荣获诺贝尔文学奖，她在二战后成立基金会收养了很多美亚混血儿童，这种慈善义举让赛珍珠在日本及其他一些亚洲国家获得极高的知名度并广受尊敬。经过日方的这一说明，中方才同意日方的要求。

这是镇江市外办主任于允伦第三次听说赛珍珠其人其事。当我在市外办接待简报上得知此信息时非常兴奋，我觉得这可能是镇江的一个宝贵的历史文化资源。于主任也指示我们市外办的翻译们多多关注和收集有关赛珍珠的史料信息。

1981 年 4 月下旬，镇江市外办接待了美国世界旅行社的乔治先生。他于 4 月 28 日来镇，称受赛珍珠基金会委托，前来了解赛珍珠在中国的生活足迹，为当年 5 月 30 日召开的赛珍珠基金会年会提供有关照片及信息。美方计划 1982 年在美国推出“沿着赛珍珠脚印”的旅行路线，由赛珍珠基金会负责组织美国读者旅行团前来中国参观旅行，美国世界旅行社将负责具体的旅行路线与活动安排。虽然其后因无领导与主管部门认可拍板，该计划未能如愿，但是乔治先生带来了许多赛珍珠的资料，镇江市外办领导也因此第四次接触到了关于赛珍珠的资讯，对赛珍珠的了解也就更多更深入了。

彼时我正临时借调国家旅游总局调研室，做了几个月的国家旅游战略规划的前期研究，没有参加乔治先生的接待工作。后来回到镇江，市外办秘书杨晓青交给我一份接待简报。杨晓青思维敏捷、工作认真、文笔很好，他在市外办的工作之一就是撰写每月的接待简报。1980 年时他就根据我的两次外事接待简报知道了 Pearl S. Buck（即当时我译的“帕尔巴克”）与镇江的信息。因此，当知道乔治先生访问镇江并拟组织赛珍珠文化旅游的信息后，他立即根据接待人员的反馈写出了情况简报（至今我还保留着杨晓青给我的这份 1981 年“镇江接待简报”的第七期）。我读过简报后随即向当时的接待人员进一步了解情况，并得到了赛珍珠基金会的一些资料与联络方式。这是我第一次得知赛珍珠基金会的信息，知道了他们对赛珍珠文化资源的重视。

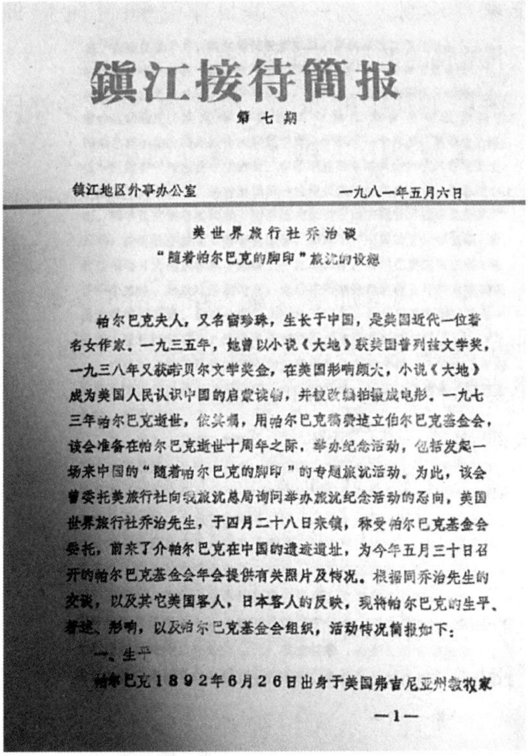

镇江接待简报

第七期

镇江地区外事办公室　　一九八一年五月六日

美世界旅行社乔治谈

“随着帕尔巴克的脚印”旅游的设想

帕尔巴克夫人，又名赛珍珠，生长于中国，是美国近代一位著名女作家。一九三五年，她曾以小说《大地》获美国普列兹文学奖，一九三八年又获诺贝尔文学奖金，在美国影响颇大，小说《大地》成为美国人民认识中国的启蒙读物，并被改编拍摄成电影。一九七三年帕尔巴克逝世，依其嘱，用帕尔巴克稿费建立伯尔巴克基金会，该会准备在帕尔巴克逝世十周年之际，举办纪念活动，包括发起一场来中国的“随着帕尔巴克的脚印”的专题旅游活动。为此，该会曾委托美旅行社向我旅游总局询问举办旅游纪念活动的意向，美国世界旅行社乔治先生，于四月二十八日来镇，称受帕尔巴克基金会委托，前来了介帕尔巴克在中国的遗迹遗址，为今年五月三十日召开的帕尔巴克基金会年会提供有关照片及情况。根据同乔治先生的交谈，以及其它美国客人，日本客人的反映，现将帕尔巴克的生平、著述、影响，以及帕尔巴克基金会组织，活动情况简报如下：

一、生平

帕尔巴克1892年6月26日出身于美国弗吉尼亚州教牧家

—1—

1981 年第七期的“镇江接待简报”

1978年，在吸取了新中国成立后多次政治运动的经验教训后，中国开始了“实践是检验真理的唯一标准”的大讨论，使人们敢于大胆反思和突破禁区，可以大胆探索、大胆思考许多历史问题和未来发展问题。我因接待美国游客而与赛珍珠这个历史人物“邂逅”，并由此开始了对赛珍珠的深入了解和研究。最初，我是对赛珍珠与镇江的关系感兴趣，觉得这可用于促进旅游事业发展。随着所收集史料的增加和研究的深入，我更深地感受到赛珍珠在中西方文化交流中所起的重要作用与积极意义，中国人需要重新认识与重新评价赛珍珠，这对正在进行改革开放的中国是有所助益的。我认为同时还可以借此宣传中国、宣传镇江，并有助于对外开放，促进招商引资、旅游事业的发展。

1984年，时任镇江市副市长的李赐勋曾召集镇江市宣传部门及市外办相关人员开会，讨论镇江对外宣传和旅游发展工作。我当时作为国旅镇江支社副经理参加了会议。会上，我建议镇江的对外宣传要重点关注两个外国人，一是美国作家赛珍珠，另一个是日本遣唐使阿倍仲麻吕（中文名晁衡），这是镇江对外开放的两张特殊名片。

我向李副市长解释了其中的原因。镇江想要更多外国朋友来投资经商和旅游，仅仅宣传“水漫金山”和“甘露寺刘备招亲”是不够的，因为这对外国人而言是陌生的，缺乏文化认同感。如果换一个角度，情况可能会大不相同。

例如，中国人几乎不知道加拿大安大略省格雷文赫斯特镇是什么地方。可是如果有一位加拿大朋友告诉你那是白求恩医生的故乡，他就来自白求恩的故乡，你会感觉怎样？毫无疑问，这会立即拉近你与这位加拿大朋友的距离，并对他表现出不一样的热情。

再比如，你对某个日本人提到镇江，对方可能会一脸茫然，不知何处。如果你换个角度向这位日本朋友提问：在日本家喻户晓的、由日本遣唐使阿倍仲麻吕所作诗篇《望月望乡》写于何地？估计对方肯定不知道。你可以向他介绍，当年阿倍仲麻吕陪同鉴真和尚东渡日本时，从扬州乘船经古运河进入长江（当时称扬子江），夜泊江南岸边，他面对明月思念家乡而写下《望月望乡》：“翘首望东天，神驰奈良边。三笠山顶上，想又皎月圆。”这个介绍一定会令日本朋友惊讶：这首诗就写于扬子江畔的镇江？对镇江的亲近感就会立刻产生。文化的认同感带来了亲近感，增加了彼此交流的机会。

赛珍珠是美国传教士的女儿，自幼成长在镇江，前后在中国生活近40年。她是欧美读者所熟知的荣获过诺贝尔文学奖的美国女作家。她的《大地》三部曲以对当时中国农村社会最全面深入的描述，把中国介绍给那个时代包括美国人在内的西方世界，拓宽了他们的视野，让他们重新认识了中国，并产生对中国人民的好感与同情。所以说，赛珍珠是宣传镇江的最好的名片。

李副市长对我的看法非常认同，希望我们国旅可以提出具体工作建议和计划。在李副市长的鼓励下，我开始投入更多精力去收集与赛珍珠相关的史料，并开启了早期的赛珍珠研究工作。

不久，我结识的美国朋友们给我寄来了不少资料，我初步梳理了一个关于赛珍珠文学成就的基本信息轮廓：

1931年3月2日，美国庄台（John Day）公司首次出版赛珍珠的小说《大地》。该书一上市即引起轰动，迅速名列畅销书榜。随后她又出版了《儿子们》和《分家》两部作品。至此，享誉全球的《大地》三部曲问世。随着她后来更多的作品问世，赛珍珠也收获了更多荣誉。

1932年，《大地》荣获普利策文学奖。

1935年，获威廉·狄恩·霍威尔士文学勋章。

1936年，当选为美国文学艺术院院士。

1937年，米高梅电影公司拍摄的电影《大地》上映，吸引上千万欧美观众。女主角路易斯·赖纳荣获第十届奥斯卡金像奖最佳女主角奖。

右图为《大地》电影剧照，男女主角均为美国演员；左图为米高梅公司摄制组 1934—1935 年在中国拍摄实景，图中左侧为踩高跷的民间艺人

1938 年，赛珍珠因写作《大地》《儿子们》《分家》《东风·西风》《母亲》《战斗的天使》《异邦客》七部中国题材小说和传记文学作品而荣获当年诺贝尔文学奖。

1940 年，获西弗吉尼亚大学文学博士学位。

1942 年，获纽约劳伦斯大学和华盛顿霍华德学院文学博士学位。

1951 年，任美国作家协会主席。

在收集到这些重要的史料信息后，我逐步意识到了《大地》三部曲的出版问世对中国的特殊意义。

19 至 20 世纪来华的西方人很多，包括商人、传教士、学者、医生、工程师、留学生、记者等。他们中的很多人都把旅华见闻以各种方式反馈给西方世界，但却很少有人像赛珍珠那样一辈子以宣传中国文化、写作中国题材小说促进中西方了解和沟通，以真诚帮助中国正义事业为己任的。在赛珍珠之前，许多西方作家笔下的中国是一个带着东方神秘色彩、被歪曲丑化的“另类”。在西方的许多文学作品中，中国人的形象是麻木不仁、软弱可欺、卑微低下的，或者是阴险恶毒、卑鄙狡诈的。西方人以救世主般居高临下的姿态看待中国。赛珍珠对此极不认同，她说：“我不喜欢那些把中国人写得奇异而荒诞的著作，我的最大愿望是使这个民族，能如他们自己一般地真实出现于我的书中，但我总是尽力地这样做的。”①

作为在中国生活数十年的美国传教士的女儿，赛珍珠热爱中国，热爱中国文化，她愿意用她的笔，以她特有的中西方文化背景，从人性和人道主义的角度为被扭曲、被模糊且默默无声的中国说话。20 世纪二三十年代，很少有中国作家的作品被翻译出版到西方。而赛珍珠的英文小说大多以中国人为主角，或以中国某些重大事件为主题，她用英文叙述着在这片她生活了几十年并且深爱着的土地上发生的一切，叙述着占中国人口主体的普通农民的生老病死、悲欢离合。她把一个更接近真实的中国呈现在西方读者面前，这对中国而言、对西方而言都是极为难得的。

在她的《大地》三部曲中，她仿佛站在中国农村某地，在农舍环绕、农民劳作、农家生活的环境中，将所看到的中国农民朴素的灵魂、善良的天性展示给西方读者。她叙述着中国农民在艰苦环境和各种残酷压迫下依然顽强生存、世代繁衍的史诗般的动人故事。她笔下的中国农民，虽然有着环境所造就的弱点和陋习，但更散发着人性的光辉和生命的力量。

中国人阅读赛珍珠以英文写作的中国题材小说或其中译本，可能不觉得怎样，或许她小说的阅读对象本来就是西方读者。由一个了解中西方文化的人用英文写中国，给西方读者介绍中国，这可能是她写作的出发点。而数以百万计的西方读者则由此增进了对中国的了解与同情，进而在二战中对中国人民的抗日战争给予极大的声援与支持。我觉得在这方面赛珍珠是做得最好的一位西方作家。赛珍珠极力为中国呐喊，为中国加油，为中国出力，她对中国不仅仅是具有同情心，更有一种对第二故乡——中国的特别情怀。

实际上，《大地》三部曲的问世和赛珍珠荣获诺贝尔文学奖，促进了西方世界改变其看待中国的目光。

1929 年，赛珍珠在金陵大学的寓所（平仓巷 3 号）中用三个月时间完成了小说《大地》的写作。最初，赛珍珠将稿件打印了几份寄给纽约的几家出版商，但遭到了他们的拒绝。显然，当时许多西方人对中国的认识还

① 引自《勃克夫人自传略》，载于《现代》1934 年第 4 卷第 5 期第 891–898 页。

停留在马可·波罗时代。在他们眼中，中国一直是个神秘且落后的国家，大多数读者还只是想在那些神话故事或奇幻小说中满足自己对这个遥远国度的猎奇心理，他们对一位名不见经传的普通美国妇人写的中国题材小说没有兴趣。幸而，纽约庄台（John Day）公司的老板理查德·沃希先生慧眼识珍珠。他一面向赛珍珠提出有关《大地》出版方面的建议，一面向纽约的一个重要的出版商组织“每月图书俱乐部”力荐《大地》。最终在1931年1月评审小组开会时，一致通过推荐《大地》出版的决定。

随着1931年的九一八事变爆发，日本对中国的侵略逐渐展开，中国开始引起国际社会的更多关注与同情。因此，1931年赛珍珠的小说《大地》在美国一经出版便引起轰动，并名列畅销书榜，从此西方世界逐渐改变了对中国的认识。

在描写中国并产生过巨大影响的西方文学作品中，最早的一部是《马可·波罗游记》，其次便是赛珍珠的《大地》三部曲。其对西方读者的影响力不可谓不大。世界各国读者通过赛珍珠的作品对中国有了更多了解，这对中国来说是非常难得的，也是可遇而不可求的。

据联合国教科文组织1970年的统计资料，赛珍珠的《大地》三部曲英文本一共印行了70多版次，印数达数百万册。包括《大地》三部曲在内的赛珍珠文学作品还被翻译成140多种文字，赛珍珠成为作品被译成外文最多的美国作家。

20世纪80年代的后几年，我又陆续接待了一些美籍华人，其中有纽约中华会馆主席梅子强先生、费城中华青年会会长暨费城中华文化中心总裁张天德先生、华盛顿州刘敦仁教授（加拿大籍华人学者，曾任加拿大维多利亚华侨联谊会副主席）等。从他们那里，我得到了更多关于赛珍珠的信息。这些华侨常年生活在美国，知道赛珍珠，了解赛珍珠。据他们介绍，赛珍珠当年担任编辑和主编的《亚洲》杂志和她创办的“东西方协会”常年介绍中国和中国文化。赛珍珠为支持中国抗战、为推动美国政府废除《排华法案》、为增进中美文化交流等做出过积极努力，贡献良多。他们认为赛珍珠是中国人和海外华侨的好朋友。

1985年，我结识了镇江市第二中学的刘龙老师。他给我带来了更多关于赛珍珠与镇江、与崇实女中（今镇江市第二中学）的信息，以及赛珍珠

不同版本的《大地》

获奖小说的信息。

1990 年前后，刘龙老师又带给我 1938 年诺贝尔文学奖的颁奖文献资料。瑞典学院给赛珍珠的授奖词写道：

她曾经生活在中国人民当中，与他们共度所有的兴衰变迁，共度丰收年景和饥荒年头，共度革命的流血动乱，共睹乌托邦的谵妄。她结交知识阶层，和民风古朴的农民交往，而这些农民在看见她之前几乎没有见过一个西方人的面孔。她经常处在极度的危险之中，是一个从来不认为自己是外国人的外国人。一般说来，她的观点保持着深沉与亲切的人性。她以纯粹的客观性使生活充实了她的知识，给我们提供了使她名扬世界的农民史诗《大地》。①

从瑞典国王古斯塔夫五世手中接过这份殊荣后，赛珍珠发表了获奖致辞。

1938 年 12 月 10 日，瑞典国王古斯塔夫五世在瑞典学院向赛珍珠授予诺贝尔文学奖

赛珍珠的这段致辞让我非常感动，因为它真实地反映了赛珍珠的获奖

① 刘龙．赛珍珠研究［M］．昆明：云南人民出版社，1992：54.

感受和对中国人民的情感：

我无法表达出我对刚才所说的话和给予我奖金所感受到的全部感激之情。我代表我个人领奖，确信自己是接受了远远超过我在我的书中所能给予的东西。我只能希望，我今后要写的几本书将在某种程度上比我今晚的感谢更有价值。确实，我只能按照我认为是颁发这一奖励本来所遵循的精神来领奖——比起已经做过的事来，这项奖励更看重未来。我想，今后我不论写什么，只要想起今天，总会获益匪浅，深受鼓舞。

我也是在为我的国家美利坚合众国领奖。我们是依然年轻的人民。我们知道，我们还没有充分发挥我们的力量。这一奖赏授予一位美国人，这不只是鼓励了一个人，而是鼓舞了全体美国作家。他们深为如此慷慨的赞誉而振奋、鼓舞。我还应该高兴地说，这一奖赏授予一名妇女在我的国家是很重要的。你们已经表彰过你们自己的塞尔玛·拉格洛夫，早就表彰过其它领域里的妇女。你们或许不能完全理解，一名妇女此刻站在这里，在许多国家意味着什么。但是我不仅仅是代表作家和妇女发言，而是代表所有美国人，因为我们大家都分享着这一荣誉。

假如我不按自己完全非正式的方式也提到中国人民，我就不是真正的我了。中国人民的生活多年来也就是我的生活。他们的生活也将永远是我的生活的一部分。我自己的国家和中国这个养育我的国家，在许多方面有相同的见解。其中最突出的是对自由的热爱。今天比以往更是如此。这是真的，现在全体中国人民正在从事最伟大的斗争——争取自由的斗争。当我看到中国空前地团结起来反对威胁其自由的敌人时，我感到从没有像现在这样钦佩中国。就凭着这种争取自由的决心——在深刻的意义上是天性的基本美德，我知道中国是不可征服的。自由——这在今天比以往更是最宝贵的人类财富。我们——瑞典和美国——有自由。我们的国家很年轻——但是它怀着一种特殊的情谊向你们致敬，向国土古老而自由的瑞典人民致敬。①

赛珍珠发表此获奖感言时，正值中国抗日战争激烈进行。她在这个最

① 刘龙. 赛珍珠研究［M］. 昆明：云南人民出版社，1992：62-63.

能吸引全球关注的讲台上如此表达对中国的情感和对中国人民积极抗战的支持与信心，是极其可贵的。客观上，她是在向全世界呼吁支持中国人民抗战的正义事业。

20 世纪 80 年代，一些领导和同事听说我在研究赛珍珠，他们出于好意提醒我："要小心啊。这个研究太敏感了。官方曾认为赛珍珠对华立场错误。中国文学界曾批判她，认为她是反共作家。中国人对她写的小说也褒贬不一。包括鲁迅在内的一些中国著名作家，对她获得诺贝尔文学奖不以为然，甚至持否定态度。"

我理解同事们的善意提醒，但是当我从所获史料中看到赛珍珠在她的作品与社会活动中对中国人民的友好感情和为支持中国人民的正义事业所做的积极努力，我的内心总是感到震撼。如果说 1938 年斯诺的《西行漫记》帮助西方人了解了中国共产党及其领导人，那赛珍珠更以数十年时间创作中国题材的文学作品积极宣传中国，支持中国的正义事业，帮助中国人民，这在西方特别是美国近现代作家中是罕见的。

但另一方面，面对同事的提醒，我和刘龙老师当时也确实颇感压力。我们限于资料有限，拿不出更多实据来重新评价赛珍珠，甚至我们还担心领导不支持或者阻碍我们研究。于是，我向市外办负责人汇报了我们想先收集资料为重新评价赛珍珠做基础工作的想法。至于她到底是什么样的人，该不该宣传，能不能开发赛珍珠文化旅游资源，要视研究专家们重新评价的情况再作决定。好在当时"实践是检验真理的唯一标准"的思想已经深入人心，我的上级领导就同意了我继续开展研究。这是镇江早期赛珍珠研究能够顺利开展的一个重要前提。在此，我要真诚地感谢开明的镇江市领导和市外办领导。

1980—1986 年，我和刘龙老师的工作主要就是收集史料，建立研究基础和工作基础。1987 年后，国内的赛珍珠研究进入了一个较快发展的阶段。

1987 年 6 月，鲁迅研究学者姚锡佩女士参加了中国三 S 研究会（中国史沫特莱、斯特朗、斯诺研究会，简称中国三 S 研究会）、美国纪念斯诺基金会、北京大学、中国人民对外友好协会共同主办的纪念斯诺《西行漫记》发表五十周年的学术讨论会。她在一篇比较斯诺与赛珍珠及他们著作的发言论文中呼吁“不仅要研究、宣传像斯诺、史沫特莱、斯特朗这样支持中国革命并作出贡献的外国友人，而且也应该大力研究那些真诚地热爱中国人民并为之做出努力的像赛珍珠这样的外国友人，尽管他们可能曾经对中国共产党领导的中国革命事业有过这样那样的误解或批评”。在场的中国著名外交家黄华先生肯定了姚锡佩的观点，建议她进一步研究赛珍珠，并语重心长地对姚锡佩说：“我们过去对她（赛珍珠）是不公的。”①（遗憾的是，我是几年后才从谢和赓老前辈处得知了黄华先生对赛珍珠的最新看法的。）

1987 年 6 月，赛珍珠养女及美国赛珍珠基金会代表访问镇江。时任镇江市市长陈璧显会见并款待了美国客人，与他们做了友好的交谈。

1987 年 12 月，中国青年出版社出版了李润新著作《洁白的明星——王莹》。该书展示了赛珍珠在二战中积极支持中国抗战事业的大量史料。

1988 年，漓江出版社出版了王逢振等翻译的《大地》三部曲。这是新中国成立后赛珍珠的作品第一次被翻译出版。王逢振为《大地》中译本所写的序言《历史地看待赛珍珠和她的〈大地〉三部曲》，是 1949 年后中国的外国文学研究学者抛弃极左思维和狭隘观念，第一次以历史唯物主义观点客观公正地评价赛珍珠及其小说。它突破了赛珍珠研究的禁区，是中国赛珍珠研究发展中一个重要的里程碑。

1989 年 3 月，美国坦佩市政府代表团访问镇江时参观赛珍珠故居并决定与镇江市建立友好城市关系。

1990 年 3 月，我接待了到镇江访问的美国西弗吉尼亚州电视台台长道恩·罗格辛，当时他正在为拍摄以赛珍珠为主题的纪录片《东风·西风》来中国镇江、南京等地收集素材，美方将与江苏电视台就此片拍摄进行合作。该片后来在 1992 年美国举办的赛珍珠百年诞辰纪念活动时对外播出。

1991 年 1 月，镇江市举办了“赛珍珠文学创作讨论会”。这是 1949 年新中国成立以来第一次在中国举办的“重新了解赛珍珠、重新评价赛珍

① 姚锡佩. 我对赛珍珠研究的感受［G］//许晓霞，俞德高，赵珏. 赛珍珠纪念文集. 长春：吉林文史出版社，2003：66.

珠”的学术会议，有数十位学者专家参加并发表对赛珍珠其人其书的客观公正的评价。

1991 年 11 月，湖南文艺出版社出版了赛珍珠自传 *My Several Worlds* 的中译本《我的中国世界》，该书由尚营林、张志强、李文中、颜学军、鲁跃峰、张晰合译。

1992 年 3 月，我和南京大学外文系刘海平教授应邀参加了美国兰道夫-梅肯女子学院举办的赛珍珠百年诞辰研讨会。随后我参访西弗吉尼亚州赫尔斯保罗（Hillsboro）的赛珍珠诞生地及其故居、威士林学院（赛氏手稿保存处）、费城郊区青山农场的赛珍珠故居和赛珍珠基金会所在地，还到康涅狄格州麦迪逊镇拜访海伦·斯诺女士。

1992 年秋，美国“赛珍珠国际”组织了一个 20 余人的“沿着赛珍珠的足迹”旅行团访问镇江、南京、上海、北京等地。此行由镇江国旅邀请及全程安排。

1992 年 11 月，云南人民出版社出版了刘龙老师主编的《赛珍珠研究》，这是中国第一部赛珍珠研究的专著，为更多学者参与赛珍珠研究提供了一个重要的研究基础。

我与赛珍珠在 1980 年“相遇”是偶然的，当初的好奇、探究让我加入到了早期中国赛珍珠研究的队列中，这实属意外。中国赛珍珠研究起初是以上多位学者在各自的探索中前行，他们彼此之间互不相识、互不知情。后来我遇到了刘龙老师，随着 1987 年《洁白的明星——王莹》出版和 1988 年《大地》三部曲中译本出版，我又得知李润新先生、谢和赓先生、王逢振先生也在做着这件很有意义的事情，并从他们的作品中获得更多史料与信息，受到很多启发。在 1991 年 1 月镇江首次赛珍珠文学创作讨论会上，我见到了王逢振、杨岂深、蒋孔阳、钱佼汝、刘海平、张子清、陆行良、王国荣、熊玉鹏等研究者，并得以向他们当面请教。此是幸事，也是必然。这说明善良的人性与良知，在世界不同种族间、不同文化间，甚至在不同时空，都还是相通相融的。

中国人终于再次见到了、拥抱了老朋友赛珍珠！

附： 镇江地区外事办公室“镇江接待简报”1981年5月6日第七期的文稿内容。

美世界旅行社乔治谈“随着帕尔巴克的脚印”旅游的设想

帕尔巴克夫人，又名赛珍珠，生长于中国，是美国近代一位著名女作家。一九三五年，她曾以小说《大地》获美国普列兹文学奖，一九三八年又获诺贝尔文学奖金，在美国影响颇大，小说《大地》成为美国人民认识中国的启蒙读物，并被改编拍摄成电形。一九七三年帕尔巴克逝世，依其嘱，用帕尔巴克稿费建立帕尔巴克基金会，该会准备在帕尔巴克逝世十周年之际，举办纪念活动，包括发起一场来中国的“随着帕尔巴克的脚印”的专题旅游活动。为此，该会曾委托美旅行社向我旅游总局询问举办旅游纪念活动的意向。美国世界旅行社乔治先生，于四月二十八日来镇，称受帕尔巴克基金会委托，前来了解帕尔巴克在中国的遗迹遗址，为今年五月三十日召开的帕尔巴克基金会年会提供有关照片及情况。

根据同乔治先生的交谈，以及其它美国客人、日本客人的反映，现将帕尔巴克的生平、著述、影响，以及帕尔巴克基金会组织，活动情况简报如下：

一、生平

帕尔巴克1892年6月26日出生于美国弗吉尼亚州教牧家庭。出生仅三个月，随父母传教来中国，居住在镇江市风车山上。帕尔巴克从小生长在中国，受环境影响，她学会的第一种语言是中文，首先接受的教育是孔教。1900年，帕八岁，我国大规模的义和团农民革命运动爆发，其父母将家搬迁到镇江云台山英租界内。

帕尔巴克小学阶段是接受的家庭教育，15岁时离镇去上海，在一所教会学校接受中学教育。中学毕业后返回美国，在弗吉尼亚大学念完了大学课程。这时她遇到一位即将来华的美国农学师，因思念中国，帕尔巴克遂与其结婚。婚后随夫来到中国安徽省宿县①，在那里居住了五年，并有机会游览了整个安徽省，加深了对中国农村的了解和认识，为日后撰写《大

① 安徽宿县即今安徽省宿州市。

地》积累了素材。一九二二年，帕尔巴克随夫在南京谋了一个工作，双双迁居到南京，先后在南京金陵大学、中央大学和东南大学教授英语，前后共九年。一九三四年，她与前夫离婚，并与一美国出版社总裁结婚。一九三四，帕尔巴克返回美国。

在美国，帕尔巴克始终怀念她曾经生长过的中国。一九七三年临终时遗嘱，将其骨灰送回中国，埋葬在镇江。她说：“我是在镇江生长的，我要回去。”

二、著述、为人、影响

帕尔巴克一生著述甚多，均以描写中国农民的生活、斗争为主。其最著名的著作是 *The Good Earth* 即《大地》。该书为三部曲小说，第一部《大地》，第二部《儿子》，第三部《分裂之家》。《大地》以淮北农民的生活为背景，围绕中国农村一对夫妇（男主角名王龙）在战乱中流离失所的故事，描写中国农民的生活、传统、理想以及斗争。为此，帕尔巴克获得普列兹文学奖（普列兹为生于匈牙利的美国报纸发行人）和诺贝尔文学奖。《大地》也被译成各种文本在各国流传。乔治先生说：在盎格鲁·撒克逊语言国家中，《大地》是第一部被译成各种文字的小说。

乔治先生还介绍说：帕尔巴克是每一个美国人都熟悉的名字。在美国人了解中国，甚至西方人了解中国的过程中，小说《大地》起了启蒙的作用。“编译参考”杂志一九八一年第四期刊载旅美学生梁良兴文章，谈述美国农村情况时说：“他们这些人对中国的了解主要是通过赛珍珠的《大地》等几本关于旧中国的小说。”我们还发现，长江豪华游轮——昆仑号游船上一些年龄较大的美国游客，来华时随身均携带了英文版小说《大地》，作为认识中国和前往中国观光的一本“向导”书。

乔治先生说：帕尔巴克热爱中国，同情贫苦的中国农民。在帕尔巴克获得诺贝尔文学奖金后，一位在美国大学执教的中国教授指责帕尔巴克：“仅仅写了农民的生活，而没有上层社会的生活。”帕尔巴克回答说：“我只了解农民，因为我生长在他们之中，我认为他们才是真正的人。我不了解上层社会的生活。”她还说：“上层社会不了解整个下层社会的人，而他们仅仅知道怎样剥削他们。”为此，帕尔巴克预感到中国的富人与穷人之间将发生斗争、动乱。她将这种预感写进了她的作品中。

帕尔巴克还是一位极富同情心的人道主义者。她特别关心孤儿，五十年代至六十年代，帕尔巴克曾来亚洲多次，主要是看望美军在东南亚等地撤走后遗弃的美亚混血孤儿。她将全部稿费捐作慈善基金，抚养孤儿至十八岁。帕尔巴克基金会的基金也主要用于抚养孤儿。

自三十年代离开中国后，帕尔巴克还多次去过日本。故日本人对帕尔巴克及其作品《大地》印象深刻。去年，日本拍摄长江电影摄制组前来镇江考察时，该团团长曾向镇江方面介绍帕尔巴克及其小说《大地》在美国的影响，建议镇江要利用这一宝贵的“旅游资源。”

三、发起“随着帕尔巴克的脚印”旅游活动的设想

帕尔巴克基金会定于今年五月三十日召开年会，届时将讨论起草声明，发起一场题为“随着帕尔巴克的脚印”的旅游活动。由基金会负责组织帕尔巴克文学作品的读者并编成旅行团，美国世界旅行社具体联系安排。

乔治先生说：今年一月，将组织第一批团队来中国，成员均为研究会重要成员。在北京将同我文化、作协、国旅等部门具体提出该研究会“随着帕尔巴克的脚印”活动的计划与要求。八二年组织十多个团队来中国，八三年帕尔巴克逝世十周年之际，组织一百多个团队前来中国。乔治认为：帕尔巴克在美国的影响是很大的。在美国读过帕尔巴克小说的人很多，是一潜在的“旅游资源”。这一活动搞好了，对中美的旅游事业都会起到推动作用。

四、看法

目前，国际旅游业正逐步地从传统的风光游览，转向于综合利用自然风光、传统的文化艺术，考察文物古迹，了解民情风俗，对比不同社会与制度的一种知识性、趣味性、享受性相结合的文化旅游。从这一趋向看，帕尔巴克的影响及遗址确是很好的“旅游资源”。但目前我国对帕尔巴克的政治倾向、著述如何评价，还了解甚少。“帕尔巴克资源”可否开发有待于进一步深入地调查。以上情况仅仅是我们在接待中了解的。今后如何开展这方面工作，请旅游总局、省旅游局给予指示。

镇江地区外事办公室

一九八一年五月六日

二、刘龙老师

刘龙老师离开我们已经10年了。

他是中国赛珍珠研究最早的开拓者之一。我在与他合作研究赛珍珠的过程中，受教甚多。我们相互交流、相互鼓励、共同策划，将赛珍珠研究一步步向前推进并取得阶段性成果。他踏实、勤奋的工作精神令我感动。

刘龙（1940—2011），江苏丹阳人。江苏省镇江师范学校高级教师。他早年毕业于镇江师专中文科并在无锡艺专书法班进修，从教40年，先后任教于镇江市三中、二中、市教研室、镇江师范学校。刘龙自幼从父学书，临摹名人碑帖。执教镇江师范时，他主编出版的《三笔书法》被省内外20余所学校采用，个人发表了近50篇赛珍珠研究的文章，并主编《中外演讲名篇赏析》《赛珍珠研究》等著作。

1972年刘龙任教于镇江市第二中学（前身为崇实女中）时，他听闻这里曾是赛珍珠母校就产生兴趣并开始关注与收集这方面的资料。1985年他在二中校史组任主笔时，通过老校友了解到许多的赛珍珠的情况，于是将其编入校史。随着自己收集和校友提供的赛氏史料的增多，刘老师开始撰写研究文章，并于1990年起在《人民日报·海外版》、《人物》等报刊发表，累计达48篇。刘龙研究赛珍珠起步早、考证广、成果多，对重新研究和评价赛珍珠贡献良多。

与刘龙老师结缘

我与刘龙老师结缘是在1985年前后，那时我在国际旅行社镇江支社（即镇江国旅）任副经理。自1980年起，我在接待美国旅行团时了解和接触到一些关于赛珍珠的信息。1981年，我在镇江国旅负责旅游资源与市场开发。由于工作原因，随着有关赛珍珠的资料逐步增多，我对挖掘赛珍珠史料和开发文化旅游资源的兴趣日渐增强。

此时刘龙因与原崇实女中的海外校友联系需翻译英文信件而找到市外办。市外办领导介绍他到镇江国旅与我联系，我们由此认识了。在交流中我感到我们两人对赛珍珠研究有共同的兴趣，各自掌握着一些原来彼此所互不知道的赛珍珠的情况，对研究赛珍珠及其背后的中美文化交流价值有一致的认同，如能开展合作不仅有助于赛珍珠研究，还可以促进国内各方面对赛珍珠的了解与重新评价。此外我在国旅工作还有着对外联络的便利条件。就这样，我们后来交往和合作日渐增多。

诚如刘龙老师当初接触赛珍珠题材是想为二中（崇实女中）校史增加一名国际著名作家的校友史料一样，我最初接触赛珍珠题材时想到的也只是可以开发其中潜在的文化旅游资源。但随着我们得到史料的增加、国内外交流环境的改善，以及地方上对外开放工作的需要，我们在交流讨论中对赛珍珠研究及其所潜藏的社会意义与文化价值有了新的认识。

我们发现赛珍珠写了那么多作品并获奖，为宣传中国文化和支持中国抗战的正义事业做了那么多好事，为什么中国不宣传、不接纳呢？在了解到中国拒绝她的那些理由后，本着“实践是检验真理的唯一标准”的原则，我们觉得那些理由是经不起时代考验的。于是，我们更觉有兴趣也有责任去重新认识和评价赛珍珠。

我把 1981 年美国世界旅行社受赛珍珠基金会委托访问镇江的情况，还有 1984 年李赐勋副市长对我提出的镇江对外宣传工作要突出赛珍珠和阿倍仲麻吕这两位外国名人的建议表示支持的事情，都告诉了刘龙老师，他听后甚为高兴。

1985 年秋天，刘龙开始全面搜集崇实女中的历史资料。事实上，在 1949 年后出生的人当中，知道崇实女中的已寥寥无几。自 1952 年 6 月起，崇实女中已更名为镇江市第二中学。而崇实女中的校史犹如一部内涵丰富的史篇，一旦打开了，就再也无法合上。已经深入其中的刘龙马不停蹄地开展了访校友、寻足迹、找史料等调研工作。

1905 年，赛珍珠（右）在镇江崇实女中小学部兼英语、生理卫生课

1987 年 3 月，刘龙老师独自执笔的校史《私立崇实女子中学始末》初稿完成。该校史共十三个部分，其中的第九部分即为“赛珍珠”，这部分在校史中为一独立章节，这彰显了刘龙老师过人的胆识、不随波逐流的思想，以及难能可贵的文化自信。这一节的文字是这样写的：

赛珍珠女士也在崇实女中留下教泽。1892 年她在美国费城巴克郡出生未几月，即随传教士的父母来到镇江。少年时曾受教于崇实女中的柏秉节先生，15 岁去沪读完两年高中，赴美读大学。毕业后，1914 年到 1917 年在镇江崇实女中和润州中学教授英文。受教于她的学生，本市今仍有健在者，如年已九旬之尹珍珠老人。因为赛珍珠曾帮助其妹调动工作，出于感恩，其父改了她的名字为珍珠。

赛珍珠女士 1917 年离开镇江，先后任教于安徽宿县教会学校、中央大学、金陵女大，1922 年开始发表小说，1938 年她因长篇小说《大地》三部曲及其他几部小说荣获诺贝尔文学奖金，自此蜚声世界。她一生撰写小说、传记、儿童文学等作品达上百部之多。1967 年，她捐赠大部分存款，成立“赛珍珠基金会”，周济扶植两万八千名混血儿童（父为美国人、母为亚洲人）。1973 年赛珍珠病故。弥留之际，欲食崇实女校附近的黑桥烧饼；对在镇江度过的十多年孩提少年时代，以及崇实女校3年多教书生涯仍一往情深，表达了一位美国作家对镇江难以忘怀的思念之情。[①]

1987年的中国，赛珍珠还处于被全面否定的状态，被视作“反动文人”。刘龙老师以上所写的对赛珍珠客观肯定的介绍，是一种大胆突破。这也是改革开放以后中国最早的客观、正面介绍赛珍珠的一篇文字。

那几年，我们各自在有限范围内进行资料收集与研究工作。一些好心人曾提醒我们这是“禁区”和“危险话题”，他们担心我们不小心“会犯错误”。刘龙老师为了搞清楚这些批评及“禁区”情况，查找了许多史料并一一列出，这让我们有了一个初步的研究基础。

鲁迅对赛珍珠的作品评价不高：“她亦自谓视中国如祖国，然而看她的作品，毕竟是一位生长中国的美国女教士的立场而已，所以她之称许‘寄庐’，也无足怪，因为她所觉得的，还不过一点浮面的情形。只有我们做起来，方能留下一个真相。”[②] 这是赛珍珠在中国名声不显的一个重要原因。此外鲁迅也曾对赛珍珠将其翻译的《水浒传》书名改为《四海之内皆兄弟》提出异议，认为“山泊中人，是并不将一切人们都作兄弟看的”。

巴金在《鲁迅风》第17期（1939年7月20日）中曾坦率表白：“我素来对赛珍珠没有好感……她得了诺贝尔奖金以后还是原来的赛珍珠。”

茅盾则批评过赛珍珠的小说歪曲了中国农民的形象。[③]

胡风在1936年生活书店出版的《文艺笔谈》中的《大地里的中国》一文，则批判赛珍珠把握不了中国农村的经济结构，不能揭示中国农民悲剧命运的根由，忽略了中国与帝国主义间的矛盾，而去美化外国人。胡风甚至做出结论说：“《大地》虽然多少提高了欧美读者对于中国的了解，但同时也就提高了他们对于中国的误会。”

胡适也对此书评价不高，认为其中写安徽农村阴暗、丑陋者甚多，代表不了中国。

---

① 《私立崇实女子中学始末》原文发表于镇江市政协文史资料研究委员会编印的《镇江文史资料》第14辑（1987），署名为“市二中校史组”，文末括注“刘龙执笔”。

② 鲁迅. 鲁迅书信选集［M］. 陈漱渝，刘天华，编选. 北京：民主与建设出版社，1996：146.

③ 安危.《给西方的被压迫大众》为何而作［J］. 华中师范大学学报（哲社版），1990（3）：65-68.

此外，1934年当美国好莱坞米高梅电影公司前来中国拍摄根据《大地》改编的电影时，因受舆论影响，国民政府官员也对《大地》描写了贫穷的农民，以及地主们骄奢淫逸的生活、土匪抢劫等情节而十分不满。政府官员禁止美方拍摄任何让他们感到尴尬的镜头，并为此设置重重障碍。

近来看到有学者撰文披露，尽管鲁迅对赛珍珠作品颇有微词，但是赛珍珠对鲁迅却始终怀有敬意，多次通过访美的人打听鲁迅的身体情况，对他的处境表示关切和同情。1934年，她约请斯诺撰写《鲁迅——白话大师》并在沃希先生主编的《亚洲》杂志上发表。后来又发表了斯诺翻译的鲁迅小说《药》及散文《风筝》，成为鲁迅生前最后被翻译发表的作品。鲁迅对远在异国的赛珍珠非常感谢，对她的看法也有所转变。他在1936年9月15日致日本友人增田涉的信中，表示自己对赛珍珠曾经的评价"可能存在不妥"。1972年，赛珍珠在其《中国的过去和现在》一书中仍保持对鲁迅的尊敬态度。她写道："许多优秀的中国作家写有关农民题材的作品，鲁迅就是其中非常有名的一位。"

1949年以后，由于意识形态与东西方冷战的原因，中国和美国成为对立国家。1951年赛珍珠当选美国作家协会主席后，曾根据从中国得到的一些消息与传闻写过几篇小说，对中国政治运动中的一些个人遭遇给予同情，对新中国的政治运动进行批评。1958年她发表《北京来信》，批评对知识分子的迫害。后来又发表批评人民公社的《银蝴蝶》，以及针对"文革"的《梁太太和三个女儿》。1960年，中国文艺界先后有三篇批评赛珍珠的文章问世，说她是"反动文人"，有些大字报还把赛珍珠定义为美帝国主义在中国的代言人。在那个年代，赛珍珠的作品被禁止出版，以至于她的名字在她所热爱的土地上消失了几十年。

我们都经历过或了解那个年代各项政治运动对社会各方面产生的巨大影响。在那个特定年代，个人的思维观点亦往往受制于此。但随着时间推移，社会进入一个新时代，整个社会的思维方式与思想观念都发生了改变。"文革"结束，在经历了以"实践是检验真理的唯一标准"为主题的思想解放运动后，中国共产党和中国人民对1949年以来的重大政治运动进行了反思与重新评价，开始了拨乱反正。过去对赛珍珠带有政治性色彩的批判也失去了主要根据。如果鲁迅先生多活几十年，如果那些文化界名家看到或了解到赛珍珠在二战期间为中国抗战所做的一切，不知会作何评论，会否改变他们对赛珍珠的印象或批评？

有意思的是，在美国赛珍珠是被当成“左派”的。无论是在中国生活的年代，还是1934年回美定居后的几十年，她始终关注中国的命运，支持中国的正义事业。1950年朝鲜战争爆发，赛珍珠于1951年编写了一部反战的剧本，并与中国旅美文化人士合作演出。在20世纪50年代初麦卡锡反共政策肆虐时期，美国联邦调查局曾对赛珍珠展开秘密调查，后因其知名度太高且无“通共”实据而不了了之。

1971年的中美“乒乓外交”将两国关系带进了一个新的阶段，尼克松要打破中美之间冰封22年的对峙关系。在这一历史巨变的过程中，赛珍珠做了积极的推动工作，尼克松总统甚至也邀请她一起随团访问中国。她信心十足地向媒体宣布，自己即将返回阔别36年的中国故乡，然而她的访华签证申请却遭到了中国驻加拿大多伦多总领事馆的拒签，这对赛珍珠而言犹如晴天霹雳。

那几年，刘龙老师和我陆续看到这些历史资料，确实颇感压力。但因资料有限且研究刚起步，我们拿不出更多实据、文献来重新评价赛珍珠，只能埋头继续做更多的收集，联系更多的知情人，联系更多的美国朋友提供信息。孤掌难鸣，刘龙老师因此提出要联系国内一些院校学者，吸引更多人加入到赛珍珠研究当中来。后来他告诉我，他已经联络到南京大学刘海平、张子清，以及姚君伟、郭英剑等其他单位的学者。我十分高兴，对他的钻研精神非常敬佩。在中国赛珍珠研究历程中，刘龙老师厥功至伟。

抢救史料

那几年，我和刘老师在一起交流探讨时都有一种紧迫感，觉得要加快研究的进程。那时，刘老师已经与一些崇实女中的海内外老校友取得了联系。时隔六十多年，要找到老校友们很不容易，当时在世的校友寥寥无几，而且他们还大都分散居住在外地甚至国外。当时仍居住在镇江的老校友仅找到尹珍珠女士一人，她原名尹维贞，已八十多岁。刘龙说这些老校友是“活的史料”，必须抓紧联系，做抢救性采访，尽可能多地把赛珍珠的史料留下来。

1986 年，笔者和刘龙（中）一起在镇江采访赛珍珠的学生尹珍珠（左）

20 世纪八九十年代，刘龙老师不遗余力地收集润州中学和崇实女中老校友们的口述资料。他告诉我当时已经联系到的老校友们包括：尹珍珠，赛珍珠的学生，当时居住在镇江南门大街（我和刘老师曾多次拜访她并获知很多信息）；徐国懋，全国政协委员，金融家，曾任上海金城银行总经理；戴安邦，南京大学化学系教授。

徐国懋、戴安邦二老曾于 1912—1919 年在润州中学读书，其时正逢赛珍珠在润州中学任教。徐国懋老先生清晰地记得赛（珍珠）先生比他大十岁。两位老人均很佩服赛先生的才华。他们两班学生的英文成绩普遍很好，为很多学生毕业后出国深造打下较好的语言基础。这不得不归功于付出辛劳又讲究教学的赛先生。戴安邦教授对赛先生和其他美籍老师怀有深深的眷念和由衷的感激。

根据刘龙老师的寻访，曾在润州中学和崇实女中受教于赛珍珠的老校友名单如下：

王素意，崇实女中毕业生，是第一位获得美国密西根大学化学博士“金钥匙”奖的中国人。

朱韵珩，崇实女中1917年毕业生，赴美国科罗拉多大学丹佛分校留学并获学士学位，毕业后返镇江崇实女中任校长，后与卫立煌将军结为伉俪。

姚菁粹，崇实女中1918年毕业生，赴美留学获硕士学位，回国后投身教育事业。

包志立，崇实女中1920年毕业生，赴美留学获博士学位，回国后投身教育事业。

李美筠，润州中学和崇实女中时赛珍珠的学生，后任南京师范大学教育系教授。

蒋梅葆，崇实女中1921年毕业生，后在上海创办中国女子银行。蒋梅葆是蒋怀仁女儿，蒋怀仁是宁波人，与蒋介石同宗，曾在镇江伯先路开诊所。

焦启源，润州中学1919年毕业生，美国威斯康星大学博士，被称为中国“香料植物大王”。

田野，润州中学1917年毕业生，留美回国后在扬州开办诊所，为当时扬州名医。

马文焕，润州中学1918年毕业生，留美回国后任中正大学校长。

赵棣华，润州中学毕业生，新中国成立前曾任交通银行总经理，迁台后任“交通银行”董事长，是台湾“国策顾问”赵耀东之父。

陶桂林，润州中学毕业生，后旅居美国洛杉矶，为20世纪30年代著名建筑大师。

慕淑琴，1898年生，1918年崇实女中毕业。

张淑璇，1921年崇实女中毕业。上海著名工商界人士徐国懋的夫人，时居上海。

徐如雷，南京农学院任教。

法瑞仙，20世纪80年代居住在美国新泽西州。

倪桂荣，旅居美国。

寻访赛珍珠的镇江遗迹

刘龙老师还花费大量时间在镇江本地寻访有关赛珍珠的遗迹与史料。

赛珍珠在其自传《我的几个世界》中回忆儿童时代经常到“打谷场听敲铜锣的说书艺人讲故事”。“打谷场”地指何处？刘龙老师进行了多方查询和考证。镇江现存赛珍珠故居位于登云山，由美国基督教长老会 1913—1914 年所建。赛珍珠与父母仅在此居住过三年，此前他们一家在镇江居住了 16 年的旧居位于润州山。润州山与赛家旧居已无踪迹可考，但地方史志记载，润州山与风车山（崇实女中所在地）毗连，风车山与宝盖山毗连，登云山距离它们都很近。这几座山与地名今仍在，这一带地处老镇江城区的西郊丘陵地带，1949 年后这里是黄山园艺场红光大队的属地，有红光村与于家湾两村。昔日润州山上的润州中学与风车山上的崇实女中遥遥相对，但四周坟茔累累，荒草遍布，可耕种的土地很少。唯润州山东北麓有福善寺，寺前有一块平地较开阔（现已为民房建造其上），此即为“打谷场”。这里曾是流动剧团和说书艺人演戏及讲述故事的地方，而福善寺的钟声则是赛珍珠从小天天聆听的，终生难忘。

赛珍珠 7 岁时的全家照

赛珍珠在自传中还写到她小时候非常爱吃“黑桥烧饼”。刘龙老师为此到风车山下的黑桥寻访早年的烧饼铺子，还真找到了。他考证到，镇江宝盖路上黑桥西侧一段，过去有一烧饼铺（今宝盖路42号）。该铺制作的烧饼色香味俱佳，远近闻名。店主姓王，个头高大，众人称其为“王大头”，店铺也被称为“王大头烧饼铺”。王大头是淮阴人，1886年生，又名年喜。因遇灾荒，1904年与王氏结伴逃荒到镇江。两人相依为命，结为夫妇，靠做烧饼为生。夫妇俩有两个女儿（一嫁上海，一嫁扬中）。王大头1964年去世，享年78岁。其妻不久也去世。王大头的烧饼受欢迎，原因有四。一是配料好。他将盐碾碎，拌入花椒在热锅里炒一下，再和入面粉，饼上撒上芝麻，入炉烤熟，故此烧饼香味扑鼻。二是揉功好。王大头生性勤劳，和面时间掌握好，兑水适量，反复揉面，面揉得透，无半点面疙瘩。三是烤工好。烧饼炉子里火工足，时间把握得好，烤得透。四是价格公道。长方烧饼，一个铜板一个。葱油饼，又称千层饼，薄脆香，两三个铜板一个。吊炉饼，十二个铜板一斤。吊炉饼用上好面粉发酵，松软香甜，中外食客皆喜食。赛珍珠在润州山上和登云山上的旧居距黑桥“王大头烧饼铺”步行距离很近，她儿时爱吃黑桥烧饼，至老年也仍记得烧饼的美味。

1917年5月30日，赛珍珠与美国农学家布克结婚，并在镇江父母家中举办了婚礼，图为婚礼合影，左一是父亲赛兆祥，左二是母亲凯丽。

赛珍珠在小说《大地》中多处写到土地庙和观音菩萨。那时候农民求子均要敬拜观音菩萨，保佑生男娃。家人生病或遭灾，也要去庙里请菩萨做佛事。赛珍珠自小就常听到看到，甚至亲身参与此类事情。她的住所周围不足一公里范围内就有三茅庵、土地庙、紫竹庵、灵鹫寺、福善堂、圆通庵、净土庵、净业庵、德善堂、德源堂等十余座庙庵，彼此相距甚近，香火旺盛，钟鼓声不断，“早晚可闻”。赛珍珠幼时随保姆王妈常去金山寺、福善堂、土地庙等进香拜佛，看到许多僧人做佛事活动，以及善男信女的顶礼膜拜，印象深刻。赛珍珠 1932 年在其自传随笔中曾说，半夜醒来听到庙宇传出沉闷单调、孤独肃穆的钟声，不免有些恐惧。

刘龙老师为求真实，曾数次访问附近几位八九十岁的老人，他们都说附近最大的寺庙就是福善堂。根据当时九十多岁的阚曹氏老太太指点，刘老师亲去厉家塘旧址勘察几次，发现此庙旧址规模宏大，山门、天王殿基本保持完整，玉佛楼和大悲楼内还有住户，然而大雄宝殿已不存在，空留殿址。鼎盛时，福善堂有庙房 90 间，总面积超过 500 平方米。有趣的是，20 世纪 80 年代住在旧庙址内的 20 多户人家，户户只生男不生女。真是庙虽不存，香火却不断，有福之地也。

寻找赛珍珠母亲及姐弟的墓地

1987 年出版的《洁白的明星——王莹》一书第 354 页披露：1954 年，赛珍珠等美国朋友在纽约送别王莹夫妇返回中国时，赛珍珠专门托付王莹夫妇回国后代她给葬于中国的父母上坟。王莹把赛珍珠父亲葬在庐山的墓地地点和她母亲葬在镇江城外的邓子山邓子村等情况详细记在本子上。

刘龙老师此前也在镇江寻找过赛珍珠母亲的墓地。在看到以上信息后，他马上去寻访邓子山邓子村。2018 年我回镇江探视九十多岁的父母时，在书橱里偶然翻到一本我 20 世纪 80 年代在镇江国旅工作时的笔记本，居然看到了里面刘龙老师向我介绍他寻访赛珍珠母亲墓地的情况记录。

1989 年，刘龙经多方打听，在镇江火车站附近的跑马山地区寻访到了时年八十多岁的贡老先生和他七十八岁的老伴。他们夫妇自 1934 年起即在此处（跑马山）看护“西人公墓”。据他们夫妇介绍，镇江有三处洋人墓地。一是他们所在的跑马山，这里是美以美教会、内地会的牧师和中国教徒的墓地。二是云台山西南侧的牛皮坡下的西侨公墓，是英国人、美国人的墓地。此处墓地规模较大，但在“文革”前已被征用改造成市木材建材公司仓库与宿舍，墓地已无迹可寻。三是三茅宫乱石街（实为露石街，镇江口音中“乱”与“露”发音差不多）的长老会墓地。乱石街旁边的小村叫墩子村，山丘过去称墩子山，是长老会牧师及其家人，以及中国教徒的墓地。据贡老夫妇介绍，镇江大西路礼拜堂朱牧师也知道这些情况。

根据赛珍珠自传所述，其父亲是长老会牧师，赛珍珠的母亲和两位姐姐及两位弟弟去世后均应葬在镇江的长老会墓地。1934 年赛珍珠回美前，经常带着养女回镇江扫墓。因此，1954 年她郑重委托即将回国的王莹夫妇代她给母亲扫墓，并且清楚地记得她母亲的墓地在镇江城外的邓子山邓子村。由此我们认为，因镇江口音中“邓”与“墩”发音基本一样，赛珍珠所记得的“邓子村邓子山”应该是三茅宫露石街的墩子村墩子山。

刘龙老师随后约我一起骑自行车去三茅宫墩子村寻访墩子山长老会墓地。遗憾的是，经过几十年的发展变迁，墩子山的长老会公墓已毁散了，也无迹可寻。但是，至少我们知道了赛母墓地的具体地点。当然，关于赛母墓地仍需继续考证，尤以发现墓碑、亲友回忆记录、镇江长老会文件记载等实物史料最为可信。

寻找赛珍珠故居

寻找赛珍珠故居也是刘龙老师的重要工作之一。他骑车跑遍二中附近的李家大山和登云山周边的居民区，向老人们询问以前那里的外国人房子情况。可惜绝大部分外国人居住的洋房都不见了，个别仅存断垣残壁，无从确认。1986 年，刘龙告诉我，他发现镇江半导体厂所在的登云山上有一座保存基本完整的二层青砖小楼，可能是外国传教士住的房子。他约我一起去考察。我们进去一看，建筑保存基本完整，但因年久失修，处于危房状况，当时此房作为厂工会办公室使用。

刘龙老师又去访问附近的老人、老街坊，从几位老人那里了解到，以前这儿小山顶上有几栋小楼，几家洋人牧师在此居住。后因战乱损毁，至解放时仅余两座小楼，收归政府所有。20 世纪 50 年代中期，政府在登云山上设立镇江地区干部疗养院，这两座楼为老干部们的休养之处，原来上山的土路也由疗养院修建成近百级水泥台阶。“文革”初期，该疗养院撤销，此地建起了镇江半导体厂。厂方保留了小山上一栋维护较好的房子（即现在的故居），而拆掉小山上另一栋已完全破旧的小楼，并在平整旧房址后建了一个大车间。该车间建筑在 20 世纪 90 年代仍存在，现在的赛珍珠纪念馆应该就建在这座旧车间建筑的基础之上。

1986 年冬天，和刘龙一起探访的镇江半导体厂小山上的二层洋楼
（当时是厂工会办公室及工人俱乐部，现已成为赛珍珠故居纪念建筑）

关于目前仅存的这一座 70 多年的小楼房，老人们还记得小时候听他们信教的父母说这座房子是洋人长老会牧师家住的，那个洋人牧师的女儿在附近润州中学当老师。因年代久远，很难再找到文字记录或照片史料，这几位老人仅存的回忆是我们能获得的唯一线索。当时（1986 年）刘龙老师和我认为，虽求证史料不足，但我们仍觉得该建筑的文史纪念意义远远大于各种求证。这是基督教长老会 1913 年为属下几位牧师（包括赛珍珠父亲）新建住宅中仅存的实物，必须要立即抢救性保护这个建筑。我们宁愿相信这就是赛珍珠故居，否则当时没有充分的理由报请市政府保留这座有代表性的文物建筑。

有时相信背后也暗含某种天意。后来在1990年，我在翻译赛珍珠1954年出版的自传《我的几个世界》关于她在镇江生活的章节时，发现了关于这座房子的新线索，这恰好印证了那几位老人的回忆。赛珍珠在其自传中对新家有如下记述：

我又回到家了！我曾经生活和长大的那个院子已经被送给一所学校。原来住的老平房也被推平，在原地新建一座新的二层宿舍楼。我父母也把家搬到了另一座小山上，长老会在那儿为他们另建了一座时尚的新房子。我们住的这新房子还是位于原来的山谷和小山群落里……当我走近新房子时，我发现妈妈已经为我安排了舒适的房间。它面向远处的长江，可以看到翠绿的山谷深处。我感到这房间空荡荡的，除了几件简单的家具，地板上没铺地毯。但书桌和穿衣镜台上放着玫瑰花。我妈妈为窗户做了窗帘，我以前的床也放在那儿。我童年时代的书籍放在墙壁上的小书橱里。这儿又成了我的家。

1986年，当我们发现了登云山上的这座赛珍珠故居后，我即向镇江市外办递交了工作简报。1988年11月10日，我正式以中国国际旅行社镇江支社的名义写书面报告给市外办，要求市外办向市政府申报这座房子为文物保护单位。市外办领导立即与半导体厂联系，要求该厂对该房予以保护性使用，不要对建筑做任何拆建及改动。同时告知厂方领导，市外办即将向市政府正式提出报告。感谢工厂领导的明智与理解，他们答应一定保留好这座建筑。现在看来，如果我们当时不这样向市外办、市政府报告，这座历史性建筑将难逃在后来的城市改造发展中被拆毁的命运。否则，镇江赛珍珠研究将会失去一个最有价值的文史物证。

邀请赛珍珠养女重返镇江

1987年，刘龙老师告诉我，他已通过原崇实女中在美国的校友与美国赛珍珠基金会及赛珍珠养女詹妮丝·沃希取得了直接联系，并以二中校史组名义向他们发出了访华邀请。我们都认为这是一个重要进展。如果赛珍珠养女和基金会负责人到镇江访问，我们将获得更多一手研究资料，并借此向市领导报告此事，争取市领导会见美国来宾，扩大重新研究赛珍珠的影响。刘老师极为赞同。我还通过中国国际旅行社总社纽约分社联系中国驻纽约总领事馆尽快颁发签证。

1987 年 6 月，赛珍珠养女、赛珍珠基金会主席詹妮丝·沃希和赛珍珠基金会秘书长沈志洁终于拿到访华签证，并由中国国际旅行社总社安排抵达镇江访问，由镇江国旅负责接待。他们受到了镇江市陈璧显市长的热情接待。我和刘老师陪同他们参观了赛珍珠故居、崇实女中，以及镇江博物馆、西津渡、金山寺、焦山等名胜古迹。他们的来访提高了赛珍珠在镇江的知晓度，市领导及有关部门对赛珍珠其人其事的认知也越来越深入，对我们的工作也更加支持。这次访问还为两年后（1989 年）镇江市与美国亚利桑那州坦佩市缔结友好城市起到了积极的推动作用。

刘龙老师为研究赛珍珠倾尽心力。除了联络老校友，收集史料，寻访旧址，他还积极联络到刘海平、张子清、王逢振、姚君伟、郭英剑等国内学者开展研究交流，而这些学者也成了现在中国赛珍珠研究的领军力量。

中国首次赛珍珠研讨会和第一部研究文集

因为刘龙老师和我在 20 世纪 80 年代做了大量的史料收集、对外联络与宣传工作，并已取得若干成果（如赛珍珠养女及赛珍珠基金会代表访问镇江，找到赛珍珠故居，并促成了镇江与美国坦佩市缔结友好城市等），我们在 1990 年春开始策划召开赛珍珠文学创作讨论会的具体工作，以纪念赛珍珠百年诞辰。我们商定，由刘龙向市领导做个人汇报与建议，由我所在的镇江国旅向市政府提出工作建议。经过大半年的努力，镇江市政府终于批准于 1991 年 1 月在镇江召开这次讨论会。刘老师拟定和邀请了数十位来自北京、南京、上海及镇江的赛珍珠研究学者参加会议。这次研讨会取得圆满成功，国内外媒体也做了报道。这一开创性工作受到了普遍的关注和赞誉，在中国赛珍珠研究史上具有里程碑的意义。

在镇江市举办赛珍珠文学创作讨论会后不久，1992 年底，云南人民出版社出版了刘龙主编的《赛珍珠研究》。这是中国第一部赛珍珠研究主题的文集，是刘龙老师的呕心沥血之作。此书为后来更多学者参与赛珍珠研究提供了一个必要的研究基础，为中国赛珍珠研究投下了一块坚实的基石。可以这样认为，发轫于镇江的这次赛珍珠文学创作讨论会和刘龙的这本专题文集，较为全面和客观地反映了赛珍珠一生的文学创作与社会活动，对中国重新评价赛珍珠起到了重要的开拓作用。

学者专家们的认可

刘龙老师研究赛珍珠数十年，孜孜以求，成果丰硕。退休后即使在身患疾病时，他仍然执着地在赛珍珠研究领域坚持。他参加了 1991—2010 年二十年间在镇江召开的每一次赛珍珠国际学术研讨会，并积极撰写研究论文。2006 年他强撑病体自费访美。作为最早的合作伙伴，我陪同他参观了费城郊区青山农场的赛珍珠故居，查阅赛珍珠基金会保存的赛珍珠史料。我们还商量合作出版一部《赛珍珠和她的多彩世界》的图片集。直到生命最后关头，他还在努力争取他的研究成果《永恒的赛珍珠》一书的出版。他把赛珍珠研究当成他生命中最大的意义，赛珍珠研究也给了他支撑生命的巨大力量。

2011 年刘龙老师因病逝世，国内外学者纷纷撰文或发来唁电追思：

作为镇江乃至全国在“文革”后第一个关注、调查赛珍珠在中国生活、学习和工作情况的学者，他为研究赛珍珠的学术事业做出了不朽贡献。他的英名与赛珍珠学术研究事业同在。

——南京大学外国语学院教授张子清

我和他只见过一面，但印象深刻。那是 1991 年在镇江召开的一次关于赛珍珠文学创作的会议。他作为本土赛珍珠研究的学者，对赛在镇江的生活、工作、创作作了详尽的介绍。我特别记得他实地走访过赛珍珠当年喜欢吃的大饼的铺子、打水的老虎灶等。这种踏实的学风，难能可贵，值得当下年轻学者效仿。为什么我说刘龙是第一个调查赛珍珠的大功臣呢？那是80年代初期，徐训丰当陈嘉先生的博士生时候，刘龙跑来找戴安邦先生之后又来找陈先生和我，打听赛珍珠在金陵大学的情况。当时我的印象很深。是的，他走访了当时健在的与赛珍珠有过接触的人，可以说做了抢救性采访。

——原南京大学外语系主任、教授钱佼汝

惊悉刘龙仙逝，不胜哀伤。人的生命看来真的很脆弱。去年还在一起交谈，我回来后还和他有过信息来往，谈他的书稿。他的去世是对赛珍珠研究的一大损失。

——中国社会科学院外国文学研究所研究员王逢振

我没有见过刘龙老师，但记得90年代前后读博期间和毕业后，都读过他的书。对镇江能出这么一个学者，我感到惊奇，水平一点不亚于南大的教授。如果真的能有一个赛珍珠纪念馆，也好把他的成果陈列进去。

——南京大学外国语学院院长、教授朱刚

惊悉刘龙先生已魂归道山。回想他为赛珍珠研究呕心沥血，突破种种困难而取得的丰硕成果，更加敬奉他那崇实的执着精神，特此献上我们的悼词，以表对他深深的怀念：

开拓赛学，带病谱写中美友谊传奇。

广授书法，引领研磨师生艺术人生。

——北京学者姚锡佩、郭永江、汪健

刘龙是赛珍珠国际的好朋友。

因为他致力于赛珍珠研究、写作文章和专著，让其他的人理解赛珍珠的作品，保持赛珍珠的遗产和梦想的生命力。通过他，我们能够在东西方建立起一座桥梁。

——美国“赛珍珠国际”总裁明泽

附：

刘龙研究赛珍珠论札索引

1.《私立崇实女子中学始末》，镇江市政协编《镇江文史资料》（第14辑），1987年

2.《赛珍珠之女访问市二中》，《镇江日报》1988年6月30日

3.《美著名女作家赛珍珠之女造访镇江二中》，《新华日报》1988年7月26日

4.《赛珍珠和中国镇江》，《人民日报·海外版》1990年9月29日

5.《封建土地制末代家族的兴衰——评赛珍珠〈大地〉思想艺术得失》（与徐秉忱合作），《镇江师专学报》1991年第1期

6.《赛珍珠与中国镇江之缘》（与董晨鹏合作），《人物》1991年第4期

7.《一座沟通东西方文明的人桥》，《镇江学刊》（内部刊物），1992年第1期

8.《赛珍珠与镇江》，《镇江日报》1992年5月31日

9.《也谈美国的“赛珍珠热”》，《海外星云》1992年8月第22期

10.《赛珍珠生平及著述大事年表》，《镇江师专学报》1992年第3期

11.《赛珍珠研究》，云南人民出版社1992年11月出版

12.《〈赛珍珠研究〉出版》，《文学报》1993年5月9日，《新华日报》5月25日

13.《人桥——记美国著名女作家赛珍珠与中国历史之缘》，《新华日报》1993年6月15日

14.《赛珍珠（修订本）》（与王玉国合作），南京大学出版社，1993年5月出版

15.《抗日女杰——美国女作家赛珍珠》，《中外文化交流》1996年第3期

16.《赛珍珠与中国书法》，《人民日报·海外版》1993年9月9日

17.《诺贝尔文学奖得主赛珍珠——镇江之恋》，《名城文化报》（内部资料）1993年第20期

18.《赛珍珠·美籍钢笔书法家——从外国朋友写中国汉字谈起》,《中国钢笔书法》1993年第6期

19.《赛珍珠与中国书法》,《镇江日报》1993年11月28日

20.《读赛珍珠对华演讲稿》(附演讲稿全文),《交际与口才》1994年第2期

21.《赛珍珠声援中国抗日的中文演讲稿在美被发现》,《周末》1994年5月7日,《报刊文摘》1994年5月16日转载

22.《〈大地〉中的茶俗描写——评留美学者蒋康户教授对〈大地〉的指责》,《河南师范大学学报(哲学社会科学版)》1994年第2期

24.《赛珍珠和中国抗日战争》,《人民日报·海外版》,1995年9月8日

25.《赛珍珠:援华抗日寄深情》,《镇江日报》1995年10月24日

26.《一座沟通东西方的桥梁——海伦·斯诺谈赛珍珠》,《人民日报·海外版》1996年8月30日

27.《这里有跨国度的特殊友情》,《镇江政协》(内部资料)1996年第2期

28.《赛珍珠的镇江恋》,《漓江》1996年第5期

29.《怀念赛珍珠》,《文艺界信息》(内部资料)1996年第10期

30.《赛珍珠和中国红军长征》,《文艺界信息》(内部资料)1996年12月第21期

31.《我看到了中国的希望——海伦·福斯特·斯诺造访追记》,《文艺报》1996年12月6日

32.《赛珍珠的中国情结》,《江苏统战》1997年第8期

33.《士的人格理想和儒家文化心态——试析赛珍珠的中国传统文化观》(与董晨鹏合作),《镇江师专学报》1998年第2期

34.《赛母墓碑今何在》,《京江晚报》2000年1月28日

35.《赛珍珠与崇实女中》,《镇江广播电视报》2001年5月23日

36.《〈庭院里的女人〉和镇江》,《镇江广播电视报》2001年5月23日

37.《赛珍珠与英语剧本〈孙中山〉》,《镇江广播电视报》2001年12

月 20 日

38.《赛珍珠旅游文化资源在镇江》（与董晨鹏、干光磊合作），《创新》（内部资料）2002 年第 4-5 期

39.《赛珍珠——“一座沟通东西方文明的人桥”》（与董晨鹏、干光磊合作），《文艺报》2002 年 12 月

40.《江洪谈〈神医喜来乐〉和〈大地〉》，《镇江广播电视报》2003 年 4 月 25 日

41.《赛珍珠中国书法艺术释读》，载许晓霞等主编《赛珍珠纪念文集》193-198 页，吉林文史出版社 2003 年 8 月出版

42.《赛珍珠的杰出贡献》，载范然主编《江河要津》，江苏人民出版社 2004 年 6 月出版

43.《赛兆祥传教纪念碑应置何处》，《镇江广播电视报》2005 年 1 月 21 日

44.《赛珍珠缘结镇江“老铁”》，《镇江广播电视报》2005 年 4 月 1 日，镇江市政协编《镇江文史资料》（第 41 辑）2007 年 1 月转载

45.《赛珍珠失信龙墨芗之谜》，载许晓霞等主编《赛珍珠纪念文集（第 2 辑）》102-111 页，广西师范大学出版社 2006 年 9 月出版

46.《凯瑟琳·赫本与赛珍珠的一次成功合作》，《镇江广播电视报》2003 年 9 月 21 日

47.《镇江赛氏五人墓揭秘》，《镇江广播电视报》2006 年 12 月 8 日，镇江市政协编《镇江文史资料》第 42 辑 2008 年 1 月转载

48.《赛珍珠镇江教学生涯的又一实证——“润州中学校”碑石考》，《镇江广播电视报》2008 年 9 月 19 日

三、沟通东西方交流的文化使者

赛珍珠对中国文化的热爱是一贯的、发自内心的，并贯穿了她的一生。这一方面是因她自幼成长生活在中国，长期受到中国文化熏陶所致。另一方面，是因她对中国文化博大精深的内涵非常认同。她担起了将中国和中国文化推介给西方读者的重任。她为此做了两方面的努力：一是自己写作中国题材的小说，二是积极推介中国小说和中国作家到西方世界。

赛珍珠、龙墨芗与英译《水浒传》

赛珍珠出生三个月后即被身为传教士的父母带到中国。自牙牙学语起，她就会听会说中文，常听保姆王妈、佣人及街头的说书艺人讲说中国故事。她尤其喜欢听大人们讲《三国演义》《水浒传》《西游记》里的故事。父母还给她聘请孔先生教她阅读和写中文。稍大一些后，她开始自己阅读中国小说。她对于中国文学特别是中国古典小说十分崇拜，在这些中国古典小说中，赛珍珠最喜爱的是《水浒传》。在南京生活期间，她开始了她的写作生涯。1929 年，用三个月时间完成《大地》的写作并寄往美国投稿后，赛珍珠就立刻开始写作另一部小说《母亲》，并很快完稿。

1929 年是赛珍珠写作的高产期。赛珍珠在其《我的几个世界》中自述，就在这一年完成《大地》和《母亲》两本书的写作后，她还决定动手翻译中国古典名著《水浒传》。她回忆说自己“所有的书都是这样混杂着写的”。与写作《大地》和《母亲》不同，那两本书仅分别花了几个月就完成，是“因为它直接来自我生活中种种耳闻目睹的事情，所以写起来得心应手”。而翻译《水浒传》则是一个浩大的工程。从 1929 年到 1932 年，历时四年，赛珍珠才完成翻译。这是《水浒传》最早的英语全译本。

赛珍珠是一位具有反叛精神的译者，同时《水浒传》对其影响也很大。中文《水浒传》有多个存世版本，她最终选择了七十回本，这是因为她认为七十回本代表了《水浒传》里的真精神："这些章节都是一个人写的，反映了梁山好汉们的真正精神。而其他版本中多出的章节是后人补撰的，主要是写主人公们被招安后的情形与结局。这是用朝廷的意思来结束全书。"她认为一百一十回本和一百二十回本的《水浒传》以梁山好汉被朝廷招安为结局，这样的版本失去了七十回本"主题和风格所表现的精神和活力"。赛珍珠曾经在1932年赴北平逗留了几个月，希望研究一下《水浒传》的旧版本，并从中发现一些插图。她在北京大学、燕京大学等处的图书馆搜寻各种版本。7月，赛珍珠返回美国，当时她带回国的最重要的行李就是一只装满《水浒传》译稿的手提箱，其中还有上百张不同版本《水浒传》的插图。这只装满译稿的手提箱途中因多次转站而遗失，所幸经赛珍珠全力寻找失而复得。该译本于1933年在美国纽约和英国伦敦同时出版，英文书名为 *All Men Are Brothers*（《四海之内皆兄弟》）。此书引起欧美读者极大兴趣，十分畅销，后来于1937年、1948年和1957年在英美再版，还有外国人根据赛珍珠英译本再转译成其他文字版本。

赛珍珠在《水浒传》英译本的导言中写道："我尽可能地直译，因为中文原文的风格与它的题材是非常一致的，我的工作只是使译文尽可能像原文，使不懂原文的读者仿佛是在读原文。"

赛珍珠翻译《水浒传》有几个特点：

一是省略及合并了一些内容。赛珍珠在七十回英译本中，将原书的第一回"张天师祈禳瘟疫，洪太尉误走妖魔"并入了"引首"，译本的第一回从"王教头私走延安府，九纹龙大闹史家村"开始。赛珍珠认为《水浒传》正是从这一回开始才真正进入小说的正题的。

二是英译本将原著中绝大部分诗词删去未译。那些描写人物外貌、打斗场面、山川景物以及日常场景等的诗词虽然生动形象，但从译文效果看，这些诗词的翻译可能会影响小说叙事与故事情节发展的流畅性。但是，凡与故事情节密切相关的诗词，赛珍珠都予以保留并翻译。

除了这些删节之外，赛珍珠的译本基本上可以说是按照小说内容逐字逐句地翻译，因为忠实原著，有时甚至过于拘泥。如"三十六计，走为上策"译为"To extricate yourself from a difficulty, there are thirty-six ways, but the best of them all is to run away."，"求神问卜"被译为"begged the gods and asked of the diviner”。

至于一百〇八将的绰号，赛珍珠也采取了同样的翻译方法：

the Opportune Rain（及时雨）；the Leopard Headed（豹子头）；the Fire in the Thunder Clap（霹雳火）；He Whom No Obstacle Can Stay（没遮拦）；White Stripe in the Waves（浪里白条）；Flea on a Drum（鼓上蚤）。

赛珍珠译本的第三个特点是中西学者合译，提高了译文的质量与准确性。赛珍珠本人具有东西方跨文化背景，通晓中英两种语言。而在其翻译过程中，她还得到了一位国学造诣很深的中国学者龙墨芗先生的长期指导与帮助。

龙墨芗

龙墨芗（1887—1940）是赛珍珠郑重聘请的中文老师，主讲中国文学。应赛珍珠邀请，他参与了《水浒传》英译本翻译的全过程，为此做出了极其重要的贡献。赛珍珠也曾视其为合译者。

1919年下半年，赛珍珠的丈夫布克先生应邀担任金陵大学农学院农业经济系教授（后任系主任），赛珍珠亦随其自安徽宿县迁至南京生活。布克抵宁后，因要研读中国农学典籍，需具备中国古文基础，随即延请金陵神学院秘书龙墨芗先生担任其中文教师。布克每天上班前，都要学习一小时中国经典，风雨无阻，雷打不动。二人互敬互知的师生关系持续至龙先生病逝，长达整整20年。布克学习中文时执着钻研的精神，极大地促进了他完成其最重要也是最有代表性的现代中国农业经济论著《中国农家经济》《中国土地利用》，这些也对赛珍珠产生了直接影响。

其实，早年赛珍珠也曾师从孔先生学过《论语》《孟子》等儒道经典著作，打下深厚的中文基础，但自己研读汉语古典小说仍时常遇到疑惑。于是，赛珍珠在金陵大学、东南大学执教之余，郑重拜请龙墨芗先生辅导她学习中国小说发展史，研读中国古典小说名著，如《天雨花》《笔生花》《金瓶梅》《太平广记》《儒林外史》《野叟曝言》《镜花缘》《红楼梦》

等。龙墨芗是安徽人，父亲是前清秀才。龙先生家教严谨，具有深厚的国学功底，尤对中国古典小说入迷，曾计划编写中国小说史。在龙先生的精心指导下，赛珍珠通过阅读这些文学作品，体会到许多在实际生活中难以觉察的中国各阶层人物的迥异心理，学到了中国式说书和章回体小说倚重用语言、动作刻画人物的白描写法，这为她日后创作《大地》等中国题材小说以及翻译《水浒传》提前做了写作基础与技巧的准备。赛珍珠与龙墨芗的师生关系一直保持至1932年，她曾表示："龙先生这位老教师曾教了我中国文学好多年。"可以说是龙墨芗将赛珍珠领进了中国文学的殿堂。

在赛珍珠翻译《水浒传》的四年中，她邀请龙墨芗先生一起参与翻译，这样可以随时向他请教释疑。龙墨芗也觉得赛珍珠翻译《水浒传》可以向西方读者介绍中国文化，此事意义非凡，并深感荣幸，遂全力相助。后来刘龙老师采访其子女龙荫绪、龙艾文兄妹时，他们告知刘龙老师，龙墨芗为赛珍珠的翻译先后做了如下工作：

一是提供四种以上版本的直排线装《水浒传》，如七十回本、一百回本、一百一十回本、一百二十回本等；

二是考辨不同版本之真伪，提出选择建议；

三是撰写序言，对《水浒传》做出适当评价；

四是口述《水浒传》内容，将其中的诗词俚语改换成西方人易懂的口语，并当面向赛珍珠分段讲述，以便实时翻译；

五是提供赛珍珠所需的其他有关资料。

龙墨芗先生在帮助赛珍珠翻译时，几乎是逐句逐段地向赛珍珠解释其内涵，并提供了许多有益的建议，包括解释小说中出现的中国风俗习惯、兵器，以及当时已经不再使用的词语。除此之外，他们还采用更有趣、更具实效的方式合译《水浒传》。赛珍珠在英译本导言中写道："首先我独自重读了这本小说。然后龙先生大声地读给我听。我一边听，一边尽可能准确地翻译，一句接一句。我发现这种由他一边读、我一边翻译的方式比我独自翻译要快。同时我也把一册《水浒传》放在旁边，以备参考。翻译完成以后，我和龙先生一起将整个书过一遍，将翻译和原文一字一句地对照。"在1937年、1948年再版时，她还同林语堂夫人廖翠凤再次核对译文。由廖翠凤为她朗诵《水浒传》，赛珍珠则一边听一边用笔校对、修改英文。这真是一个创新的合作模式！由一个熟悉中英语言的外国人与一个精通中文的中国学者一起来翻译中国小说，无疑是相当理想的。正因为如此，赛珍珠合作翻译《水浒传》的成功过程可看作是中国古代文学经典外译的一个典范。

几十年后，这种中外学者合译中国小说并获成功的佳作再次问世。1978 年，中国著名翻译家杨宪益与其英国太太戴乃迭合译《红楼梦》英文版问世。1981 年，中国翻译家李治华和他的法国太太雅歌合译的《红楼梦》法文版问世。这两种不同外国语言的译本，让《红楼梦》走向了世界，受到西方读者喜爱。这是否可以说明由深具中外文化背景和语言能力的中外专家合译中国小说，可能是中国小说更好地走向世界的佳径呢。

赛珍珠最初将《水浒传》书名译为 Water Margin，指的是书中许多事件的发生地，也先后试用过“侠盗”“义侠”等英文词汇，但都不甚满意。她认为这样去译书名，西方读者肯定不知所云。她在导言中为自己的做法辩释：“英文标题不是中文标题的翻译。它是无法翻译的。Shui 的意思是‘水’，Hu 的意思是‘边缘或边界’，Chuan 对应于英文的‘小说’一词，将这几个字并列起来在英文里几乎是没有意义的。至少在我看来，它会导致读者对本书产生疑问。所以我自以为是地选择了孔子的一句话作为英文标题，这个标题无论从广度上还是从含义上都表达了这帮正义强盗的精神。”这说明直到出版前不久，她才灵感突发想到了《论语》中的那句名言——四海之内，皆兄弟也。于是赛珍珠将书名译作“四海之内皆兄弟”。对此书名，评论者褒贬皆有。多年以后赛珍珠承认了自己的错误，声称当初“不该勉强地答应”出版商的要求而改换题目。

今天看来，相较《水浒传》的诸多其他译本及译名，纽约庄台（John Day）公司 1933 年出版的上下两卷的译本以 *All Men Are Brothers* 为名，其实是翻译得最为精彩、也最为准确的。这书名来自《论语》，确实也比其他已知的译名更贴切、更高雅、更有内涵。

赛珍珠认为：“《水浒传》这部著作是伟大的，并且满含着全人类的意义，尽管它问世已经过去了几个世纪，但它与其他小说完全不同。它风格粗犷，其中的人物粗野冷酷，被天下不公逼上梁山，复仇心理指引他们，渴望帮助那些像他们一样被蹂躏、被贫穷所迫、被社会遗弃的底层人民。”

迄今为止，《水浒传》已有多种英文译本，但比较起来，仍属赛氏译本最具影响力。在中国四大名著的欧美译本当中，发行量最大的即是这本 *All Men Are Brothers*。对于中国文化在西方的传播，赛珍珠实在是功不可没，难怪尼克松总统称她为“一座沟通东西方文明的人桥”。

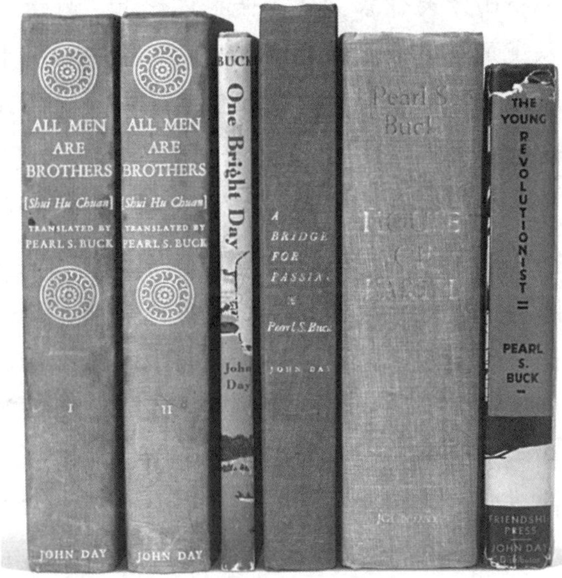

赛珍珠《水浒传》英译两卷本（图左）于1933年由纽约庄台公司出版

在获得诺贝尔文学奖两天后，赛珍珠做了一场以中国小说为主题的讲演，深情表达了中国文学对她的哺育之恩：

我在考虑今天要讲些什么时，觉得不讲中国就是错误。这完全是真实的。因为虽然我生来是美国人，我的祖先在美国……但是恰恰是中国小说而不是美国小说决定了我在写作上的成就。我最早的小说知识，关于怎样叙述故事和怎样写故事，都是在中国学到的。今天不承认这一点，在我说来说是忘恩负义。

……

我如此强调这三部小说只不过是做了中国人自己做的事情。

……

我只能列举普通中国人喜欢的几百部小说中的一小部分，但如果那些中国人知道我今天对你们讲些什么，他们总归会说：“讲那最有名的三部，不论好歹要讲《红楼梦》《水浒传》《三国演义》。”①

对此，南京大学外国语学院文学研究所张子清教授如此评价：

像她这样的一个西方大作家，站在世界文坛上，激情洋溢地赞颂和弘扬中国文学，可以说是空前绝后的典型例子。赛珍珠的前半生主要在中国度过，成了一个地地道道的中国通。她往往站在中国人的立场，从中国人的视角看待外国文化和外国人。她站在中美文化的立场，以切身的体验，对东西文化进行了生动的比较。她在中美文学文化比较上的贡献是空前的。

我认同有些研究者的观点，在所有影响中美两国文化交流的人物里，赛珍珠是最令人瞩目也最受争议的一个，同时也是被人们追忆研究得最少的一个。她随美国传教士双亲来华，却从未向中国输出西方教义，反而向西方重新描绘中国。正因为她的作品和译著，西方开始重新认识中国。在美国，如果说谁和中国关系最深，谁最喜爱中国，谁是最多地影响美国人并使其对中国人产生好感的人，很多人会说是赛珍珠，因为正是赛珍珠的《大地》三部曲，人们才开始认识一个不一样的中国。美国前总统乔治·布什在访华时曾说：“我当初对中国的了解，以致后来对中国产生爱慕之情，就是受赛珍珠的影响，是从读她的小说开始的。”

在近年的研究中，有两位学者发掘了一些新的史料，也发现了赛珍珠在合作翻译《水浒传》过程中的“憾事”。

其一，刘龙老师2005年发表《赛珍珠失信龙墨芗之谜》一文。文中披露龙墨芗先生在翻译《水浒传》一事上全程参与，可以说逐字逐句地参与了《水浒传》的翻译，他付出许多精力、时间而贡献良多，并且在参与翻译时未向赛珍珠索要分文费用。赛珍珠亦将龙先生视为“合作者”（即共同翻译之意），并承诺若英译本图书在海外出版，发行看好，有钱可赚，一

① 刘龙. 赛珍珠研究［M］. 昆明：云南人民出版社，1992：65，83.

定支付稿费。龙墨芗先生也认同和接受赛珍珠的此一承诺。但1932年赛珍珠返回美国后，未再与龙先生联络，1933年出版的《水浒传》英译本译者亦仅署名赛珍珠一人。此后，1938年底她从南京神学院朋友麦斐德来信中获知龙先生为避战乱，逃至重庆暂居，全家收入极低，生活窘困，赛珍珠遂寄给麦斐德100美元请其转交给龙先生。至于她向龙先生支付稿酬的承诺也一直未曾实现。龙先生对此感到非常失望。刘龙在文章中认为此为赛珍珠《水浒传》译著出版后未能尽善之憾事。

其二，就在本书完稿之际，我看到了上海学者段怀清先生在《文汇报》的"笔会"栏目发表的另一文章《赛珍珠与龙墨芗：一桩有关〈水浒传〉英译的文坛公案》。文章披露了一则段先生发现的史料：1935年11月9日南京《中央日报》的"文学周刊"上，发表了龙墨芗（M. H. Lung）的《英译〈水浒传〉序》一文。在这篇序文中，龙墨芗非常清楚地说明，该文就是为赛珍珠的《水浒传》英译本而作的：

古人替它作序，是用古代的眼光，评定它的作用；胡适之先生替它作评，是用新文化的意见，评定它的价值。我现在要来给它写一篇序文，是因为现在它已经改了西装，译成了英文。它就要从古老的中国混到西洋社会里去，想将它的历史、背景等等，略略的指明，在西洋人士面前介绍一下。

卜凯夫人，是一个美国新兴起的文学家，她新近的作品《善地》与《东风·西风》，在欧美文艺界中，已经大得声誉。现在又将这部《水浒》译成英文，出版之后，行将一纸风行，大家以先睹为快。

我的学识与经验，俱感缺乏。今勉应卜凯夫人之约，助译此书，我自己常怕不能胜任。幸有邵仲香先生①肯牺牲精神，代为校正。又幸亏卜凯夫人擅长文学，所以才没有发生困难。惟其中尚有谬误之处，至希海内外

① 根据2019年1月18日《文汇报》所刊的叶公平先生《赛珍珠的三位中国合作者》一文披露：邵仲香先生（根据原金陵大学农学院教员名册上实为邵德馨，字仲香，英文注音：Shao，T. H.），其时为金陵大学农场主任。邵德馨是金陵大学农科第一届学生，后留校工作多年。邵德馨与陶行知是金陵大学校友。陶行知兴办晓庄师范学校，曾邀请邵德馨相助。晓庄师范被查封后，邵回到金陵大学工作。《陶行知全集》有多处提到邵德馨（邵仲香）。1919—1933年间，赛珍珠丈夫卜凯（即布克）在金陵大学农学院农业经济系教授（后任系主任），赛珍珠也曾在金陵女大和国立中央大学教授英国文学，因而结识金陵大学农学院教员邵德馨（邵仲香），以及金陵女大秘书龙墨芗先生。

读者不吝教正。

金陵大学邵德馨（字仲香）先生曾参加了《水浒传》英译本翻译中的校正工作

看到段怀清一文时，我不由想到，龙墨芗先生 1935 年发表此序言之时，署名赛珍珠译的《水浒传》英译本早已于 1933 年在美国出版。两年之中，龙先生未从赛珍珠处得到关于此书出版的任何信息，更未得到“合译”与“报酬”承诺的兑现。龙先生可能是从其他人那里得知《水浒传》英译本早在两年前就已出版，并大受外国读者欢迎，译者版税收入则不言而喻了。于是，龙墨芗在《中央日报》的“文学周刊”上发表《英译〈水浒传〉序》一文。显而易见，他的目的有二：一是向世人告知他参与了《水浒传》的英译本翻译，也是译者之一，甚至还写好了英译本序言；二是他用这种方式提醒赛珍珠“尚有承诺需要兑现”。我们无从知道赛珍珠是否看到或听说龙先生公开发表的这篇“序言”。结果是，除了 1938 年底曾通过南京神学院朋友麦斐德寄给避难重庆的龙先生 100 美元外，赛珍珠未再与龙墨芗先生有过任何联系，其承诺也从此“石沉大海”。

赛珍珠为何“遗忘”和“放弃”了龙墨芗先生为《水浒传》英译本写的序言？赛珍珠又为何“失信”于龙墨芗先生？

我认为存在三种可能性。

一是赛珍珠或者出版公司方面可能觉得龙先生的序言并无特色或精彩之处，故弃之不用。1948 年，《水浒传》英译本再版时，赛珍珠邀请了已在美国文坛出了名的中国著名作家林语堂作序。将龙、林两篇序言比较一下，可以看到龙墨芗的序言太简短，未有“将它的历史、背景等等，略略的指明”。我怀疑这是否是龙先生序言的全部，这需要继续考证。而林语堂的序言则洋洋洒洒数千言，从中国五大古典名著介绍开始引入《水浒传》，从《水浒传》产生的北宋南宋历史背景到施耐庵、罗贯中两位作者的介绍，从《水浒传》的不同版本到宋江、李逵、林冲、武松等梁山好汉们的介绍，从《水浒传》所反映的“替天行道”的民众呼声到现代学者胡适的评价，甚至为便于欧美读者了解《水浒传》主题，还将西方文坛久负盛名的小说《罗宾汉》《独行侠》与其作类比，等等。比较而言，林语堂的序言显然更值得采用。

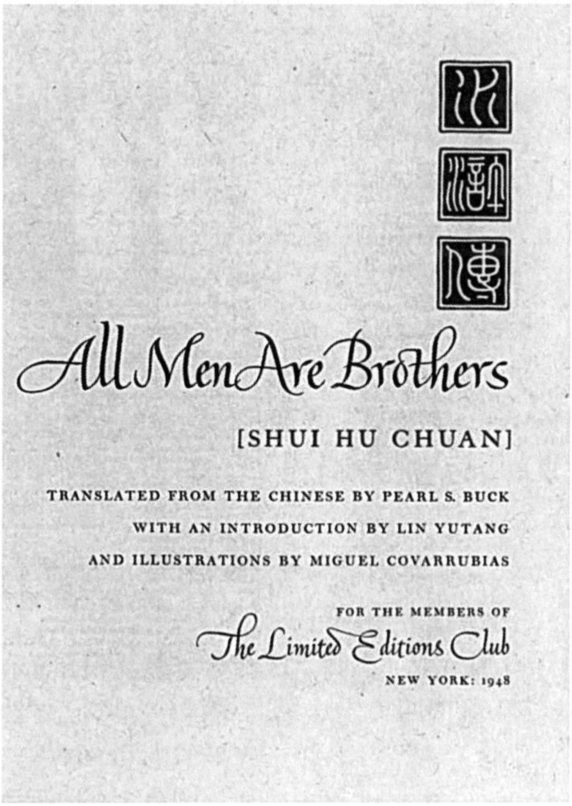

1948 年版的赛珍珠《水浒传》英译本，该版本由林语堂作序

二是赛珍珠的心态可能发生变化。赛珍珠在 1929—1932 年间翻译《水浒传》之时，尚未出名，也未得奖（普利策奖）。此时她确实可能有意请自己的中文老师作序。1932 年获普利策奖后，她的心态是否发生了变化呢？一般情况下，作品的序言往往请名人或专家来撰写。而此时请一位在中国文化界默默无闻的学者作序，是否还那么合适？或者是她的出版商或其他朋友从这一角度向她建言而使她放弃初衷呢？

三是两人间是否可能发生了某种“失和”之事，但至今未有任何史料佐证。从 1933 年初版直至 1948 年及以后，该译著多次再版，赛珍珠在其序言中都保留了龙墨芗（Lung M. X.）助其翻译《水浒传》的内容。

但无论是哪一个原因，于情于理，赛珍珠也应该与龙墨芗先生做事前或事后的及时坦诚沟通，而不应弃之不理。即使不共同署名，或不使用龙先生的序言，至少也应该对龙先生参与翻译所付出的智慧与辛劳给予足够的稿费补偿。

这些都有待学者们继续研究。

赛珍珠邀请龙墨芗先生“助译”或“合译”《水浒传》，这本是一件由中美两国文化人通力合作向西方国家推介中国古典文学名著的大好事。然而，因为赛珍珠的“失信”而存有“憾事”，此为我等后人所惋惜。但瑕不掩瑜，赛珍珠因翻译《水浒传》而将中国古典小说与东方文化介绍到西方，也算功德一件。正如赛珍珠需要被重新认识、重新评价一样，龙墨芗先生长期辅导赛珍珠学习中国古典小说，参与赛珍珠翻译《水浒传》且贡献良多，这也应该被肯定与重新评价。

赛珍珠与林语堂

1987 年，中国青年出版社出版了李润新所著《洁白的明星——王莹》，书中揭示了 1934 年赛珍珠回美定居后与中国作家和艺术家友好交往的史实，其中就有与林语堂、王莹、老舍、曹禺等的往来情况，让我们看到赛珍珠热爱中国、推崇和宣传中国文化的另一个侧面。这对我们重新认识赛珍珠及赛珍珠研究具有重要参考意义。

在 20 世纪三四十年代的中美文化交流中，赛珍珠与林语堂的交往合作演绎了一段中美人文交流的佳话。他们十几年的合作成功将中国文化的许多内容介绍到了西方，并广受西方读者的喜爱，林语堂还因此被推荐为诺贝尔文学奖的候选人。

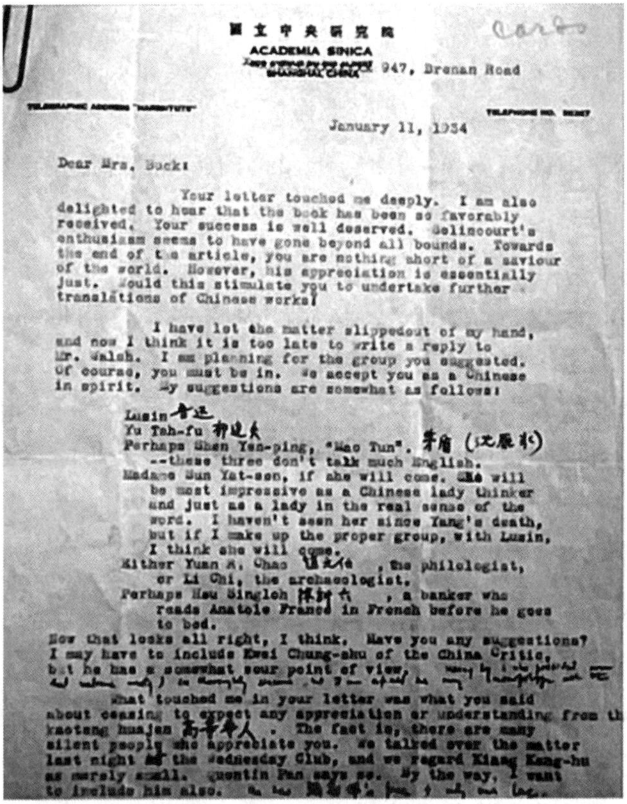

国立中央研究院
ACADEMIA SINICA
947, Brenan Road

January 11, 1934

Dear Mrs. Buck:

Your letter touched me deeply. I am also delighted to hear that the book has been so favorably received. Your success is well deserved. Selincourt's enthusiasm seems to have gone beyond all bounds. Towards the end of the article, you are nothing short of a saviour of the world. However, his appreciation is essentially just. Would this stimulate you to undertake further translations of Chinese works?

I have let the matter slippedout of my hand, and now I think it is too late to write a reply to Mr. Walsh. I am planning for the group you suggested. Of course, you must be in. We accept you as a Chinese in spirit. My suggestions are somewhat as follows:

Lusin 鲁迅
Yu Tah-fu 郁达夫
Perhaps Shen Yen-ping, "Mao Tun". 茅盾（沈雁冰）
--these three don't talk much English.
Madame Sun Yat-sen, if she will come. She will be most impressive as a Chinese lady thinker and just as a lady in the real sense of the word. I haven't seen her since Yang's death, but if I make up the proper group, with Lusin, I think she will come.
Either Yuan R. Chao 赵元任, the philologist, or Li Chi, the archaeologist.
Perhaps Hsu Singloh 徐新六, a banker who reads Anatole France in French before he goes to bed.

Now that looks all right, I think. Have you any suggestions? I may have to include Kwei Chung-shu of the China Critic, but he has a somewhat sour point of view.

What touched me in your letter was what you said about ceasing to expect any appreciation or understanding from the kaoteng huajen 高等华人. The fact is, there are many silent people who appreciate you. We talked over the matter last night at the Wednesday Club, and we regard Kiang Kang-hu as merely small. Quentin Pan says so. By the way, I want to include him also.

林语堂 **1934** 年 **1** 月 **11** 日写信给赛珍珠（布克夫人），
介绍中国作家鲁迅、郁达夫、茅盾（沈雁冰）、赵元任、徐新六

赛珍珠与林语堂（**1939** 年）

1933年7月，赛珍珠结束在美国的度假，乘船经欧洲法国、意大利，以及亚洲的几个主要港口城市孟买、科伦坡、新加坡、香港返回上海。在到达上海之前，她在船上接到一位美国女士的作客邀请，约请她到上海家中餐叙并与《中国评论周报》的人士见面。10月2日抵达上海后，赛珍珠在那里逗留了几天。就在这次赴邀的晚宴上，赛珍珠遇到了青年作家林语堂，而林语堂也由此认识了这位精通中美文化的文学新秀。

《中国评论周报》是一份英文杂志，出版者是一群非常现代派、受过西方教育的中国文学界人士，其中就有林语堂。早在南京生活时，赛珍珠即对中国的方方面面很关注，常看这份周刊。该周刊有一个闲话中国政治、社会、日常生活的专栏《小评论》，专栏作者林语堂当时是中国文化界的一位才子，笔头快，作品多。赛珍珠在其自传中回顾：

我读过林语堂在该周刊上用中文和英文写的文章。他是一位散文作家，他的论敌们说他睿智幽默，但不渊博。而我感到他那辛辣的笑话和尖锐的讽刺敏锐而精确。那时他正撰文批评蒋介石和国民政府，态度惊人地坦率，无所畏惧，以至于他的朋友们忠告他别去“摸老虎屁股”。他总是心情轻松愉快，说起笑话来肆无忌惮，对此似乎谁也不太在意。但人们都为他能说出他们敢怒而不敢言的话语而感激他。

我接受了邀请，主要是为了见一见林语堂。那天晚上，真令人叹为观止。晚宴上，具有异国情调的不同国家的知识分子们妙语连珠，嬉笑怒骂，奇闻轶事，出口成章。当然妙语并非句句中听。我像往常那样只是倾听，很少说话。晚宴中，我还接受了林语堂的邀请，去他家见见他夫人，被邀者还有胡适。

第二天晚上更有趣，因为在林家我见到了林语堂的夫人和女儿们。林夫人是一位热心肠的地道中国太太。晚餐味道很好，我边享受晚餐，边听着林、胡两位趣味不同的中国名人之间的交谈。很显然他们两人之间缺乏理解。胡适对比他年轻一些且桀骜不驯的林语堂颇有嘲讽之色，他很早便离开了。胡适走后，林语堂告诉我，他自己正在写一本关于中国的书。它就是后来的《吾国吾民》。

那天，我走得很晚。我对一个中国作家用英语写书感到很兴奋，而他又是那么无所畏惧。我感到这本书的影响将不可限量，便马上写信给纽约的庄台出版公司，要他们尽快关照这位当时还不为西方所知的中国作家。

随后在1933—1934年间，赛珍珠在南京寓所（平仓巷3号）通过书信与林语堂保持着密切联系。同时，她也多次给纽约庄台公司老板，同时也是《亚洲》杂志主编的沃希先生去信，介绍与推荐林语堂其人其文。由此，林语堂的作品后来在《亚洲》杂志发表，并逐步进入了美国文坛。赛珍珠帮助林语堂成就了更大的事业。

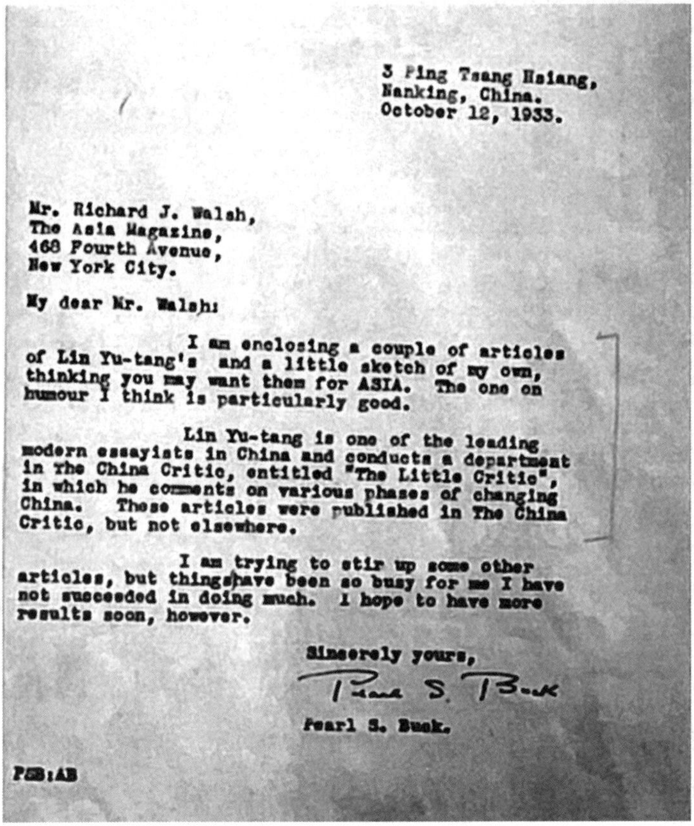

3 Ping Tsang Hsiang,
Nanking, China.
October 12, 1933.

Mr. Richard J. Walsh,
The Asia Magazine,
468 Fourth Avenue,
New York City.

My dear Mr. Walsh:

I am enclosing a couple of articles of Lin Yu-tang's and a little sketch of my own, thinking you may want them for ASIA. The one on humour I think is particularly good.

Lin Yu-tang is one of the leading modern essayists in China and conducts a department in The China Critic, entitled "The Little Critic", in which he comments on various phases of changing China. These articles were published in The China Critic, but not elsewhere.

I am trying to stir up some other articles, but thingshave been so busy for me I have not succeeded in doing much. I hope to have more results soon, however.

Sincerely yours,
Pearl S. Buck
Pearl S. Buck.

PSB:AB

1933年10月12日，赛珍珠从南京平仓巷3号写给沃希先生的信，向其推荐林语堂

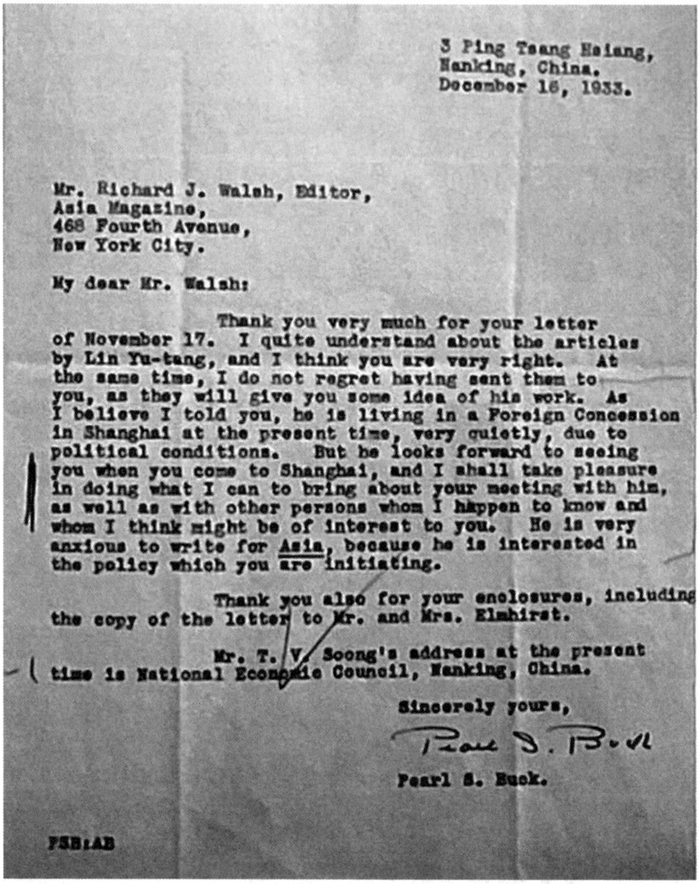

3 Ping Tsang Hsiang,
Nanking, China.
December 16, 1933.

Mr. Richard J. Walsh, Editor,
Asia Magazine,
468 Fourth Avenue,
New York City.

My dear Mr. Walsh:

Thank you very much for your letter of November 17. I quite understand about the articles by Lin Yu-tang, and I think you are very right. At the same time, I do not regret having sent them to you, as they will give you some idea of his work. As I believe I told you, he is living in a Foreign Concession in Shanghai at the present time, very quietly, due to political conditions. But he looks forward to seeing you when you come to Shanghai, and I shall take pleasure in doing what I can to bring about your meeting with him, as well as with other persons whom I happen to know and whom I think might be of interest to you. He is very anxious to write for Asia, because he is interested in the policy which you are initiating.

Thank you also for your enclosures, including the copy of the letter to Mr. and Mrs. Elmhirst.

Mr. T. V. Soong's address at the present time is National Economic Council, Nanking, China.

Sincerely yours,

Pearl S. Buck

Pearl S. Buck.

PSB:AB

1933 年 12 月 16 日，赛珍珠再次致信沃希先生向其推荐林语堂

1934 年赛珍珠离婚。她于 5 月 30 日返回美国，随即与纽约庄台出版公司总裁沃希结婚。当时沃希的公司正面临巨大经营压力，为帮助丈夫，赛珍珠积极找寻合适的中国作家与作品，以供在美国出版发行。而这一年，林语堂也面临事业挑战。他携家到庐山避暑，借此闭门写作了一个暑期。最终，他前后耗时近一年用英文写出了《吾国吾民》。随后他将文稿寄给了赛珍珠。

这是一本介绍中国文化的通俗读物。赛珍珠读罢林语堂的英文手稿，赞叹不已："这是一部杰作!"。在赛珍珠的极力推荐和帮助下，《吾国吾民》于 1935 年在美国出版。这是中国人真正向西方世界介绍中国文化的开端。此时，赛珍珠已因《大地》三部曲及其他中国题材小说在美国文坛成名，有相当的影响力。她亲自为《吾国吾民》写了4000字的序，并组织书评等，让默默无闻的林语堂一下子成了美国文坛和读者熟知的当红作家。《吾国吾民》4个月时间连印7次，荣登畅销书榜。赛珍珠为《吾国吾民》所作的序言，反映了她对中国历史与现状的深刻认识和对中国走向新生与进步的美好希冀。那种对中国前途命运的热切关注，对中国人民的友好深情，洋溢于字里行间。

林语堂为此对赛珍珠充满了感激之情。他在《吾国吾民》自序中说："我首先应该感谢赛珍珠女士，她自始至终给我以亲切的激励。付印之前，她替我通篇审阅原稿。"他也致谢沃希先生"在整个出版过程中都提供了宝贵的意见"。

《吾国吾民》是林语堂与赛珍珠的首次合作。它的成功使双方收获颇丰，也奠定了林语堂的畅销书作家地位。就这样，赛珍珠和沃希成了林语堂的朋友及其著作编辑、出版人和经纪人，以后多年林语堂在美国的一系列畅销书都由庄台公司出版。中国当时战乱频频，为了给林语堂创造一个安静的写作环境，赛珍珠夫妇主动邀请林语堂一家来美定居写作。这无异于帮助林语堂一家逃离战乱，他求之不得。

1936年初，林语堂携妻女到美国后，暂住赛珍珠在宾州的家里。稍事安顿后，赛珍珠夫妇向林语堂介绍，《吾国吾民》出版后的书评反映美国读者更喜欢该书的第九章，建议林语堂将此章扩展成书，重点介绍中国传统人生哲学。林语堂欣然接受，命笔成书。他用英文写成一本新书《生活的艺术》，书稿于1937年由庄台公司出版。此书问世引起了比《吾国吾民》更大的轰动，"每月读书会"将其作为12月份的特别推荐书，两周售出8万多本，五周售出14万多本。随后还不停加印，不长的时间加印竟达40次以上，高居畅销书排行榜榜首达52周之久，成为全美国最畅销的书，该书还被译为法、德、丹麦、瑞典、西班牙、葡萄牙、荷兰等多个不同语种版本，广受欢迎。《生活的艺术》成为欧美各阶层男女老少的"枕边书"，林语堂也因此成为红遍欧美文坛的耀眼新星。

赛珍珠非常喜欢中国灿烂的古代文化，对中国古典文学名著更是百读不厌。她花费了不少心血，把《水浒传》译为英文。后来，她又想和林语堂合作，将《红楼梦》也译成英文。她还曾经与王莹一起试译《红楼梦》中的诗词，对其中的大量美丽诗篇欣赏不已。有一次，她对王莹说：“中国的旧体诗词，吟咏起来十分好听，但翻译起来却很难。那些律诗讲究对仗、排句、押韵，译成英语往往走样，也不能把诗情意境完全准确地表达出来。《红楼梦》是世界名著中的一大奇迹。我和林先生试着合译过多次，最后都因书中诗词太多太难而未能如愿，让我十分遗憾。”

林语堂是一个很有创意的作家。1938—1939 年，他借鉴《红楼梦》的艺术形式，一年内写成了 70 万字的《京华烟云》。当他把《京华烟云》完稿的消息打电报告诉赛珍珠夫妇后，赛珍珠在回电中盛赞林语堂说：“你不知道你的创作是多么伟大。”林语堂在《京华烟云》的扉页上写道：“写于 1938 年 8 月至 1939 年 8 月，献给英勇的中国战士。”赛珍珠评论说：“瞬息京华映照出几千年经久不变的文化积淀。”这从文学观和价值观的角度对该书给予肯定。《京华烟云》被赛珍珠盛赞是“中国的《战争与和平》”，当时位列美国畅销书排行榜前列，在国际文坛上也长盛不衰。即便到了 1975 年，该书依然获得诺贝尔文学奖提名，那时林语堂曾当选为国际笔会副会长。

不久后，林语堂在庄台公司又出版一本描写南京大屠杀的著作《风声鹤唳》，这是《京华烟云》的续篇，被《纽约时报》誉为“中国的《飘》”。1942 年，兰登书屋出版林语堂的《中国印度之智慧》，在美国文坛再次大受欢迎。林语堂三个字，俨然成了畅销书的标签，这既是对林语堂创作能力的认可，也是对赛珍珠夫妇慧眼识人的肯定。

至此，林语堂在欧美文坛上已经有了一席之地。为报答知遇之恩，林语堂的 13 部作品均由赛珍珠丈夫沃希的纽约庄台公司出版。当然，在合作中双方都获益匪浅。沃希先生还负责安排林语堂在美国的演讲和其他活动。林语堂凭借中国作家身份用英语写作中国题材小说，介绍中国及其文化而得到欧美读者欢迎与文化界认同，这应是中外文化交流中的奇葩，而其中赛珍珠显然是功不可没。

后来，林语堂自己投入数十万美元研发中文打字机，因资金困难向赛珍珠夫妇借款时被拒绝。与此同时，林语堂还发现庄台公司 20 年来付给自己作品的出版稿酬远低于其他出版公司。林语堂为此非常气愤，觉得受了欺骗，他宣布与赛珍珠夫妇绝交，这成为两人交往中令人唏嘘的憾事。赛珍珠对此始终保持沉默，只是在私下打电话给林语堂的女儿林太乙时，询问她爸爸是不是精神方面出了什么问题。此外，出于对林语堂文学才华的肯定，赛珍珠还曾两次向诺贝尔文学奖评选委员会极力推荐林语堂为候选人。

赛珍珠与王莹、谢和赓夫妇

如果说赛珍珠 1934 年前是以写作为主，那回到美国及获得诺贝尔文学奖以后，她在很大程度上又成了一个积极且充满正义感的社会活动家。中国著名电影演员王莹和丈夫谢和赓在美国宣传中国抗战及留学期间，与赛珍珠往来密切，并得到赛珍珠的多方支持。根据 1987 年出版的李润新所著的王莹传记《洁白的明星——王莹》内容，以及我对谢和赓的采访资料，我们可以对赛珍珠 1934 年回美国后的社会活动情况有更多的了解。

王莹（1913—1974），安徽芜湖人。她出身贫苦，做过童养媳，也做过护士。1928 年秋，为了躲避军阀迫害，她在著名文学家、剧作家、文学评论家阿英（钱杏邨）等人帮助下从南京逃到上海。同年 10 月她加入由阿英与夏衍等人领导的“上海艺术剧社”。王莹具有演出天才，歌喉亮丽，参演和主演了多部进步话剧与电影，如《炭坑夫》《少奶奶的扇子》《酒后》《女性的呐喊》《铁板红泪录》《自由神》《赛金花》《放下你的鞭子》《马门教授》等，她也因此多次被反动当局逮捕。

1987 年，李润新著《洁白的明星——王莹》一书由漓江出版社出版

因对电影界腐朽现象不满，1934 年她发表《冲出黑暗的电影圈》一文后去日本留学。1935 年回国后，她在夏衍编剧的《自由神》中成功地饰演冲出封建家庭的五四新女性陈行素。1936 年她主演夏衍创作的国防戏剧

《赛金花》，成为20世纪30年代中国话剧的奇迹。抗日战争全面爆发后她参与组织救亡演剧二队，中国到15个省区巡回演出抗战戏剧。1939年，王莹和金山带领文艺工作者赴香港等城市和新加坡、马来西亚等国家募捐演出，宣传抗日救国，深受当地群众与侨胞欢迎。在陈嘉庚协助下，他们购买了药品支援抗日。1941年，她又在香港参加“旅港剧人协会”，为配合全世界反法西斯斗争宣传，王莹参加《马门教授》（又名《希特勒的杰作》）演出，并得到宋庆龄领导的“保卫中国同盟”和外国友人的帮助。

1942年7月，王莹和丈夫谢和赓一起，以国民党政府“选派留学生”的名义前往美国学习。据说行前周恩来单独接见王莹并叮嘱她要不断求艺，向美国人民宣传中国的抗日战争。抵美后，王莹和谢和赓一起拜访了林语堂。当时林语堂已在美国成名并与赛珍珠夫妇关系极为密切，王莹夫妇要在美国迅速打开工作局面，拜会林语堂并求得他的支持是很重要的一环。

林语堂对王莹的工作计划很赞赏，主动问王莹愿不愿意会见赛珍珠女士。王莹对此很兴奋并告诉林语堂，她离开重庆前，原本有朋友（可能是周恩来）打算找孙夫人宋庆龄女士写封信引见赛珍珠的，因临行匆匆而未能如愿。林语堂当即电话联系在纽约的沃希先生，希望赛珍珠会见王莹。赛珍珠对王莹这位电影明星也早有所闻，听闻王莹来美，也希望能早日会见她。两天后，赛珍珠特意打电报给林语堂，请他转告王莹，自己准备在费城附近的青山农场与王莹见面。王莹夫妇随即应约前往。

初次会面，赛珍珠夫妇即对王莹的印象极佳，王莹身上东方女性的善良聪慧吸引了他们。他们热诚挽留王莹夫妇住了几天，并做了深入的交流。王莹激动地向赛珍珠介绍中国正在进行的抗战情况，她也讲述了自己青少年时代所受的封建礼教的摧残，童年丧母、后娘虐待、教会住读、做童养媳、逃出婆家，还有后来投身进步戏剧电影事业，在抗战前线为士兵和农民演出，奔赴南洋各地巡回演戏，智闯险关逃离香港等情况。赛珍珠被王莹这一幕幕曲折的经历迷住了，她当即鼓励王莹将其经历写成自传体的长篇小说。为此赛珍珠还把她的秘书朗巴夫人整理出来的三万多字的速记稿交给了王莹。赛的丈夫沃希也鼓励王莹说：“你到大学，除了注意学习语言外，还可以选修写作课，练习英文写作，把朗巴夫人的记录作为大纲，将来写一部书。你的苦难、悲惨的身世，你那不平凡的、富有色彩的生活经历，完全可以写成一部动人的自传或小说。”

赛珍珠夫妇这些充满信赖与期待的话语，激发了王莹强烈的创作欲望和热情。她萌发出写作《宝姑》的念头。为了帮助王莹写好这部自传体小说，赛珍珠把王莹身世和经历的记录稿打印了几十份，先后分给林语堂、胡适、冀朝鼎夫妇、徐永焕、浦爱德小姐、拉铁摩尔夫妇、福克斯夫人、史沫特莱等人。他们读过后都很受感动，林语堂等人也都鼓励王莹一定要写出这部自传作品。王莹表示一定不辜负朋友们的期望。

几天后，赛珍珠陪同王莹一起回到纽约，并随即在林语堂家举办了一次记者招待会。她向记者们介绍了王莹的曲折经历，称赞王莹是“中国的海伦·赫斯”（Helen Hayes，美国现代著名女演员）。记者们对王莹那富有传奇色彩的经历都很感兴趣，许多报刊报道她的生活经历，还刊登了她化装成尼姑的照片和在中国战区及南洋演出的剧照。一时间，王莹成了新闻人物，“中国爱国女明星”“中国的海伦·赫斯”的称誉不胫而走，在美国各地传播开来。

这次会面对王莹后来在美国的文学创作和戏剧宣传活动产生很大影响，给了王莹后来在美国宣传中国抗战工作重要的支持，也让王莹与赛珍珠之间建立了珍贵的友谊。

1945 年，王莹赠送给赛珍珠夫妇的中英文签名照片

在赛珍珠和拉铁摩尔先生的介绍下，王莹先在耶鲁大学、贝满女子学院和海佛福德学院学习英语、文学、戏剧和写作，还曾进邓肯舞蹈学校学习舞蹈艺术。各学校都很欢迎她，并给她奖学金。在美期间，王莹夫妇与赛珍珠、著名戏剧家勃莱希特、作家史沫特莱交往甚多。王莹帮助史沫特莱撰写了朱德将军传记。赛珍珠和王莹合作将《义勇军进行曲》《放下你的鞭子》翻译成英文。赛珍珠还邀请王莹担任她所创办的“东西方协会”的董事兼中国戏剧部主任，

组织在美国的中国文艺工作者到美国各地演出抗战戏剧，宣传中国人民抗战的情况。

1943 年春，在赛珍珠夫妇主持的“东西方协会”的安排下，王莹率领“中国活动剧社”到白宫参加“东西方之夜”演出。这是一次极为精彩的演出，美国总统罗斯福全家前来观看，副总统华莱士以及白宫高级官员、各国驻美国使节等也观看了演出。演出中，赛珍珠负责报幕，王莹用英文介绍节目，接着全程用英文演出街头剧《放下你的鞭子》和中国抗战歌曲《卢沟桥》《游击队之歌》《到敌人后方去》《义勇军进行曲》等。《放下你的鞭子》使观众深受感染，全场爆发出雷鸣般的掌声。演出结束后，罗斯福总统夫人特走上舞台向王莹祝贺。她亲切地说：“总统无法上台与你合影留念，由我做代表了。”王莹紧握着总统夫人的手，彬彬有礼地说：“总统和夫人阁下，华莱士副总统及夫人阁下，贵政府各位高级官员阁下，在百忙中观看我们的演出，我们深感荣幸！我以为这是中美两国人民伟大友谊的象征，谨向总统和夫人、副总统和夫人，以及各位官员表示诚挚谢意！”随后她与总统夫人合影留念。

罗斯福总统夫人与王莹合影

在很多年后，王莹因这次演出被称为“第一个在白宫演出的中国演员”。

白宫的演出轰动了美国，许多报刊都以显著版面刊登了王莹演出的报道、演出剧照及与总统夫人的大幅合影。帕特公司还为王莹演唱的抗战歌曲录了音。美国各地华侨从报纸上看到她受到美国舆论的赞扬，都为祖国有这样的优秀艺术家而感到自豪。胡适、林语堂等人都专门打电话，向王莹表示祝贺，盛赞王莹“为国争光”，称到白宫演出是“中国青年、戏剧界的光荣”。后来，王莹又把她在白宫与罗斯福总统夫人的合影、在福特汽车公司与福特全家人合影的照片送给了胡适。胡适一边欣赏着这些照片，一边兴高采烈地说:“好啊,王莹小姐!过去,梅兰芳博士在美国的声望比任何中国戏剧界的演员都高,但他却没有被邀请到白宫演出。现在,你的成绩与梅兰芳可称伯仲,而声望也各有千秋。但对时局的影响,我看梅博士是不如你啊!”

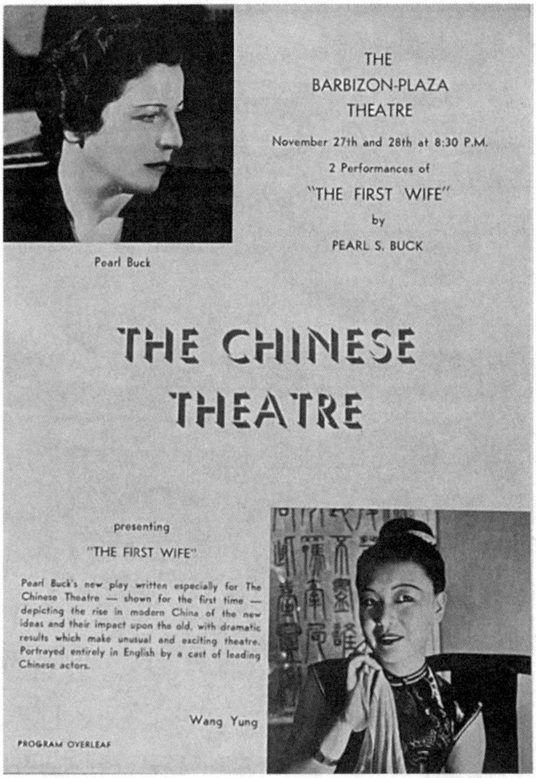

王莹 1943 年 11 月 27 日和 28 日在美国主演赛珍珠编剧的《第一夫人》的剧照

当听说由赛珍珠女士为王莹在白宫演出报幕时,胡适一改平时对赛珍珠有些傲慢的态度,由衷地赞扬说:“难得,实在难得!赛珍珠女士真够朋友!这才叫锦上添花哩。”

1945 年 4 月,董必武随中国代表团赴美国出席联合国制订宪章的会议。在纽约,董必武特地抽时间会见王莹和谢和赓夫妇,董老对他们来美国后的学习和工作情况表示称赞,并亲自观看了王莹的演出,对她主演的剧目和演技,以及“中国活动剧社”的演出给予了高度评价。

1946年，在赛珍珠的鼓励下，王莹开始创作自传体小说《宝姑》。为写作这部长达30多万字的小说王莹用了两年多时间，她以细腻而温情的笔触详尽地描述了故乡芜湖的风土人情，生动地讲述了自己和母亲、祖母三代女人各自不同的故事。其间，她还将这部小说翻译成了英文。

1951年夏，赛珍珠邀请王莹夫妇到她农场小楼歇夏。两对夫妇在一起闲谈时，王莹认为美国出兵朝鲜是非正义的侵略战争。赛珍珠听后，默默思考了一会儿说："我对美国远涉重洋，派军队到朝鲜与中国打仗，是深感痛心的。我的孩子即使被征入伍，我也绝不让他们被派到国外与中国打仗。即使触犯征兵法，我也要想尽各种办法，使他们不能去打中国。"赛珍珠与王莹还合作创作了一部反对美国出兵朝鲜的40分钟短剧，在费城 Perkasie 镇演出。

20世纪50年代初，王莹在青山农场赛珍珠居所与赛珍珠、沃希夫妇合影

1952年，王莹夫妇准备回国。当时美国麦卡锡主义的反共政策愈演愈烈。他们的离美申请遭到美国移民局的拒绝，因为美国移民局不希望他们返回中国。王莹夫妇坚持了自己的选择，于是被美国当局拘留并关在纽约港哀离思岛的移民局看守所。在关押的几年里，王莹夫妇饱受迫害与折磨。赛珍珠和浦爱德小姐三天两头写信或来探监，当赛珍珠发现王莹和其他在押者被折磨摧残的状况时，她感到义愤填膺，立即发表讲话及文章揭露哀离思岛移民局看守所的非人道恶劣情况，呼吁美国政府释放王莹夫妇，准许其返回中国。美国政府迫于舆论压力，同时经过中国政府的严正交涉，在周恩来总理的关怀下，王莹、谢和赓夫妇终于在 1955 年元旦之夜回到北京，并受到董必武同志的亲切接见。回国后，王莹进入北京电影制片厂工作，迁居北京西郊香山从事小说创作。其间，她完成了《两种美国人》的写作，这是王莹留给这个世界的最后挂念。

20 世纪 50 年代初，王莹、谢和赓夫妇摄于纽约

在美期间，谢和赓、王莹夫妇与赛珍珠往来密切。王莹在与赛珍珠的交谈中知道她很敬仰孙中山先生，很喜欢中国古代文化，于是王莹夫妇请谢和赓父亲、晚清秀才谢顺慈老先生用魏碑体书写了反映中国古代“大同”思想的《礼运大同篇》和宋代周敦颐的名篇《爱莲说》赠给赛珍珠。《爱莲说》抒发对莲喜爱、赞美之情，同时表现“出淤泥而不染”的淡泊明志、洁身自好的高尚情操。《礼运大同篇》宣传我国古代的“大同”思想，同时引申出文中反对独裁专制的含义，其原文是：

大道之行也，天下为公。选贤与能，讲信修睦。故人不独亲其亲，不独子其子。使老有所终，壮有所用，幼有所长。矜寡孤独废疾者，皆有所养。男有分，女有归。货恶其弃于地也，不必藏于己。力恶其不出于身也，不必为己。是故谋闭而不兴，盗窃乱贼而不作。故外户而不闭。是谓大同。

赛珍珠很理解这两幅书法作品的深意，她接受这两幅书法作品时喜笑颜开，视若珍宝。她把《礼运大同篇》用镶金边的木框挂在书房里，下面稍小的方幅是用美术字书写成的、王莹与谢和赓合译又经赛珍珠润色修改的英文文本，这样外国人看了也都能理解《礼运大同篇》的思想内容。赛珍珠把《爱莲说》挂在自己的工作室，下面也有王莹和谢和赓的译文。赛珍珠对王莹和谢和赓表示：“这是你们赠送我的最珍贵的礼物。我将永远珍藏下去，在自己百年之后，把这两幅字送给费城博物馆，永远存留下去。让它成为我们之间友谊的见证，也成为美中两国友谊的象征。”

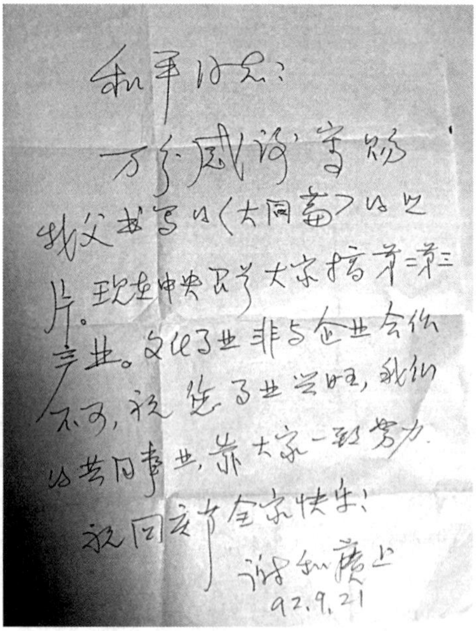
和平同志：
万分感谢寄赐我父书写的《大同篇》的照片。现在中央民族大学搞第二第三产业。文化事业非与企业合作不可，在经济事业兴旺，我们的共同事业，希大家一致努力。
祝国庆节全家快乐！
谢和赓上
92.9.21

谢和赓收到《礼运大同篇》的照片后给笔者的回信（1992年9月21日）

我在1992年4月初访问费城郊区青山农场赛珍珠故居时看到了《礼运大同篇》这幅作品，立即拍了照。回国后，我将照片寄给谢和赓先生。他大为感动，说：“赛珍珠真是我们和中国人民的好朋友。我们离开美国这么多年，她还保存着我赠送给她的这幅书法作品，可见她没有忘记我们这些老朋友。”

谢和赓回国后担任过《世界知识》杂志高级编辑兼欧美组组长等

职，经历了政治运动后，他最后在外交部工作至退休。我曾于1990年和1992年到北京拜访过谢和赓，他对我们的赛珍珠研究工作极为赞赏与支持。

《洁白的明星——王莹》一书所展示的有关赛珍珠在美国热心支持中国抗战、积极帮助华侨争取权益的义举等史料，使我们看到赛珍珠身上所具有的追求自由平等及公平正义的人性品格。1988年，我第一次看完该书就将其中的重要史料信息汇报给镇江市外办领导。在早期从事赛珍珠研究过程中，每一次发现重要史料我们均立即向相关领导汇报，并尽可能争取他们的理解与支持。现在看来，这个汇报与沟通是非常重要的，它直接促成了早期在镇江市的赛珍珠研究顺利进行。

附：谢和赓同志1991年1月18日写给刘龙和徐和平的信函

刘龙、徐和平同志：

这次镇江文联等三单位举行赛珍珠文学创作讨论会，我因工作太忙，未能前来听各位出席的专家学者的报告，深为遗憾。我和我已故的夫人王莹，从1942年到1954年在美期间，在工作上和进大学的整个时期，都与赛夫妇有密切关系。我们都读过她的作品和翻译的《水浒传》等。她和我们的挚友史沫特莱还协助王莹翻译过丁西林的话剧及一些抗战歌曲与民歌。

王莹一到美国，即遇到1942年7月华盛顿等组织的“世界青年学生代表大会”。这是一个同盟

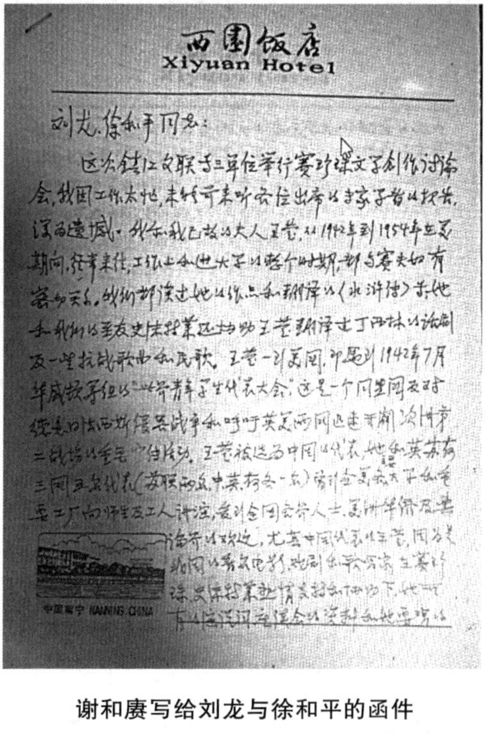
西園飯店
Xiyuan Hotel
刘龙、徐和平同志：
中国南宁 NANNING CHINA

谢和赓写给刘龙与徐和平的函件

国反对德意日法西斯侵略战争和呼吁英美两国迅速开辟欧洲第二战场的重要宣传活动。王莹被选为中国的代表。她和英苏荷三国五名代表（苏联两名，中英荷各一名）曾到全美各主要大学和重要工厂向师生及工人演讲，受到全美各界人士、美洲华侨及舆论界的欢迎。尤其中国代表王莹，因为是我国著名电影、戏剧和歌唱家，在赛珍珠、史沫特莱的热情支持和协助下，她所有的演说词、座谈会资料和她要唱的抗战歌曲、民歌，都是赛史两女士和王莹共同翻译的。在由华府出发前，赛珍珠特地在林语堂家中举行了盛大的招待会，由赛介绍王莹给美中的记者。因此，使中苏英荷代表前赴各地活动前，王莹在中国、在南洋、逃出香港返回重庆，并由中国派到美国学习的动人惊险的各种情况，已经为广大美国群众和华侨知道了。因此，王莹在这次全美宣传抗战，呼吁开辟欧洲第二战场的活动中取得了极大的成功。这与赛珍珠和史沫特莱的热情支持和协助分不开的。

王莹到各大学学习，也是赛珍珠女士介绍的。因为王莹一到纽约，赛即派车接她到费城郊区农场中的别墅交谈。初次见面，一见倾心，视为故友。王莹原拟在那里两天，但赛夫妇和她谈起中国的历史，中国的文化，又谈到她在李宗仁白崇禧指挥下第三战区火线上向士兵和农民演出和宣传，赴南洋香港等地的演出宣传，后逃出香港返回重庆，再来美国等事迹。更讲述她自己童年起一直到来美的经过。赛珍珠认为王莹的事迹非常感人，因此鼓励王莹将来撰写一部小说（自传体小说）。于是她请她的秘书朗巴夫人作了速记，将这次谈话整理成 3 万多字的速记稿交给了王莹。

王莹在耶鲁大学贝满学院选读了戏剧文学的课程和英文写作课程后，于 1945 年开始组织剧团，这时她已被赛珍珠主持的“东西方协会”选聘为该会的理事、中国剧团筹备负责人并兼戏剧部主任。王莹于同年 4 月起开始组成中国剧团赴各地演出。首先是美国政府邀请王莹到白宫演出。这是罗斯福总统夫妇支持的活动。演出时，赛珍珠作为主持人兼报幕人，引起各界人士的重视。白宫演出时，总统全家、内阁阁员、高级官员和驻美的使节们均出席。此事轰动一时。各新闻单位，包括华侨方面的报刊均有报道。随后王莹剧团赴美国各地巡回演出。赛珍珠有时也随同剧团一块招待观众。

1946 年起，王莹开始撰写中英文的《石榴花开的时候》即《宝姑》的自传体小说。这也是在赛珍珠鼓励下撰写的。原打算在美国出版，但因当时麦卡锡反动高潮，我们受到迫害，致此书未能在美出版。后来祖国推翻三座大山，我们接到国内去信，总理希望我们回国参加新政协。但当时我们的工作尚未完成，我们负责出版的华侨支持的《纽约新报》又来国内指示继续维持。因此一直到 1951 年才向移民局要求回国，但受阻不允许我们赴港。1952 年我们买船票赴英，拟自欧洲转返中国。这时移民局发现，即遭阻止不能如愿。我被多次传讯。移民局要求我们入籍。但我们坚决不接受要求。经律师打官司，我们先后被捕。在此期间，也是赛珍珠多方援助，向美国司法部控诉及向纽约时报发表评论函件。这样美国才赶快把我们驱逐出境。如果不是赛珍珠和美国进步友人的协助，我们是不可能在 1954 年秋回国的。

又国民党方面，包括宋美龄等人，在抗战期间多方争取赛支持蒋介石反对共产党，同时又邀赛到台湾“讲学”。但赛珍珠都听了王莹和我的建议，没有做任何不利于新中国的言行。我们回国以后，国内同国外情况多变，赛和我们便没有来往了。她对中国人民是有感情的。她是反对侵略中国的朝鲜战争的。

谢和赓

1991. 1. 18

四、重返大地

破冰之作

在 1932—1948 年间，中国翻译出版了大约 18 部赛珍珠的中国题材小说，如《大地》《儿子们》《分家》《东风·西风》《母亲》《爱国者》《滇缅公路的故事》《龙种》《永生》等。翻译出版得最早的是《大地》《儿子们》《分家》，在 1932—1936 年即有几个不同中译本问世。1932—1948 年间，翻译得最多的是《大地》，它有 6 个不同译本，其中仅胡仲持先生翻译、上海开明书店发行的中译本，加印就有 12 次之多。其次是《儿子们》和《爱国者》，各有 4 个不同译本，《分家》和《东风·西风》各有 3 个译本，《母亲》有 2 个译本。这证实了鲁迅先生 1933 年 11 月 15 日在致姚克信中关于“布克夫人上海曾大欢迎”之说。这十几年当中 18 本小说的中译本、38 版次的发行，也表明赛珍珠的小说在中国文学界、翻译界、出版界受到重视和欢迎的程度。

这些情况说明，在赛珍珠由《大地》《儿子们》《分家》组成的三部曲 1938 年获得诺贝尔文学奖之前，她的作品不但畅销欧美，也曾风靡中国。在对待赛珍珠中国题材小说这一问题上，瑞典皇家学院评委与各国读者的看法是相通的，赛氏小说是拥有广大读者基础的，因此她在 1938 年荣获诺贝尔文学奖是绝非偶然的。

1949 年中华人民共和国成立后，因中美意识形态对立和赛珍珠在其作品中流露出的政治立场，赛珍珠及其作品在中国被否定，这是在那个特定历史时期的一个特别现象。

1978 年后，伴随着中国思想解放和改革开放，中国文学出版界也发生了积极变化。1983 年，漓江出版社开始了“获诺贝尔文学奖作家丛书”的翻译出版工作。赛珍珠的《大地》三部曲也名列其中，由中国社会科学院外国文学研究所研究员王逢振、韩邦凯、沈培锠等人担任翻译。1988 年的漓江版《大地》三部曲堪称“破冰之作”，对中国赛珍珠研究的起步，对重新了解赛珍珠、重新评价赛珍珠有着重要的意义。

作为主译的王逢振先生 1985 年左右即开始翻译《大地》。1986 年 10 月他在美国做访问学者时为中译本所写的序文《历史地看待赛珍珠和她的〈大地〉三部曲》（1988 年随译作出版发表），是 1949 年后中国的外国文学研究学者抛弃极左思维和狭隘观念，第一次客观公正地评价赛珍珠及其小说。

在这个序言中，王逢振先生向中国读者介绍了为什么要翻译出版赛珍珠《大地》三部曲：

从出版角度考虑，既然准备出所有诺贝尔文学奖金的作家的作品，自然不应该把赛珍珠排斥在外，因为谁也不能否认她在 1938 年获得了诺贝尔文学奖金。这是一套丛书的完整性和客观性的问题，无须多加评论。至于从作品本身来看，有没有出版意义呢？我的看法也是肯定的。这里包含一个对通俗文学的文学批评问题，也包含一个如何对待作家和他的作品的问题。

关于西方对《大地》三部曲的评论，王逢振如此介绍：

1931 年 3 月 7 日《星期日纽约论坛》在书评部分写道：“一年前勃克夫人（即赛珍珠——编者注）的《东风·西风》出版时，我曾说那是第一部成功地用英文写中国的小说。现在，由于《大地》的出版，她可以算作第一流的小说家了……这就是中国，以前从未有人在小说里描写中国。不过，《大地》不仅仅是中国，而且是任何一个地方人与土地的根本斗争，这种斗争在中国之所以更严重更富戏剧性，完全是因为那里的人单凭意志而斗争，没有任何机械设备的援助……

埃德加·斯诺夫人曾回忆说：“1932 年我初到中国时，《大地》刚刚出版。我吃惊地发现年轻的知识分子多么恨它。……他们说‘她不应该写那些令人讨厌的人；她为什么不写富人、那些有教养的人呢？’这些受过西方教育的中国人恨它，因为他们不想让外国人知道任何关于中国不愉快的事情；他们想隐瞒事实真相。我起初不理解这种观点。但后来我了解到那是因为他们当中一些人依赖外国人，依赖在上海和其他条约口岸的西方人，或者受他们的保护，或者拿他们的薪水。他们想让这些外国人对中国有个好的印象。赛珍珠认识到这点，她在写《大地》时，实际上是要戳穿这种谎言，揭露他们为了政治原因而掩盖的真实情况。

1933 年 3 月 7 日，电影明星威尔·罗杰斯访问中国后在《纽约时报》上写道：“不消说，我们每一个人只要会读书就一定读过赛珍珠写中国的杰作《大地》。它不仅是写一个从未写过的民族的伟大作品，而且是我们这代人所写的最好的作品。甚至在中国，欧洲人和中国人都说这部作品是真实的，很少有作品写另一民族而又被他们说写得好的。……读读这本书，它会使你们不再胡闹，使你们了解到中国的一切。

关于对赛珍珠的评价，王逢振认为“应该采取辩证唯物主义和历史唯物主义的态度”来看待她：

在外国人中间，她是比较接近基层大众的一位。目睹中国的现状，她不能不或多或少地接受着一些影响。她在许多地方发表过同情中国的看法。她说：“我已经学会了热爱那里的农民，他们如此勇敢，如此勤劳，如此乐观而不依赖别人的帮助。长久以来我就决定为他们讲话……”

她接触过中国的农民，也接触过国民党的要员。因此在这样一个人物身上必然充满种种矛盾。从人道主义出发，她对中国农民有同情心；目睹国民党政府的腐败，对蒋介石不抗日的政策表示不满。但她的资产阶级本质决定她对中国革命的敌对态度，她接受资产阶级和国民党的宣传，对共产主义充满了仇恨和恐惧。然而，她自幼生长在中国，后来又长期在中国生活，因而又对中国有一种感情上的偏爱。这种复杂的矛盾心理，不可能不在她的作品中流露出来。当人道主义占上风时，她的作品可能写得好些；而当她的反共心理占上风时，她可能为了政治目的而有意进行歪曲。应该说，她早期的作品较有人情味，而后期关于中国的作品大多数不够真实，有些进行了恶意的歪曲。

……世界上一切事物都会发展变化，而且一切变化都由多种因素决定。一个作家和他的作品，不论政治观点和写作风格，发生某些变化乃至实质性的变化并不奇怪。有的会由坏变好，也有的会由好变坏，这在历史上已屡见不鲜，因此应该历史地对待这种变化。

客观而论，王逢振的序言突破了赛珍珠研究的禁区。其要点就是“实事求是，客观公正”，这在中国赛珍珠研究发展中是一个重要的里程碑。这对当时正在积极收集赛珍珠史料并欲进一步开展赛珍珠研究的刘龙老师和我而言，也是一个巨大的鼓舞和推动。

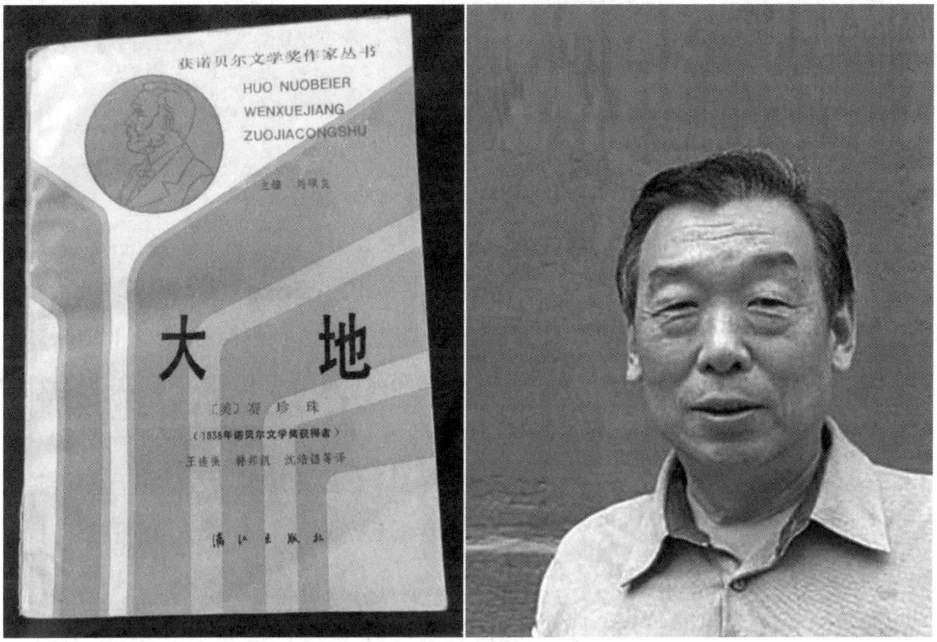

《大地》译者、中国社会科学院外国文学研究所王逢振研究员

《大地》中译本及王逢振先生这篇序言的出版，还反映了漓江出版社“获诺贝尔文学奖作家丛书”总编刘硕良先生的思想解放和敢于突破的精神。他能认同王逢振先生对赛珍珠及其文学作品的客观评价，这是中国文学出版界的进步，这在当时也是需要极大勇气与胆魄的。

在漓江出版社 1988 年《大地》中译本中，还附录了 1938 年诺贝尔文学奖颁奖活动的三个文献，即“颁奖词”（裕康译）、“获奖致词”（裕康译）、“关于中国小说”的演讲（王逢振译）。这是 1949 年以来，中国人第一次完整地介绍赛珍珠作品及获奖情况，了解赛珍珠对中国和中国文化的认知及态度。

直至今天，人们要了解赛珍珠、研究赛珍珠，这几份诺贝尔文学奖的颁奖授奖活动文献，尤其是赛珍珠在瑞典文学院所做的关于中国小说的演讲，仍是最重要的研究资料之一。这篇演讲可称得上是现代西方人了解与推介中国古典小说的杰作。通过这篇演讲，我们可以看到赛珍珠对中国小说的阅读之多、了解之广、受影响之深，也能够理解为什么她那么热爱中国文化，那么热衷于向西方介绍和推广中国文化。在这方面，她是东西方文化交流中的奇葩，百年难遇。

重返“大地”

——赛珍珠基金会首访镇江

2021年是镇江市与美国亚利桑那州坦佩市建立友好城市32周年。如果说建立友好城市是成果，那孕育该成果的过程细节则十分令人回味。

1987年6月底，应镇江第二中学校史组的邀请，美国赛珍珠基金会董事会主席詹妮丝·沃希女士（Janice Walsh）及理事长沈志洁女士（Grace C. K. Sun）第一次访问镇江。赛珍珠自1934年离开中国后，由于种种原因没有再返回她的中国故乡。因此，这次赛珍珠基金会负责人第一次访问赛珍珠的中国故乡，意义重大。

美方访问镇江的具体旅行接待由中国国际旅行社总社和镇江国旅安排。镇江国旅制定了关于接待美国赛珍珠基金会的详细计划：

市外办：

接国旅总社（88）社美A字508号文件，美国赛珍珠基金会董事会主席詹妮丝·沃希女士和赛珍珠基金会理事长沈志洁女士将于六月廿八至卅日来我市旅游、访问。这是赛珍珠基金会一九六七年成立以来对中国大陆的第一次访问。

今年五月，该基金会给赛珍珠曾就学与执教过的市第二中学（原崇实女中）写信告知了将来镇江旅游、访问的信息，并要求访问第二中学，参观赛珍珠故居。

鉴于赛珍珠女士（1892—1973）是美国著名作家。曾以写作小说《大地》获1938年诺贝尔文学奖。此次来访的詹妮丝女士是其养女。为增进相互了解与友谊，做好接待工作，特拟计划如下。

一、礼遇：

1. 客人抵离镇江时，由国旅一位经理迎送，并陪同游览。

2. 六月廿八日晚，请市领导会见并宴请客人（金山饭店），作陪者包括市二中校长和有关人员。

3. 其他礼遇待客人抵镇后视具体情况再定。

二、食宿与用车：

1. 请金山饭店安排一号楼上两间房并订早餐，费用向国旅结算。其余午、晚餐由客人自订，费用自付。

2. 请车队提供豪华小车一部，费用现付。

三、地方陪同：姜纯阳

四、联系人：赵丹青（电话：33287）

五、附件——赛珍珠简介

镇江国际旅行社

1987 年 6 月 10 日

为使访问获得更好效果，促进镇江旅游事业和赛珍珠研究发展，镇江国旅向市外办并通过市外办向市政府汇报，希望市领导能够与美国客人会面。时任市长陈璧显看到接待计划报告后，非常重视，决定亲自会见美国客人，给赛珍珠基金会来宾以“家人待遇”。这是一个很有魄力、很了不起的决定。

詹妮丝·沃希女士是赛珍珠 1925 年在美国费城收养的第一个女儿，后来她随赛珍珠夫妇到中国南京生活，1934 年随赛珍珠回美国定居。她刚抵镇江与我们见面时就十分激动，并情不自禁地回忆起幼年时赛珍珠带她到镇江祭扫外婆墓地及游览市容名胜的情景。这是她 50 多年来第一次回到镇江。

詹妮丝·沃希女士说，赛珍珠在世时非常想念中国故乡。1971 年她曾受邀随尼克松总统访华，但遗憾的是她申请中国签证时被拒而未能成行。

赛珍珠辞世后，作为养女的詹妮丝一直想代表养母赛珍珠重返“大地”——中国故乡镇江。她非常感谢镇江方面对赛珍珠基金会的访问邀请。

两位来宾在镇江逗留两天，参观了赛珍珠故居、第二中学（原教会崇实女中，赛珍珠曾在此任教）、镇江博物馆（原英国领事馆所在地）、西津渡古街、金山寺、焦山等。

在参观镇江市第二中学时，两位客人受到赵德成副校长及师生们的热烈欢迎。赵副校长在向客人介绍校史和现况时特别提到了当年赛珍珠在学校执教的情况，还介绍了校方在保护历史文物建筑方面的努力。美国客人向学校赠送了赛珍珠的英文版《大地》三部曲、《大地》电影录像带、美国赛珍珠基金会介绍资料等。

1987 年 6 月 29 日，赛珍珠基金会理事长沈志洁向第二中学赠送《大地》电影录像带和赛珍珠作品，左一为刘龙老师（陈大经摄）

为使访问更具亲情效果，我和刘龙老师做了预先安排，接来了时年 80 多岁的尹珍珠老太太。她是受过赛珍珠的言传身教和热忱帮助的学生，原本叫尹维贞，后来为了感恩赛老师，她甚至改了与老师同样的名字。詹妮丝·沃希女士见到尹珍珠分外高兴，热情拥抱。大家愉快地回顾过去，分享赛珍珠在崇实女中教书的情形。尹珍珠老人还坚持陪同客人们参观校园，大家在当时已有80多年历史的老校舍楼前合影。

詹妮丝·沃希和沈志洁访问镇江第二中学（原崇实女中）时与师生交流，
中间老人为赛珍珠的学生尹珍珠，左三、四为徐和平与刘龙老师（陈大经摄）

在镇江访问期间，陈璧显市长在金山饭店宴请了两位客人，并与她们进行了亲切愉快的交谈。陈璧显向客人热情表示了对“美国家人”的诚挚欢迎，介绍了镇江的历史文化及改革开放后在经济文化等方面发生的巨大变化。他特别肯定了赛珍珠在促进中美及中外文化交流方面所做的巨大贡献。市政府秘书长马德泾也参加了会见，我和姜纯阳担任翻译。

詹妮丝·沃希及沈志洁与镇江二中师生代表、尹珍珠老人、
刘龙老师、徐和平在老校舍前合影（陈大经摄）

1987年6月28日，陈璧显市长（右二）在金山宾馆会见詹妮丝（右三）和沈志洁（左二）
（右一为市政府马德泾秘书长，左一为镇江国旅英文翻译姜纯阳）

访问期间，我和刘龙老师全程陪同两位客人参观。我们还向客人介绍了自1980年起开始接触并研究赛珍珠的几年时间里所取得的初步研究进展，还有我们正联络有关方面申请修缮赛珍珠故居，将其列为镇江市文物保护单位，以及准备于1992年赛珍珠百年诞辰之际在镇江举办纪念赛珍珠活动（后定名为赛珍珠文学创作讨论会）的计划。两位来宾也告诉我们，赛珍珠基金会届时也将举行赛珍珠百年诞辰纪念活动（后来赛珍珠母校兰道夫-梅肯女子学院接手举办了这个活动，我和南京大学外语系刘海平教授应邀赴美参加了这次活动）。当时我们对今后在赛珍珠研究方面开展合作进行了热忱的交流。

赛珍珠基金会两位贵宾的这次来访，以及市领导的会见，为我们的赛珍珠研究打开了一扇门。它对一年后镇江市与美国亚利桑那州坦佩市结为友好城市，确定赛珍珠故居为镇江市文物保护单位，以及1991年初在镇江举办中国赛珍珠文学创作讨论会，起到了积极的推动作用。

赛珍珠故居

——友好城市的纽带

1989年，镇江市与美国亚利桑那州坦佩市结为友好城市。30多年前，我有幸参与了这一过程的一个重要环节。

1989年春，经中国人民对外友好协会介绍，美国国际姐妹城市协会主席纽海塞先生率领美国亚利桑那州坦佩市政府代表团一行5人访问镇江。此行目的是寻求与镇江市缔结友好城市，镇江市外事办公室认真制订了接待计划。

美方代表团抵达镇江后，中美双方热情介绍了各自城市的历史、经济、文化发展状况，并努力寻找双方共同感兴趣的合作项目。中方也安排美国客人参观镇江市的工厂企业、乡村、学校、名胜景点，希望通过参观给美方客人留下深刻印象。

在镇江活动的第二天晚餐时，热情好客的陈璧显市长主动向客人们提起了赛珍珠。他告知客人镇江是赛珍珠的“中国故乡”，而且在1987年6月他还亲自接待过赛珍珠养女和赛珍珠基金会负责人。这一话题立即引起美方客人的极大兴趣，他们纷纷向陈市长了解赛珍珠在镇江成长与生活的历史情况。

陈市长因一年多前接待赛珍珠基金会詹妮丝·沃希女士来访时向我了解过赛珍珠生平事迹，所以他对美方客人的介绍如数家珍：“赛珍珠出生仅 3 个月即由父母带到中国，后定居镇江。她前后在中国生活近 40 年，其中在镇江就达 18 年。由于在中国生活多年并受中国文化影响，赛珍珠能说能写能阅读中文。她对中国传统文化、民情风俗、城市农村、农民与妇女、社会贫富矛盾与冲突，都有客观独到的见解。这为她后来写作中国题材的小说并获得诺贝尔文学奖奠定了坚实基础。”

陈市长还说，镇江现在还保留着赛珍珠的故居与母校建筑，还有健在的赛珍珠学生，并有学者在研究赛珍珠及其文学作品。

陈市长的介绍令美国客人惊讶和兴奋不已。纽海塞主席与米切尔市长当即希望陈市长能够安排他们第二天去参观赛珍珠故居。他说：“陈市长，你介绍的这个信息太好了。这对我们此行访问镇江非常重要。”

陪同客人来访的全国对外友协同志也同意满足客人的这个要求，于是陈市长立即嘱咐马德泾秘书长做出安排。马秘书长立即与镇江市外办领导商量，调整了第二天的参观行程，挤出 30 分钟，在第二天上午 11 点参观赛珍珠故居。参观时间排定了，但是还需要一位对赛珍珠情况有所了解的英文导游。参加行程讨论的市外办陆军副主任推荐了我，他知道我自 1980 年起即开始做赛珍珠研究，并与刘龙老师共同发现了赛珍珠故居。马秘书长当即同意了这个提议。

当晚十点多钟，我接到陆军副主任的电话通知，既意外又激动。自 1980 年起，我开始接触和研究赛珍珠，还曾多次向市领导和外办领导建议要积极开发赛珍珠文化资源，对外宣传赛珍珠与镇江、赛珍珠与中国，要借助赛珍珠在中美文化交流方面的影响提高镇江的对外知名度。现在一个极好的宣传机会终于来了。尽管市领导只给我 30 分钟介绍时间，当晚我还是从三个方面做了充分准备：赛珍珠在镇江、赛珍珠故居、中国赛珍珠研究情况。

第二天上午 11 点，在夏良震副市长和马德泾秘书长陪同下，美方客人准时来到当时的半导体厂。赛珍珠故居的西式青砖二层小楼即位于该厂区西边小山上，我向客人表示欢迎并且自我介绍，随即陪同客人拾级而上。

1989 年春，美国亚利桑那州坦佩市政府代表团参观镇江赛珍珠故居旧址，右四为米切尔先生，右一是纽海塞先生（陈大经摄）

一边走我一边向客人介绍："赛珍珠与她的传教士父母在镇江生活了 18 年。在她的自传中，详细介绍了她们家在镇江的生活，有王妈、孔先生、童年伙伴、上学、过年过节、风味小吃、社会风貌、名胜古迹等。赛珍珠童年的故居已经不见了，现在我们看到的故居是美国长老会建造及分配给赛珍珠父亲赛兆祥居住的。赛珍珠 1914 年从美国大学毕业后重返镇江即与父母居住于此。1917 年 5 月 30 日她与布克先生的婚礼也在此处举办。结婚后赛珍珠随夫移居安徽宿县，但也经常回镇江看望父母。”

美方客人饶有兴趣地参观每一个房间并不断提问。该故居在“文革”前一度做过疗养院，后划归半导体厂使用，曾做过简单维护。当时房屋结构老化且破损严重，属于危房。镇江市政府正计划迁出使用单位，并拨款修缮维护，最终将其列为镇江市文物保护单位（注：当时我所在的国际旅行社镇江支社在 1988 年 11 月即提交了书面报告给市外办，建议镇江市政府批准对赛珍珠故居维修保护，并将其设立为市级文物保护单位）。我将房屋情况向客人们作了一番介绍，也是希望借这次美方客人访问的机会促成此事早日实现。

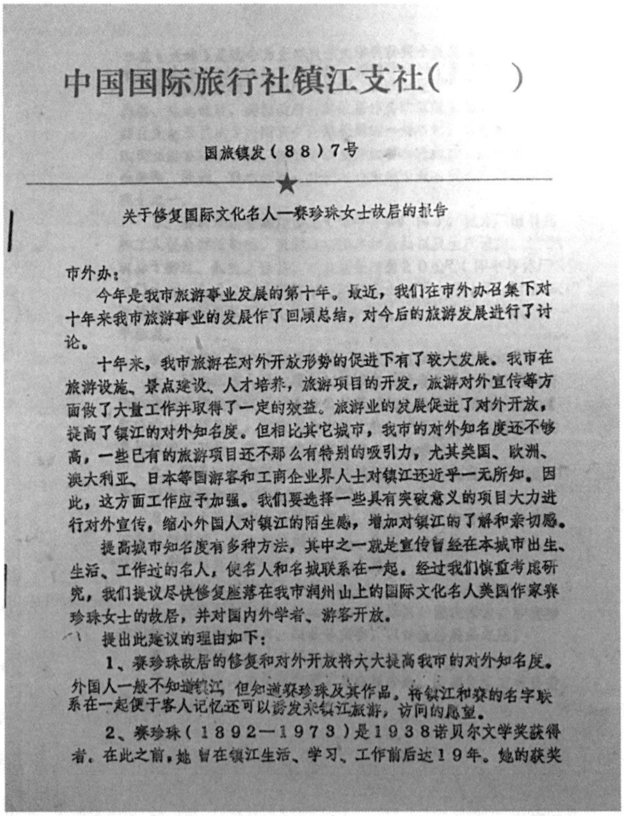

中国国际旅行社镇江支社(　　)

国旅镇发（88）7号

关于修复国际文化名人—赛珍珠女士故居的报告

市外办：

今年是我市旅游事业发展的第十年。最近，我们在市外办召集下对十年来我市旅游事业的发展作了回顾总结，对今后的旅游发展进行了讨论。

十年来，我市旅游在对外开放形势的促进下有了较大发展。我市在旅游设施、景点建设、人才培养，旅游项目的开发，旅游对外宣传等方面做了大量工作并取得了一定的效益。旅游业的发展促进了对外开放，提高了镇江的对外知名度。但相比其它城市，我市的对外知名度还不够高，一些已有的旅游项目还不那么有特别的吸引力，尤其美国、欧洲、澳大利亚、日本等国游客和工商企业界人士对镇江还近乎一无所知。因此，这方面工作应予加强。我们要选择一些具有突破意义的项目大力进行对外宣传，缩小外国人对镇江的陌生感，增加对镇江的了解和亲切感。

提高城市知名度有多种方法，其中之一就是宣传曾经在本城市出生、生活、工作过的名人，使名人和名城联系在一起。经过我们慎重考虑研究，我们提议尽快修复座落在我市润州山上的国际文化名人美国作家赛珍珠女士的故居，并对国内外学者、游客开放。

提出此建议的理由如下：

1、赛珍珠故居的修复和对外开放将大大提高我市的对外知名度。外国人一般不知道镇江 但知道赛珍珠及其作品。将镇江和赛的名字联系在一起便于客人记忆还可以诱发来镇江旅游，访问的愿望。

2、赛珍珠（1892—1973）是1938诺贝尔文学奖获得者。在此之前，她曾在镇江生活、学习、工作前后达19年。她的获奖

1988 年 11 月以国旅镇江支社的名义提出的修复赛珍珠故居的报告

听到以上信息，米切尔市长关切地询问了全部修缮所需要的费用，并称坦佩市愿意承担一半。我曾经负责过单位的宿舍建造工作，根据房屋状况及我的经验，重新修缮该故居预计需要10万美元。但我提出最好还是请工程部门先做检测，再做预算估价。米切尔市长随即对夏副市长说："请尽快做出估价预算，我们会将工程费用的一半电汇过来。"

介绍至此，时间已经过去20分钟。我抓紧时间介绍了第三项内容。因历史原因，赛珍珠及其文学作品在中国被封闭了30多年。自1981年起，中国又有人开始研究赛珍珠及其文学作品了。镇江二中的刘龙老师和我也是最早开始做这个工作的，我们觉得应该客观评价赛珍珠及其文学作品，特别是要关注和研究赛珍珠在中美及中外文化交流方面所做的大量有积极意义的工作。

从1980年起，我们收集了许多赛珍珠小说，包括获奖作品及她的自传，当时这些作品都是英文版。我们寻找与赛珍珠相关的学生及友好人士并与他们建立了联系。1987年6月我们还邀请了赛珍珠养女及赛珍珠基金会负责人访问镇江。那时我们正在联系国内研究美国文学的学者，计划于1991年或1992年在镇江举办赛珍珠文学作品研讨活动，以纪念赛珍珠百年诞辰。

美国客人一直在聚精会神地听我介绍。纽海塞主席表示："我对你们从事的研究活动很感兴趣，也很敬佩你们的努力。我们有兴趣参加你们纪念赛珍珠百年诞辰的活动。如果你们需要什么帮助，请一定告诉我。"

随后，我又对其他客人及随行记者提出的询问一一作答，30分钟时间很快过去。参观结束时，客人们意犹未尽，仍在与夏副市长交流参观中的感想。事后，我向有关陪同人员了解美方客人在参观赛珍珠故居后的反应。他们告诉我，客人在前往下一个参观单位的途中，仍兴趣盎然地谈论着赛珍珠和镇江。即使在下午参观活动间隙，客人们谈论的主题仍是赛珍珠。

在当天晚上共进晚餐时，纽海塞主席对陈璧显市长说："几十年来，美国人民对中国人民始终抱有同情之心，主要就是受到赛珍珠《大地》的影响。今天参观镇江赛珍珠故居，是这次中国之行中最有意义的事情。"

米切尔市长说："感谢您今天安排我们参观赛珍珠故居。当我率团来镇江访问时，我一直在考虑一个问题，即我的市民将来会问我，坦佩市与镇江市的共同（交叉）点是什么，为什么我们要与镇江市结为友好城市。前两天，我没有找到答案。而今天我找到了！那就是赛珍珠生活成长在镇江，镇江早就成为中美文化交流的桥梁。我们坦佩市以与镇江市结为友好城市为荣。”

坦佩市客人参观赛珍珠故居（陈大经摄）

第二天，镇江市政府与坦佩市政府即签署了两市建立友好城市关系的意向书。

6 个月后（1989 年 9 月底），纽海塞主席和米切尔市长为与镇江市签订友好城市正式协议书再次率团访问镇江，并在北京参加中华人民共和国成立 40 周年国庆招待会。这次访华意义非凡，因为那年 6 月的政治风波，美国等西方国家对中国施以高压，拒派政府代表团参加中国国庆活动。然而美国坦佩市政府和美国国际姐妹城市协会领导人却置之不理，照样为了缔结中美友好城市的良好愿望而来到中国。据悉，他们是当年参加中国国庆招待会的唯一一个美国方面的代表团。美方代表团还带来了由坦佩市市民募捐的 5 万美元赠予镇江市政府修缮赛珍珠故居。在这次访问中，镇江市与坦佩市正式签订建立友好城市关系协议书。

1992 年 **10** 月，镇江友好交流馆（赛珍珠旧居）举行开馆仪式。镇江市外办周启明主任主持开幕式（上），镇江市钱永波市长与坦佩市代表共同剪彩（陈大经摄）

镇江市外办周启明主任（右二）、陆军副主任（右一）与参加镇江友好交流馆（赛珍珠旧居）开馆仪式的美国客人合影（陈大经摄）

1991 年赛珍珠故居即开始了全面而彻底的加固维修，不久还被列为镇江市文物保护单位。

在我们早期从事赛珍珠研究的过程中，时任镇江市政府市长的陈璧显起到重要的支持作用。陈市长是一位思维开放、颇有格局的领导。当他看到镇江国旅和市外办关于赛珍珠的简报信息和了解赛珍珠研究的情况后，非常认同和支持我们的工作。他不仅在 1987 年夏季亲自接待赛珍珠基金会来访，而且在 1989 年春季接待美国坦佩市友好城市代表团时，又主动向美方介绍赛珍珠，安排参观赛珍珠故居，使得美方对镇江的文化认同感大增，美方主动要求捐款与镇江市政府共同合作修缮赛珍珠故居，并顺利与镇江结为友好城市。作为当时镇江市的最高行政领导，陈市长对赛珍珠的肯定与宣传，无形中代表了一种官方的态度。同时，镇江市政府的这个举动也得到了中国人民对外友好协会、江苏省外事办公室的认可。此事意义非凡。

附 1：

中国国际旅行社镇江支社
关于修复国际文化名人——赛珍珠女士故居的报告

市外办：

今年是我市旅游事业发展的第十年。最近，我们在市外办召集下对十年来我市旅游事业的发展作了回顾总结，对今后的旅游发展进行了讨论。

十年来，我市旅游在对外开放形势的促进下有了较大发展。我市在旅游设施、景点建设、人才培养、旅游项目的开发，旅游对外宣传等方面做了大量工作并取得了一定的效益。旅游业的发展促进了对外开放，提高了镇江的对外知名度。但相比其他城市，我市的对外知名度还不够高，一些已有的旅游项目还不那么有特别的吸引力，尤其美国、欧洲、澳大利亚、日本等国游客和工商企业界人士对镇江还几乎一无所知。因此，这方面工作应予加强。我们要选择一些具有突破意义的项目大力进行对外宣传，缩小外国人对镇江的陌生感，增加对镇江的了解和亲切感。

提高城市知名度有多种方法，其中之一就是宣传曾经在本城市出生、生活、工作过的名人，使名人和名城联系在一起。经过我们慎重考虑研究，我们提议尽快修复坐落在我市润州山上的国际文化名人美国作家赛珍珠女士的故居，并对国内外学者、游客开放。

提出此建议的理由如下：

1. 赛珍珠故居的修复和对外开放将大大提高我市的对外知名度。外国人一般不知道镇江，但知道赛珍珠及其作品。将镇江和赛的名字联系在一起便于客人记忆还可以诱发来镇江旅游、访问的愿望。

2. 赛珍珠（1892—1973）是 1938 诺贝尔文学奖获得者。在此之前。她曾在镇江生活、学习、工作前后达 19 年。她的获奖小说《大地》是迄今为止诺贝尔文学奖获奖小说里唯一一部反映中国社会与农民生活的文学巨著，并被译成四十多种语言，在美国、欧洲、亚洲广为发行。赛珍珠也因此在国际上享有盛名。她逝世后，美国政府将其故居作为国家级文物予以保护，并且此故居已成为美国宾夕法尼亚州的一处名胜，每年都有大批欧美亚游客前去参观。如我市修复开放赛珍珠故居，必将吸引大批美国、欧洲、日本游客，并使之成为我市最有吸引力的旅游参观点之一。

3. 赛的故居在润州山上（市半导体厂内），现为厂图书室和工人俱乐部活动室。里面没有住户和居民以及生产设施、设备，较易于搬迁、腾空、修复。在故居正南面20公尺处（即半导体厂后门）有一条2公尺多宽的水泥路直通山坡下，平时可通行卡车。开放后，游客可从润州电影院西面步行上山。约需时3分钟，便于参观。

我们设想之赛珍珠故居修复、开放的过程及方法如下：

1. 以镇江市人民政府和镇江市文物管理委员会的名义将赛珍珠故居连同该建筑周围10公尺范围的土地单独划出，建立“赛珍珠女士故居”，确定其为市级文物保护单位。今后该故居的具体修缮、开放、管理由镇江市外事办公室承担。

2. 聘请建筑专家对赛故居建筑进行检查，提出具体修复方案，报市政府和市文管会批准执行。

3. 建立赛珍珠故居修复基金。该基金将由市外办、国旅镇江支社向美国、日本的民间基金会、公司、友好团体、友好人士筹集。

4. 修复工程计划4个月。

5. 征集和仿制赛珍珠故居的有关家具、室内摆设、赛珍珠的作品、书籍、照片、用品等实物，以作故居展品之用。

6. 争取在一九八九年底正式对外开放。

7. 以上第二项至第六项工作由市外办、国旅镇江支社负责实施。

以上报告当否，请予研究批准。

此致

中国国际旅行社镇江支社

一九八八年十一月十日

（附赛珍珠女士简况）

附 2：

美国赛珍珠基金会简介

赛珍珠虽然一生事业成功，但却是一位不幸的母亲。她在 1921 年生下女儿卡罗（Carol）。但不幸的是，这个女孩患有苯丙酮尿症（Phenylketonuria），即痴呆儿。她被长期安置在一所养护医院。这可能也是促发赛珍珠后半生致力儿童收养慈善事业的缘起。赛珍珠于 1925 年收养了詹妮丝（Janice），之后又接连收养了 8 个孩子。

二战结束后，美国在世界各地设立了许多军事基地。朝鲜战争和越战期间，大量的美军来到东亚。这些美国军人和文职人员便在东亚各国留下了数以万计的美韩、美日、美越、美泰、美菲混血儿这个复杂的问题。在 1961 年到 1971 年这段时间，更多美军进驻亚洲，特别是在越战期间，美军人员从越南战场来中国台湾休假，在台湾留下大量的中美混血儿。这些混血儿给自己和社会带来许多问题。生下这些孩子的母亲们，绝大多数无一技之长，工作机会不高，造成生活和经济上的困难。此外，混血儿因身世、形貌与本地孩子不同，经济困窘，自卑感重。对自己身世的悲哀和苦恼，使这些孩子们在身心成长的过程中遭受严重挫折，深陷复杂的成长困境。

赛珍珠发现此社会问题后，出于博爱和同情，于 1964 年在美国捐款创立“欢迎之家”和赛珍珠基金会。此后 50 年，欢迎之家和赛珍珠基金会帮助超过七千名这类儿童被美国家庭收养。这既帮助美国政府处理了很尴尬的社会问题，也为国际人道主义事业树立了一个很好的榜样。2014 年因国际儿童收养规则的改变，欢迎之家终止了该工作。但是赛珍珠基金会（后改为“赛珍珠国际”）仍一如既往地为那些收养家庭提供跨文化服务，接受社会各界和混血儿童出生国给这些被收养儿童的资助。

改称而来的“赛珍珠国际（PSBI）”宗旨是：发扬光大赛珍珠人道主义精神，跨文化教育，参观赛珍珠故居，沟通文化及改变人生。

赛珍珠是一位作家、积极的社会活动家、人道主义者。她因写作《大地》获得普利策奖和诺贝尔文学奖。她如同聚光灯照亮处于困境边缘的人们，并宣扬人权运动。她建立的欢迎之家是世界上第一家收养国际混血儿童的组织。赛珍珠基金会（赛珍珠国际）开展全球人道主义援助。赛珍珠开创性的工作开辟了更广泛的国际跨文化的理解，为无数贫困儿童提供了改变人生所需的援助。

五、镇江赛珍珠文学创作讨论会

1991 年 1 月 22 至 1 月 23 日，“赛珍珠文学创作讨论会”在镇江市举行。这是 1949 年新中国成立以来第一次在国内举办的重新了解赛珍珠、重新评价赛珍珠的学术会议，意义重大。

会议的筹备与组织

1987 年《洁白的明星——王莹》的出版和 1988 年《大地》三部曲中译本的出版，增加了我们对赛珍珠及其作品的认知，我们有了更直接的资料可以向镇江市外办与市领导汇报，这也使我们对继续开展深入研究更有信心。1987 年 6 月镇江接待赛珍珠基金会和赛珍珠养女来访，以及 1989 年 3 月美国坦佩市代表团参观赛珍珠故居并促成镇江与坦佩市缔结友好城市关系，这些活动使赛珍珠的影响得到一定程度扩大，并得到了中国人民对外友好协会、江苏省外办等方面的肯定。1990 年，刘龙老师和我商量要加快筹备赛珍珠百年诞辰的纪念活动，并认为最好是在 1991 年先举办“中国赛珍珠文学创作讨论会”，然后在 1992 年举办赛珍珠百年诞辰的纪念活动。

刘龙自告奋勇地说他要直接找当时的钱永波市长汇报此设想，一旦市领导批准，就开始邀请学者参会，并做会议论文的准备。我负责向市外办领导汇报此工作建议。

1990 年秋天，刘老师告知我他已向钱永波市长做了汇报。钱市长是一位富有文化观和国际观的优秀领导，他从刘龙老师和市外办的汇报中得知已调离的陈璧显市长接待赛珍珠基金会及与美国坦佩市建立友好城市关系的情况，表示赞同和支持刘龙老师的建议，并在 1990 年 8 月 25 日的一次有关赛珍珠研究工作的汇报会议上决定举办全国首次赛珍珠文学创作讨论会并修复赛珍珠故居。钱市长主持了这次汇报会议，关于举办赛珍珠文学创作讨论会，他要求从形式到内容都要贯彻解放思想的要求，要坚持百花齐放的原则，要说真话，要避免另一种极端化倾向，不求形成共识，但求历史价值定位的实事求是和评价方法的修正。① 在 1990 年 8 月 25 日的会议上，钱市长还指示市宣传部门与市外办联合召开一次筹备会议，讨论会议筹备的相关内容。

据原镇江市外办秘书科秘书李臻回忆，在 1989 年 3 月镇江市与坦佩市签订建立友好城市关系意向书后，市外办就安排他在当年夏天持十余封介绍信"四处出击"，对赛珍珠进行"外调"。他先后采访了 20 世纪 20 年代曾在赛珍珠家做过工的骆姓老人、金陵协和神学院的徐如雷副院长、南京师范大学 91 岁的李美筠教授、南京大学 90 岁的戴安邦教授，并到南京的中国第二历史档案馆查阅赛珍珠的资料，这些外调情况都及时提交给了市外办领导。

客观而言，重新认识、重新评价赛珍珠的开端并不是源自政府或领导，而是发端于民间人士与研究学者，大家在不同城市做着各自的研究工作。就镇江的赛珍珠研究而言，虽有刘龙老师和我提供的大量史料作为研究基础，但也离不开那些思想解放、实事求是、具有国际视野的镇江市政府有关部门及领导的肯定和支持。当时的市政府陈璧显市长、钱永波市长、李赐勋副市长，镇江市外办于允伦主任等，在关键时间点上起到了极为重要的推动作用。

1990 年 11 月，根据钱永波市长的指示，镇江市政府周启明副秘书长主持召开了一次筹备会，中共镇江市委宣传部、市外办、市文联、市社科联等单位都派人参加了会议。

大家讨论了召开赛珍珠文学创作讨论会的目的，确定讨论会发言主题可以包括：赛珍珠的中国题材文学作品，赛珍珠对中美文化交流的贡献，在让外国人客观了解中国发展方面我们所面临的任务。

会议决定把赛珍珠文学创作讨论会的会议日期确定为 1991 年 1 月 22 至 1 月 23 日。

要成功举办赛珍珠文学创作讨论会，关键是邀请学者的参与。根据李

---

① 有关这次汇报会议及后续赛珍珠文学创作讨论会的筹备过程的内容，时任镇江市外办秘书科秘书李臻撰写了回忆文章《大地的气象》并在 2020 年《金山》杂志的第 6 期上发表。本书在转引时，李臻又对文字稍做修改。

臻回忆，1990 年 11 月，根据筹备会议的要求，在一个雨夜他来到南京大学外国文学研究所张子清教授家中，邀请张教授出席镇江的讨论会。张教授欣然接受，还立即给远在北京的《大地》中译本译者王逢振先生写了一封热情洋溢的邀请信。第二天在张教授的帮助下，李臻又邀请到了南京大学外文系的学者钱佼汝教授、刘海平教授等参加镇江的讨论会。

同月，周启明副秘书长、市外办徐秉慎副主任、市外办秘书科李臻等三人在解放日报社副总编辑居欣如、光明日报社上海记者站主任记者谢军等一众徐秉慎的复旦校友帮助和引荐下，专程赴上海拜访了著名作家巴金、原中共上海市委宣传部部长王元化、复旦大学外文系名誉主任杨岂深教授（《新英汉字典》《西方文学史》的主编）、复旦大学蒋孔阳教授、复旦大学中文系濮之珍教授、华东师范大学熊玉鹏教授、上海社会科学院助理研究员王国荣、上海外国语学院讲师杨自伍、《文学报》记者陆行良副编审等学者，并向他们发出了参加镇江赛珍珠文学创作讨论会的邀请。最终，除巴金和王元化外，其他受邀学者悉数前来镇江参加了国内的首次赛珍珠文学创作讨论会。

1990 年 12 月 29 日下午，在市文联又举行了讨论会的会前座谈。座谈会的主持人是中共镇江市委宣传部新闻文化科的陆潮洪科长，与会者有徐秉慎、欣士敬、刘龙、徐和平、倪春生、王玉国、宋志成、李臻、陈爱萍、董晨鹏、周松林等人。会议的议程包括：

一、确认与会的外地研究学者的名单。此事工作量很大，主要由市外办和刘龙老师负责。

二、确认镇江市参会者名单及有关论文的落实情况。

三、讨论会的会议地点确定在镇江市金山饭店。

四、确定会务组织与会议主持人。

五、确定会议来宾的接待、食宿、交通等安排。

此次座谈会还汇报了镇江学者的论文落实情况，其中包括：周松林与刘龙合作撰写的《〈大地〉中的几种婚姻形态》《王龙的神祇观》，刘龙撰写的《浅议词条“赛珍珠”——与〈辞海〉〈大百科全书〉的编者商榷》，刘龙与徐和平合写的《一位对中国充满友好感情的美国作家》，刘龙与镇江师专徐秉忱副教授合写的《封建土地制末代家族的兴衰——评赛珍珠

〈大地〉的思想艺术得失》，徐和平的《〈大地〉，一部进步的现实主义小说》及徐和平节译的赛珍珠自传《我的几个世界》，宋志成的《赛珍珠——一座沟通东西方文化交流的桥梁》，王玉国的《镇江孕育的女儿，中美友好的使者》，董晨鹏的《赛珍珠与中国文化传统的熏陶》。

关于邀请哪些外地专家的问题，市外办和刘龙老师已经提前进行工作，会议确定大家仍可继续提名。

陆潮洪科长认为大家准备的题目和内容很好，有一定广度与深度，而且各篇论文侧重不同，基本不重复。市文联的欣士敬指出介绍性的内容要注明出处，以免误会。

就这样，经过一年多的酝酿筹备，镇江赛珍珠文学创作讨论会于 1991 年 1 月 22 至 1 月 23 日在镇江金山饭店举行。

1991 年 1 月 22—23 日，赛珍珠文学创作讨论会在镇江市举行（陈大经摄）

这是新中国成立以来国内关于赛珍珠研究的第一次学术研讨会议，与会的来宾包括：

王逢振，中国社会科学院外国文学研究所副研究员。

杨岂深，复旦大学教授。

蒋孔阳，复旦大学教授。
熊玉鹏，华东师范大学中文系副教授。
王国荣，上海社会科学院助理研究员。
杨自伍，上海外国语学院讲师。
濮之珍，复旦大学中文系教授。
钱佼汝，南京大学外文系主任、教授。
刘海平，南京大学外文系英语专业主任、副教授。
张子清，南京大学外文系外国文学研究所副研究员。
李景端，译林出版社社长兼总编辑。
黄　劲，译林出版社编辑。
居欣如，解放日报社副总编。
谢　军，光明日报社驻上海记者站主任记者。
陆行良，《文学报》记者、副编审。
石开西，新华日报驻镇江记者站站长。
李顺杨，江苏电视台驻镇江记者站记者。
蔡蔷芬，《江苏旅游报》记者。
李红叶，《江苏旅游报》记者。

镇江市的各界与会人士包括：

钱永波，镇江市市长。
夏良震，镇江市副市长。
姜启才，镇江市副市长。
朱正伦，中共镇江市委常委、宣传部部长。
马德泾，镇江市政府秘书长。
周启明，镇江市政府副秘书长。
徐秉慎，镇江市政府外事办公室副主任。
张益民，镇江市文化局局长。
钟伟德，镇江市文化局副局长。
贾玉书，镇江市文联主席。
陆潮洪，中共镇江市委宣传部科长。

欣士敬，镇江市文联。

王玉国，镇江市图书馆馆长。

倪春生，镇江市第二中学校长。

宋志成，镇江市第二中学。

刘　龙，镇江师范学校高级教师。

徐和平，中国国际旅行社镇江支社副经理。

张国云，镇江市政府外事办公室。

李　臻，镇江市政府外事办公室。

董晨鹏，镇江人民广播电台记者。

夏　镇，镇江市图书馆。

陈爱萍，镇江市图书馆。

王会明，镇江市社科联秘书长。

王　川，镇江市职工大学中文系主任。

尤志心，镇江市教育局教研室语文教研员。

周松林，江苏省丹阳中学语文教师。

林　兵，镇江市社科联副主席，《镇江学刊》主编。

陈大经，《镇江日报》摄影记者。

毛明庆，镇江市外事办公室宣传科科长。

钱永波市长在会议上发表了讲话，他代表镇江市政府向应邀参加会议的各位专家和新闻界的朋友表示感谢。他在讲话中表示：

农历新年来临之际，镇江市对外文化交流协会、文联、社科联等单位在这里举行赛珍珠文学创作讨论会，通过对这位美国著名女作家文学创作方面的讨论，特别是有关中国题材的作品的讨论，进而探讨她对中美文化交流等方面所起的作用，这是有积极意义的一件事。

镇江是一座历史文化名城，又是千年港口、百年对外商埠。历史上许多世界文化名人在这里留下了足迹，如朝鲜诗人李齐贤，意大利旅行家马可·波罗，日本诗人阿倍仲麻吕、画家雪舟等，留下了大量脍炙人口的佳作，谱写了许多中外文化交流的辉煌篇章。美国著名女作家赛珍珠自幼来到镇江，在这里度过童年、少年时代，回国接受高等教育后又返回镇江，

讨论会上放映米高梅电影公司 1937 年拍摄的《大地》电影，前排右二为钱永波市长（陈大经摄）

在原崇实女中（现市二中）和润州中学担任教师，后来迁居安徽宿县、南京等地，前后在中国生活、学习、工作达 36 年之久。镇江至今还保留着她的故居及其他遗迹。她在中国接受了中国文化的熏陶。在镇江及中国其他地方的生活积累，为她的文学创作提供了丰厚的素材，创作出《大地》《儿子们》《分家》等以当时中国农村、乡镇为题材的作品，1938 年获得诺贝尔文学奖。正如当时得奖评语所说，赛珍珠获得诺贝尔文学奖，是由于"她对中国农民生活史诗般的描述，这描述是真切而取材丰富的，以及她传记方面的杰作"。赛珍珠本人曾经讲过对中国人民很友好的话。她说："因为中国人的生活这么多年来也就是我的生活，真的，他们的生活必将永远是我生活的一部分。我自己的祖国和我的第二祖国——中国，在心灵上有许多地方相似，但最重要的是我们对自由的共同热爱。而今天，当整个中国都处在她最大的奋斗，也就是求取自由的奋斗之际，我们更要看到两个国家的相同之处。当我看到她现在为了反抗威胁她自由的敌人，而比有史以来任何时候都更团结一致时，我对她的爱慕也更达到了顶峰。在极深刻的意义上，自由乃是她个性中基本的部分，而现在以她求取自由的决心，我知道她是不可征服的。”赛珍珠的以当时中国农村为题材的作品，在中国引起了反响，意见不一。中国实行改革开放政策以来，这个问题再次引起国内外的广泛关注。

美国赛珍珠基金会董事会主席、赛珍珠养女詹妮丝·沃希女士，以及德国、日本等许多外国友人都来到镇江，探访赛珍珠在镇江的故居，纪念这位杰出的女作家。据了解，国内研究赛珍珠作品及其人的专家和学者也愈来愈多。镇江市有关部门和同志也对赛珍珠的生平和创作做了一些资料收集整理和初步的研究。镇江对外文化交流等有关单位联合召开这次讨论会，是想起一个抛砖引玉的作用，听取各位专家学者的研究意见，并起相互交流的作用，以进一步引起学术界对赛珍珠作品（特别是有关中国作品）的深入研究，促进对外文化交流和对外开放。

不久前，镇江市已与美国友好城市坦佩市就共同将赛珍珠故居修建为镇江市友好交流馆达成协议。美国不少人士都对此表现出浓厚的兴趣。为了把这件事办好，市有关部门已成立了相应的筹备机构。我们相信，通过对赛珍珠的研究，（这次会议）必将对推动中外文化交流和促进镇江的对外交往起到积极的作用。希望各位专家、学者和同志也就这方面的问题，提出意见和建议。

钱永波市长指出，这次赛珍珠文学创作讨论会既然是讨论性质的，就应当遵循“百家争鸣”的方针，运用辩证唯物论和历史唯物论的思想方法，进行历史的、具体的、全面的分析，要提倡不同意见的讨论，各抒己见，相互交流，相互启发，互相补充，共同探讨，兼收并蓄，为进一步研究开辟道路。他在讲话中预祝讨论会获得圆满成功，并祝与会学者在镇江期间生活愉快。

国内外许多朋友给赛珍珠文学创作讨论会发来了贺电或贺信。

美国赛珍珠基金会理事长沈志洁（Grace C. K. Sum）从美国费城巴克郡向赛珍珠文学创作讨论会发来了贺电：

赛珍珠基金会对参加赛珍珠文学创作讨论会的全体人员和此会的举行，表示衷心的祝贺，衷心地祝愿此会富有成效。

赛珍珠文学创作讨论会由镇江市对外友协常务副会长、镇江市外办主任周启明主持（陈大经摄）

中国社会科学院外国文学研究所常务副所长吕同六 1 月 21 日从北京发来贺电，预祝大会圆满成功：

热烈祝贺赛珍珠文学创作讨论会召开。深信它将推动我国赛珍珠研究和中美文化交流。

赛珍珠生前好友谢和赓也写来贺信：

刘龙、和平同志：

我因急务在身不能前来参加赛女士文学创作讨论会，十分抱歉！但我一定写点王莹和我跟她交往的简况给你们斟酌，就教于出席的学者专家们。

我百分之百支持你们的研究，希望讨论会开得圆满成功，请向与会学者专家转致我的问候与敬意。祝大家身体健康、赛珍珠研究取得新成果！

请向镇江文联三单位致谢，祝全体同志春节好！

谢和赓

91. 1. 12. 北京

《纪念赛珍珠》

徐迟以“纪念赛珍珠”为题发来了会议的书面发言，该文被收入刘龙主编的《赛珍珠研究》一书，现摘录如下（仅个别词语进行了修订）：

1991年元月，镇江市文联将为美国女作家赛珍珠（Pearl S. Buck）举行她的创作研究会，开始对我国的一位可敬又可亲的朋友，来纪念纪念了。获悉了这一讯息后，我感到兴奋和欢喜。虽然近期我还不能对她进行专题研究，但是我的感想太多了。写篇短小论文，表示一点悼念、关怀、感喟与感激，是我长久以来的一桩心事。现在好了嘛，总算有了一个适当的机会和场合，可以来有所陈述和评介她了。

我认为，长久以来，我们对这位可敬又可亲的朋友是不够朋友的。我们这儿有钦佩她的人。却也曾有某些人物对她毫不热情，而且非常冷漠，甚而至于口出恶言，予以中伤，使她不明不白，感到过伤心和痛苦，而后逝去了。

1933年之秋，我从美国的《亚细亚》（*Asia*）杂志上，读到赛珍珠署名的小说《二妇人》，觉得很动人。她描写东西方的两个妇人。完全是两种形态。西方的开放型，东方的封闭型，使我沉思起来。“东方和西方”，确实大不相同。英国作家鲁耶尔·吉卜林（Rudyard Kipling）就说过东西方难免是“永远碰不到一块儿”的话，赛珍珠也有此感觉。虽然如此，可是两位作家偏偏又都在东方与西方之间，企图架起桥梁来。

那一年，我将这篇小说《二妇人》译成了中文，寄给了天津大公报出版的《国闻周报》文艺栏。其时，那一栏目是由沈从文先生主编的。承他采用了。译文发表了出来，并给我取了一个名字，不知为什么取名“龙八”。文章分两期登完，约在是年12月里。我给赛珍珠女士寄去了那两期刊物，还写了一封信给她。1934年初，我在苏州收到了她给我的一封很客气的回信。可惜这封回信老早就不知去向了，但它一直给我留下了很美好的记忆。

只不过五年之后，到了1938年冬天，赛珍珠就得到了那一年的诺贝尔文学奖金。这时，日军大举侵华，上海已经沦陷，南京遭受到了残暴的日军的大屠杀和肆意的蹂躏。我想，诺贝尔文学奖金之所以在那年奖给了她，主要是因为全世界都同情中国人民的抗日战争，都想方设法要给中国的精神上的激励和道义上的支援。当然也因为她确实给我们写了十来本关于中国人民生活的书，包括她得奖的有名的三部曲。她写得不比我们的最好的作品差，但比我们最好的作家写得多得多。这是一件大好事。我们很高兴，但有某些人却不以为荣，反以为耻。恼羞成怒的心胸之狭窄未免太可怕了，好像一个外国人写中国而得到大奖，他们就受到侮辱了似的。不然何以十分冷漠，甚至于还对她反唇相讥起来？这些人大约有大旗在手。也有人不赞成这种做法，但多少年来没有人出来说句公道话。是不敢说的，因为不知道对她的得奖小说究竟如何看哩？赛珍珠的《大地》、《儿子们》和《分家》这个三部曲，将近两百万字的篇幅，写了一个家族的三代人。《大地》原名“美好的大地”，写了由农奴发迹成为大地主的王龙；《儿子们》写了独霸一方的军阀的王虎；《分家》写了经过社会的剧变，终于写出了大城市和出洋留学归来，想以现代农业科学振兴中国农业的第三代，新兴的一代，则还是资产阶级的一代。我是最近从一个盗印本上重读到了这个三部曲的。三十年代的创作，到九十年代再来读，我觉得更有把握来判断了，我的感觉怎么样呢？我觉得那个文苑其华的三十年代确实不简单。赛珍珠当时是一个家庭妇女，和美国文艺界并无关系，和中国文艺界也毫无接触，而能完成这三部巨大著作，诚然难能可贵。如果说她并不是写得尽善尽美的，那又有什么奇怪呢？可是她确实写出了那么多那么丰富，那么形象那么生动，而且是对茫茫神州有那么深厚的感情，又怎能不给予较高的评价呢？她的局限可以批评，当然应当是善意的批评。不应当作出恶意的中伤，或者说至少应当避免给她以中伤的。全面的来看这三部书，它们是成功的写出了旧中国那个时期的生活风貌来的。

顺便在这里说一说，对吉卜林也一样，我们的某些人曾经把他当作一个帝国主义作家的代表人物来看待，并辱骂过的。我年轻时候就是这样听到了的，因此对吉卜林很有戒心。看见他的书就转过脸去不看它们，因为中国人当然是恨那些殖民主义的。最近，我也是从盗印本（客气点，可以说是翻版书）读到了他的代表作《吉姆》。一读之下，非常震动，十分吃惊。这部小说是精彩地描写了中国的西藏，尼泊尔、印度地区。亚洲次大陆上的社会和宗教生活的作品，他是写了帝国主义军队生活的作家，这样做可不一定就是帝国主义者，不一定就是殖民主义作家，正如写了藏传佛教活动的作家不一定就是教徒，不一定就是僧人的。英国作家吉卜林已那样的熟悉东方的生活、次大陆的风貌，各种神秘的信仰、传奇的生活、独特的风俗和人群中的古里古怪的一些习惯。山川地貌、人物心灵都在他的笔下出现。那永远碰不到一块的东西方，在他自己身上却碰头了，也在他的笔尖上，他的作品中碰到一起了。这也是一件大好事。然而和赛珍珠是一模一样的，我们也在排斥他的作品，对其为人是蔑视他，对其作品是冷漠它们。

我一直就想给赛珍珠和吉卜林这美、英两位作家翻案，给他们的作品平反。我们应当承认，他们同样都是用不可多得的功力，写出了卓越的作品来，而获得了诺贝尔文学大奖的。我们应当研究他们，翻译他们。我家里有一点赛珍珠的书，一本《东风·西风》，一本《第二个妻子》，现在我也没有收集她的其他著作了，我也没有吉卜林的书，一本也没有。建议镇江市文联在开过纪念她的会议之后，收集她的著作、译文，将已译出的重版或重译出书，将没有译出的请人翻译出来，将它们发表和出版。毕竟她生于镇江，成长于镇江。这些镇江市都能办得到的。应当把出版她的作品作为纪念她的头等大事，恢复她的故居作为纪念她的二等大事（出了她的书，故居才有意义）。这样做了，我们就很够朋友了。

纪念吉卜林，可能是印度的那一个州邦的事了。但我们也应当有一些人，成立一个吉卜林创作研究会，切切实实的做一些东西方交流工作，让东西碰到一起，互相理解，互相影响，消除误解，增进友情。像赛珍珠翻译的《水浒传》，不叫 Water Margin（水的边沿）而叫《四海之内，皆兄弟也》，她的美好的愿望，应当早日实现！

讨论会发言集萃①

王逢振（中国社会科学院外国文学研究所英美文学研究室副主任、副研究员）：

刚才徐迟同志书面发言听过了，我基本上同意他评价赛珍珠的观点。我觉得1949年新中国成立以后，我们对她的看法有些不公正。因为赛珍珠生活在中国几十年，对中国非常有感情，也写出不少非常好的作品。

五十年代那段时期，赛珍珠确实说了一些错话。但我不同意因此就把这个人一棒子打死，这也与赛珍珠对我们的态度有关。解放初期，以周扬的名义邀请她来我们中国。那时新中国成立不久，因她熟悉中国，请她来看看，想扩大我们的影响。我猜测是这个出发点。但在美国那段时期，赛珍珠不敢来，我们却觉得她对我们不够尊重，加上她有些对我们不够友好的甚至敌对的言论，因此我们觉得她不好。我觉得应该历史地看，不能脱离当时的历史背景。

上午，我们看了赛珍珠《大地》这部作品的电视片，这部作品在中美交流方面起了非常大的作用。很多美国友人是通过看这部小说产生对中国的兴趣的，因此很想到中国来，想了解中国。《大地》确实对中美文化交流起了很大的推动作用。完整地说，我们经常讲文学作品的作用：认识作用、教育作用、审美作用。至少说这部小说还是有认识作用、认识价值的。

① 在1991年的国内首次赛珍珠文学创作讨论会上，到会的学者讨论热烈，他们的发言经过刘龙整理后被集中收录到了他主编的《赛珍珠研究》（云南人民出版社1992年出版）一书。这些发言反映了国内早期赛珍珠研究的整体情况，本书以《赛珍珠研究》的收录内容为基础，参考当年笔者与刘龙共同参与筹备、组织这次讨论会时的工作记录进行摘录，摘录时仅对因口语表达造成的明显语病进行修订，但仍保留了当时的表述习惯用词和发言者口语化的表述特点。

当然，这部小说是有争议的。这部小说获诺贝尔文学奖之后，大部分报刊是持否定态度的，认为这小说没有什么文学价值，得诺贝尔文学奖不应该。后来对诺贝尔文学奖评奖有意见的人，常常就举这个例子。从纯文学角度看，我倒也同意这部小说应属于通俗小说。按西方标准也好，按现在所谓纯文学标准也好，《大地》还不能算是很高层次的作品。但不能因此忽视它，就像我在《大地》前言中所说，按现在文化角度讲，不管在美国、中国，《大地》还是很有价值的，比如林语堂等人都认为这小说很好。因此要历史地看，唯物地看，把这小说放在历史背景中来看，就是说，不要因为她某一段时期的一些言论，就认为所有作品都不好了，这个人也完了，这是不太正确的。包括今天上午镇江市钱市长提到的教会办学校是否是文化侵略的问题。我认为也要一分为二地看。当然我们不怀疑有文化侵略的一方面，但我们讲历史，只要看看和西方的交流，以及西方科学知识的传入中国，与教会传到中国来还是很有关系的。因此，我们要具体地分析，一分为二，不能全盘否定。

赛珍珠本人对中国非常有感情。上午看的她的生平录像就做了介绍。徐迟的文章《纪念赛珍珠》也讲了，但不很明确。在尼克松访华时，美国广播公司做了专门报道，说赛珍珠做了访华的充分准备，而且她还要会见周恩来总理，结果驻加拿大使馆拒签，不让她办签证。拒签不久，她病了，病了不到一年就去世了。

关于《大地》三部曲，我们知道已出了，漓江出版社出了。听说有人要翻译赛珍珠的《龙种》，能不能出就不知道了。这是这几年的情况，应该说看问题是进步了，这是一种好的表现了。

赛珍珠翻译《水浒》，西方人还是认为赛珍珠翻得好。比我们国家出版的英译本好一点，或者至少说影响要大点。所以现在从对外开放、文化交流来说，还是应该研究她、介绍她。因为她这个人的主要贡献还是在文化交流方面，或者说是在对中国认识方面。

李景端（译林出版社社长兼总编）：

我先讲些题外话，我觉得作为一个市，来召开这样一个会，这本身就是一种开放意识。如果没有这种开放意识，那就很难想象能开这种会，因为可能多少还会冒点舆论风险。这里我不妨追溯一下一段往事：三年以前，赛珍珠的女儿，赛珍珠基金会理事长格雷斯·萨姆①来到南京，和我谈起将赛珍珠的主要作品翻译出来，并召开一次赛珍珠作品研讨会。当时意向都已谈定。格雷斯回去，马上给我寄来十二本赛珍珠小说，而且正式表示放弃版权，不要钱。就从对外宣传来说，我们都有必要重新评价赛珍珠。我倒不很赞成徐迟同志的说法。对于用“翻案”“平反”这两个词，我觉得无案可翻，无反可平，主要是对她充分肯定不够，宣传不够。过去我们讲的一些内容，都是内部消息。“反动”那些帽子没有正式见诸正式文件，只是在一部分人中有些不良影响。

我这里说一个很奇怪的现象，材料不一定准确。到解放前②，我们国家（指大陆）出版了赛珍珠小说十二篇，包括复旦大学伍蠡甫先生译的《儿子们》、马仲殊译的《大地》，还有以正译的《滇缅公路的故事》等。而解放后出版的，包括短篇的在内，只有八篇，还不如解放前多，而且大多发表在西南的一些杂志上。北京、上海等地出版社，基本上无人问津。这个现象说明人们对她的误解是相当深的。因此，现在对赛珍珠用历史的观点重新认识评价是很有意义的。

前不久，中央开了一个对外宣传工作会议，特别强调现在要做好对外宣传工作。而对外宣传，外国人讲的比中国人讲的效果要大。我们译林出版社是搞对外宣传的，出外文书很强调要外国人来写。外国报刊登外国人写我们的东西，比我们自己写的东西，效果要好得多。从这个意义上来讲，

① 格雷斯·萨姆（Grace C. K. Sun），即沈志洁。

② 本书中多处使用“解放前”“解放后”表示 1949 年中华人民共和国成立的前后。

赛珍珠这位美国人，她写几十本中国的书，本身就有很大的宣传价值。现在我们国家请外国记者来我国旅游，写文章宣传我国。从这个意义上来讲，重新认识、客观评价赛珍珠，也有利于促使外国人来写中国，介绍中国，做这件事很有意义。何况认识、评价赛珍珠，还存在一个怎样历史、公正、全面的问题呢！我同意王逢振同志的话，赛珍珠是一个历史人物。陈云同志最近有句话："不唯书，只唯实。""不唯书"就是不要只相信书本，不能凭借哪一个人哪一句话，就决定一切。"只唯实"就是要实事求是。我觉得评论一个人，特别是作家、文艺家，更是一个复杂的现象。只凭他（她）某一段时期的某一件事，某一个观点，就来概括他（她）的一生，是不行的。何况赛珍珠一生写了那么多作品。中国人当中，懂英文的有几个？仅凭读过一两本赛珍珠的作品就概括这个人的一生，这很不实际。当然我也只看过几本，也说不清楚。我们还是要"不唯书，不唯上，只唯实"。评论一位作家，最好的载体就是作品，将她的政治观和艺术观加以区别，就作品论作品。

就《大地》这部作品来说，只要不怀偏见，就应承认它的认识作用和一定的艺术作用。当然，我们又要看到，一个人又是在发展的。她 81 岁去世，在这 81 岁生涯里，她早期、中期、晚期，也在不断变化。很难说她一贯反动，或一贯亲华，这些字眼都不确切。在写三部曲那段时期，应当说，她对中国人民怀有极深厚的感情。今天上午看《大地》电视录像，那里面蝗灾场面，我从来没有见过。作品中能如实地反映这种场面，还有农民到地主家抢东西、造反的场面，都是很不容易的。这些我们还是应当要肯定的。

我认为赛珍珠的文学创作成就不能抹杀。她获诺贝尔文学奖，尽管有人看不起，骂她是"蹩脚作家"，但也要承认，三部曲虽算不上"史诗般"，可它对当时中国的社会画面，还是做了较为成功的反映的。归纳我的观点，就是在改革开放时期，为了证明我们改革开放的意识，特别是正如李瑞环同志讲过的，在社会主义条件下，在改革开放的今天，我们吸收外来文化的气魄要更大些，更要有世界眼光。我很同意这观点。赛珍珠作品，有一些还不是西方文化，是反映中国的文化。重新鼓励专家研究赛珍珠的作品，研究作品倾向，我觉得是应该做的好事。特别是镇江，有这个历史渊源，能够在评价和认识赛珍珠、恢复她的历史地位方面，做点工作，是功德无量的。镇江，在我们江苏，我们作为出版部门，愿意和镇江进行合作。

杨岂深（复旦大学外文系前主任，教授，中国美国文学学会副会长，时年82岁）：

我想任何一个作家，经过几十年历史的发展，现实的改变，思想文化的变迁，以及读者本身认识的变化，都有个重新评价的问题，而对赛珍珠尤其如此。从我个人来说，我就感到内心的不安，什么道理呢？我编《美国文学史选读》第二册时，应该考虑把赛珍珠放进去，但没有这样做。这有主客观原因。三十年代，谁都知道赛珍珠，但如今我带过的美国文学研究生，有的连赛珍珠这个名字都不知道。这简直是不能容忍的事。赛珍珠这名字，不知是谁起的。Pearl 意为珍珠，Buck 有“赛”的意思，译成赛珍珠，再好没有了。她母亲很有文学修养，善于讲故事。父亲、母亲到过很多地方，最后到中国来传教。赛珍珠得奖，不少人认为因为她写了《大地》。其实，据我了解，瑞典皇家学院评委中有一位女作家叫赛尔玛依洛夫，有人问她为什么投赛珍珠的票，她答复说，有人投票是因为赛珍珠写了《美好的土地》，赛尔玛·拉格洛夫投票的原因在于一部写赛珍珠母亲的传记《流亡者》，因为赛的母亲善讲故事，还在于一部写赛珍珠父亲一生的《战斗的天使》，因为赛的父亲从事传教活动。书的取名，也很有意思。西方人认为传教是宣传基督教教义，是一种战斗任务。从事这种任务是神圣的，所以叫“战斗的天使”。我没有看过这两本书，只看过《大地》《水浒》译文，和一些零零碎碎的文章。赛珍珠从小爱听故事，在她中国家庭中，有一位家庭医师，是印度人，有一位邻居是日本人。她产生了一种特别的好奇心、特别的爱慕，产生了一种急于探索交流的强烈愿望。从今天上午看的赛珍珠生平录像可以知道，她对中国的东西有一种特殊的爱好，中国老百姓家里的灶神爷、土地庙里的菩萨，她很喜欢。这并非出于迷信。她还非常喜欢与中国的儿童接近。暂不去管她的书怎样，单凭她对中国的感情，就可以说她是一位有着一颗善良心灵的妇女，这是很值得我们钦佩的。

《大地》是一部有争议的小说，在中国、美国都有争议，我想这不是坏事，因为这可以激起各方面的碰撞，可以得出一个比较真实的论断。赛珍珠写王龙这个人十分生动，她本想以王龙作书名，后来才改用《美好的土地》作书名的。对王龙这个人，我不去作农村阶级分析，划他为富农或贫下中农。但我们可以知道，王龙所以能有那个地位，是凭了他自己的劳动，实际上是他全力向富农方向发展。他也想讨个小老婆，多生几个儿子，多买几亩田地，这也并不奇怪。如果他不是富农而是贫下中农，那就该为北伐军送粮食、送军火。可他根本不理会北伐与田干无水、要天下雨有什么联系。王龙在生前已进入他美好的理想的小天地。王龙要死前临断气时，将两个儿子叫到一边，说："这片土地是我辛辛苦苦地、慢慢地购置起来的，你们要好好地保护它。"中国有句古话，有土始有财嘛！他这两个儿子看到父亲快要死，当然难过，但他们二人又相视而笑，这一笔是赛珍珠的画龙点睛之笔。一方面，她摸透了作为富农王龙的心理。另一方面，她写两个儿子又不同于他们的父亲——他们不想靠土地。当然当时更不会想到什么"乡镇企业"，但他们就是不要土地。两代人之间不仅有代沟，有很大的思想距离，而且有深刻的心理矛盾。这一场面也历历如在目前，令人久久难忘。单就这一点说，赛珍珠已可确立她的作家地位。

在古典小说中，她选译了《水浒传》。水浒，原意为水的旁边，赛珍珠译为"四海之内皆兄弟也"。赛珍珠的同情在哪一方？同情 108 个好汉。赛珍珠用她幼年印象，中年的生活经历、感受写出《美好的土地》，获诺贝尔文学奖。美国大多数人还是比较肯定的。唯独埃德加·斯诺夫人强烈地反对这本书。在美的中国学者、中国留学生当中，也有些不同意见。然而美国一般批评家大都持肯定态度。《美好的土地》的风格是非常朴素而精炼的，因赛珍珠从小喜欢读《圣经》。我看赛珍珠很受《圣经》的影响。赛珍珠与现代文学也有很多接触。但她爱读法国作家普鲁斯特（Proust）的书，却是我料想不到的。此外她喜欢的作品还有德莱赛的《美国的悲剧》和辛格莱·刘易斯的《大街》与《巴比特》，以及海明威的《永别了，武器》《丧钟为谁而鸣》等。这也出乎我的预料。可见赛珍珠的文学修养是多方面的。

赛珍珠作为有良心的作家，有良心的美国人，她在西班牙战争中是站在反法西斯战争一边的。她多方呼吁反对原子弹，而且多方请教原子弹专家，宣传其危害性，表现了她热爱和平与人道主义的精神。还有在美国男女同校不普及的情况下，她主张男女合校，为此写过不少文章，所以我可以说赛珍珠是新的一代的女权主义者的先驱。

今天上午收看的电视录像《大地》里写王龙的傻女儿，我没有注意到。但大家都知道赛珍珠自己就有一个傻女儿。她对这傻女儿很好，这也不简单。所以从种种方面说，对赛珍珠这位作家应很好地加以研究，然后作出恰如其分的评价。一个作家的作品，不能是他主观设想的产物。按美国新批评派讲究文本主义，作品都成了封闭的宇宙，没有客观实践了。所以研究赛珍珠要从各方面进行，要反对本本主义。最近，陈云同志说："不唯书，不唯上，只唯实。"九个字，不唯上，这"上"是指多方面的，官方、非官方，著名的文艺批评家、不著名的文艺批评家；"不唯书"，不是本本主义；"只唯实"，实事求是，就是用辩证唯物主义来看待每一位作家。

蒋孔阳（复旦大学教授）：

杨教授讲得很好，我学到了很多东西。我对赛珍珠不仅没有研究，而且赛珍珠的著作一本都没有读过。只是在镇江市的同志来邀请之后，才想到赛珍珠，跑到复旦大学去查资料，查到唯一的一本诺贝尔文学奖获得者传，其中有赛珍珠的条目。赛珍珠介绍了中国，将中国文化介绍给世界人民，在中外文化交流上做出了贡献，因此获得了诺贝尔文学奖。刚才几位同志的发言以及上午钱市长的发言，赛珍珠生平的电视录像，使我感到赛珍珠的一生最突出的一点，就是向西方介绍中国文化。赛珍珠成功地担负了这一任务。首先，她从小生长在中国，长期生活在中国。一生活了 81 岁，在中国生活、工作就有 36 年。其次，热心向西方介绍中国。许多作品写中国，将中国古典小说《水浒》翻译给西方。《红楼梦》《聊斋志异》也准备翻译，但未能完成。她很热爱中国文化，对中国很有感情。在当时，热衷于介绍中国，这是很了不起的。在中国久居的外国人多得很，但都没有做出像赛珍珠这样的成绩。

今天处在改革开放时代，很重要的任务是要走向世界。这包括两个方面。一个是将西方引进来，不能再搞闭关锁国。这方面，在三中全会之后做了不少工作，自西方引进来不少先进的东西，我们再不是坐井观天。另一方面，要将中国介绍给西方，介绍出去，这一点同样很重要。可是直至目前，我们做得很少。1988 年我到英国诺丁汉大学参加国际第十一届美学会议，与外国人谈起来，他们还只知道老子、孔子时代，以后的人一概不了解。美学方面我们一些很有名的学者专家，诸如朱光潜、宗白华、李泽厚、蔡仪，他们一个都不知道，对中国美学界的了解是一片空白。这说明将中国情况向西方介绍很重要。我们要中西交流，如果没有一定的往返渠道，只引进不输出，我们不可能走向世界。要将中国形象在世界上树立起来，我们需要做介绍中国的大量工作。赛珍珠在解放前就做了这方面的大量工作，不管她正确错误、成功失败，都为我们提供了先例。现在讨论赛珍珠，说她介绍中国，是不是歪曲了中国人民的形象，是不是对中国进行文化侵略，这个问题，我认为应该运用历史唯物主义观点来看，如前面两位同志引用的话，即陈云同志的话，“不唯上，不唯书，只唯实。”要根据实际情况，要实事求是地来看问题。不管怎样，赛珍珠做了很多的工作，我们就应肯定。我们还没有做这方面的工作，我们就没有资格批评赛珍珠。赛珍珠告诫中国青年人：“你们中国人应该认识你们自己。中国在第一次世界大战前，在西方侵略下，完全盲目崇拜西方。一些青年不吃中国饭，不穿中国衣，而吃西餐，穿洋服，说洋话。第一次世界大战后，西方开始经济萧条，西方很多弱点暴露出来。一些中国青年又觉得西方不那么好，还是中国好，又不吃西餐，不穿洋服，而改吃中餐，改穿中国衣服了。”我认为她讲的这些话，值得我们深思。

我们要经过认真的研究分析，才能说赛珍珠介绍中国是介绍得对，还是介绍得错。如果介绍得对，我们就应该吸取经验；如介绍得不对，就应该批评。我们不能因为过去骂她一钱不值，现在就根本否定；也不能因为今天为了纪念赛珍珠，就认为只要赛珍珠写的都完全正确。所以还要实事求是，采取科学态度。镇江市领导同志带头搞赛珍珠研究，我很赞成，很拥护。这对中国实行开放政策，对中国走向世界，是一个重要贡献。

濮之珍（复旦大学教授）：

到了镇江才知道镇江这块大地还培育了赛珍珠这位伟大的作家。我说赛珍珠有她的成就，是与中国这块大地的培育分不开的。因为她的一生，是以我们中国大地、中国人民为题材写作品得到荣誉，这是一个感想。第二点，我觉得王元化同志写的这条幅非常好，赛珍珠是“中美文化交流之友”，作为朋友，这个评价是好的。赛珍珠在我们的评论里，有过一个评价幅度，有时说她不好，有时说她好。其实这并不奇怪。我们对很多人、很多事，都有过这种反复。如对孔夫子就有过这种反反复复嘛！可说是最大的反复。最近上海放电视剧《渴望》，这片子风靡北京，在上海看了33集，我想到镇江能看到34集吧。为什么这样爱看《渴望》呢？我与蒋孔阳讲，这里面都是写的中间人物。如果在以前文学创作里，要批得很厉害了。因此我得出一个感想：对一个人有很多评论、很多看法，也很正常。不过从历史上来看，从古以来，我们强大的时候，是很重视文化交流的。如汉代就重视文化交流，佛教传到了中国，汉代接受了。佛教对我国各方面产生的影响都很大。“五四”前后文化交流也带来很多好的影响。今天镇江市能够对赛珍珠这样一位作家进行研究，从各地请了这么多专家学者来开会，这正反映我们祖国当前改革开放的宽广的胸怀。我们的大地培育了一个作家，我们可以作为一个好朋友来讨论她。我觉得这是一件很有意义的事。这在“四人帮”时代是不可能办到的，“四人帮”什么都不要了，那就不行了。三中全会以来，我们祖国一天天心胸宽广了，我们要交各方面的朋友。尽管赛珍珠身上有某些缺点，但是我们还是要把她当作朋友来对待。只有这样我们才能朋友遍天下，祖国才能繁荣富强。这是我的第二个感想。

最后一个感想，我们祖国历史悠久，文化非常丰富。不管古代还是现代，有很多优秀的东西。作为开放的城市，我们当然应该纪念赛珍珠，将来与外国进行交往，不只是纪念赛珍珠，而且要将我们优秀的文化，优秀的东西介绍给别人。我自己的小孩在美国读学位，今天参加这个会，我预备写信给她，告诉她赛珍珠这位作家。因为她过去读书时还不知道赛珍珠。我们祖国在文化、艺术、语言学各方面都有很优秀的东西，将来交往时都要介绍。赛珍珠从她认识范围的角度介绍我们中国，我们也应当从适当角度范围介绍我国优秀的东西。

熊玉鹏（华东师范大学副教授）：

我是搞欧美文学的，但在这以前，如杨老所讲，我居然课堂上就没有讲过赛珍珠的作品。赛珍珠一生都在写中国，因此不研究她讲不过去，从东西方文化交流看，不研究确实讲不过去。

赛珍珠在诺贝尔文学奖颁奖会上做了长篇发言。一开头就说："我在考虑今天讲些什么时，觉得不讲中国就是错误。"又说她是在中国学会写小说的，因此不承认这点，在她说来就是忘恩负义。显然这话很诚恳，不是虚伪敷衍之词，而是肺腑之言。而这样一位作家长期以来却遭到冷遇，特别是1960年，王逢振同志知道的，《世界文学》、《文学评论》组织批判，批得很厉害，认为她是"帝国主义文化侵略分子"、"猫头鹰"。帽子、棍子很厉害。

赛珍珠为什么说她写小说不是从美国、西方学来的，而是从中国学来的，我想这个问题值得好好研究。（王逢振插话：她对我们学西方很不满意。）因为要来发言，我就借来《大地》台湾中译本和王逢振同志的译本。今天又看了镇江同志为我们放的《大地》电视录像，觉得确实写得不错。

我们知道，她写这书是在《东风·西风》之后，是她写的第二本书。那时，她几乎是同时还在翻译《水浒》。她确实很热爱中国，如果《水浒》是写历史中国，那《大地》是写的眼前的现实中国。赛珍珠得诺贝尔文学奖是1938年，日本帝国主义侵略我国，中国成为世界各国人民注视的中心。赛珍珠用英文写《大地》，适应了这种需要。一批名人角逐诺贝尔文学奖相当激烈，达到三四十人之多。评委们希望从新人中选拔，赛珍珠当时40多岁，属于年轻一辈。这当然是客观原因，根本的原因还应从作品本身来找。这部小说确实写得不错，相当广阔，相当真实地反映了二十世纪前三十年中国社会生活情况。

第一部《大地》写了小农经济，农民与地主。第二部《儿子们》写三个儿子，军阀、地主、奸商，写三兄弟如何互相勾结，互相利用。没有军阀老三，地主就不行；没有老大的钱，当然也不行。我觉得她对中国社会的解剖，从客观上看把握还是比较准的。

第三部《分家》写了一个留洋的学生学农回到土地了。赛珍珠第一个丈夫学农，她写起来比较熟悉。写半殖民半封建社会知识分子的心态，自尊又自卑，写得还比较客观，把握得比较好的。今天，我们上午看《大地》电视片，就觉得赛珍珠写中国，有的我们还不了解，她却写得很好，如写蝗虫，我们可能生活在城市，从来没有见过。她写得很细，写中国风俗习惯、生老病死、婚丧喜庆、茶馆酒楼、吃什么、穿什么，恐怕我们中国人写人家外国也不会写到这种样子。这是因为赛珍珠从小在中国生活、在中国长大的。而且要特别指出的是，她写中国又不是站在白种人角度用藐视黄种人的眼光来写的，至少我认为我看不出。

表达上，如她在诺贝尔文学奖受奖演说中所说，是竭力模仿中国小说的写法的。如果仔细看《大地》，可以看出与西方小说比，实际上是有区别的。西方小说出现较晚，没有我们早，小说家在西方是有地位的。但在我们中国，小说家是被人看不起的，一般文人失意时才写，写小说被认为是旁门左道，写完都是匿名，不署真名。大家看过《水浒》序（一般人认为是金圣叹写的），这序也认为写小说是一般文人不愿意做的事。赛珍珠很重视《水浒》，在演说中也提到这篇序。她很清楚，对写小说，东西方价值观念是不一样的。再一个，从思想基础与表现方法来看，西方人道主义发展比较充分。小说作者重自我表现，强调人物的性格塑造，强调小说作者的观念、见识和感情的形象的体现。而在中国，囿于儒家“重天理，灭人欲”的禁欲主义，人道主义得不到充分发展。加之中国小说多为合作或迭经众人之手，所以不重个人表现，而重故事，重叙事。中国从来有文史不分家之说，很少有抽象的内心独白和哲理议论。

从结构看，西方小说有主人公之说，一部小说通常是一两个主要人物的性格发展史，结构明晰，线索单一。中国小说不然，都是众多人物的合传，人物纵然有主次之分，却总是交叉错综，呈网络状，线索头绪之多和容量之大，非西方小说可以相比。像《水浒传》、《三国演义》、《红楼梦》这样头绪浩繁的小说，西方很少见。《大地》三部曲受中国小说的影响相当明显，它人物众多，头绪纷繁，内容丰富。如第一部《大地》是王龙和他妻子阿兰的合传。此外，还写了荷花、梨花以及王龙的三个儿子。小说第二部同时写王氏三兄弟，行文穿梭往返，齐头并进。第三部写两代人的隔膜和冲突，以及年轻一代的分化，视野更开阔，涉及人物更多。这部小说容量之大非一般西方小说所能望其项背，授奖词誉为史诗般作品，并非过誉。

再从故事和节奏看，故事多、节奏快，是中国小说也是这部小说的一大特点。《大地》这小说还非常讲究动态描写，故事纷至沓来，人应接不暇，整个小说时间跨度大，可读性也强。西方小说则不同，比如说俄国小说家冈察洛夫的小说《奥勃洛摩夫》写了 150 页，主人公还没有爬起来，要换了中国小说，是不可能的，不知已过了几朝几代哩。

网状的结构、生动的故事、快速的节奏以及白描的手法，构成了中国小说的主要风格。这也是赛珍珠小说《大地》之所以能走俏西方文坛的奥秘所在。赛珍珠在受奖演说中大谈中国小说，还为通俗小说作了有力的申辩。西方文学历来有雅俗之分，暴露社会现实、反映民生疾苦的通俗小说虽有广阔市场，却不能登大雅之堂。赛珍珠大谈中国俗文学，就是对只重雅文学而轻视俗小说的偏见的一种挑战。

1930 年美国另一作家刘易斯获诺贝尔文学奖。在受奖讲话时，也谈到美国俗文学，批评了美国的雅文学。他对不重视现实主义小说，特别是不重视德莱赛，表示强烈的义愤和不满。他还说，德莱赛很孤独，他的创作成就一直得不到承认，这个奖应该给他。八年之后，赛珍珠获诺贝尔文学奖时也说她的奖应由德莱赛来得。赛珍珠的讲话可以说是刘易斯讲话的延续或翻版。赛珍珠讲了中国小说的许多好处。她是以中国小说的他山之石来回敬美国轻视通俗小说的偏见，来宣传她的观点的。我认为就是从这个角度来说，也很有研究的价值。

关于如何评价赛珍珠的问题，我想到几个问题。传教士是不是都是文化侵略？以前评价赛珍珠的文章都认为是的，这在国内相当普遍。其实是很值得讨论的。我们上海人知道徐家汇。徐光启是明代著名学者，他宣传西方文化，翻译西方著作《几何》。他的书从哪里来？当时意大利利玛窦来到我们中国，他（徐光启）就是向传教士学的。大家可以翻翻中外文化交流史，《中国文化史》这本书，现在又重版了。这里面谈到国外传教士利玛窦到中国来 30 多年，死在中国，很不简单。他一到中国来就穿中国衣，学中国话，很辛苦，很艰巨，并不是什么养尊处优。他们很多人是辛辛苦苦一辈子。前几年，我到山东潍坊去讲课，就知道有一位德国传教士，很孤独。你说他有什么好处？我们对传教士要具体分析。当然有的传教士有侵略，但不能一讲到传教士就认为是侵略。有些人确实是传教的，从人道主义出发的。赛珍珠的父母是传教士，与赛珍珠又有区别。赛珍珠在《大地》中表现出来的观点就不同意基督教的一些做法。这些都要具体分析，不能拿传教士来随意否定《大地》。另外，写王龙出去讨饭时，外国人施舍比较慷慨，有的文章就批判这是美化帝国主义分子。是不是施舍者都是帝国主义分子呢？这在逻辑上也是说不通的，不严密嘛！我们有的文章也不管了，只求一时说得痛快，这当然不能只怪写文章的同志，当时社会气候就是那样。

第三，对赛珍珠的评价还涉及她写得不够好的作品，如《北京来信》《梁太太的三个女儿》，对我们中国有诬蔑。但不能借此认为《大地》等好作品也不好了，不能以偏概全。还有一个政治与艺术的问题。这毕竟是两个概念，不能混为一谈，赛珍珠不是一个政治家。所以今天我们讨论评价赛珍珠，可以思考很多问题。

王国荣（上海社会科学院高级情报所研究室主任）：

研究赛珍珠文学成就，对中国文学走向世界有现实意义。我在编《环球文学》杂志时，曾经组织过研究文章。

赛珍珠作为洋生土长的美国妇女写中国农村社会题材，写中国农民命运的长篇小说，即使没有获诺贝尔文学奖，也应该引起我们的关注和研究，何况她因写中国题材的艺术成就才成为世界获诺贝尔文学奖的少数女作家之一，这就更值得我们关注与研究。

纵观 82 届诺贝尔文学奖，我们认为

九十年代中国文学获诺贝尔文学奖可能性是极大的。我有篇论文，《新华文摘》也转载了，我的这个观点已得到学术界的承认，许多同志对这个问题感兴趣。我为什么提出这个观点呢？我们研究 82 届诺贝尔文学奖，在获奖作家当中，仅仅中国作为唯一的空白区。在国际文学界有影响的地区，包括中东地区，纳吉布·马哈福兹获得阿拉伯地区的奖，另外非洲也有渥雷·索恩卡获奖的，唯一空白区就是中国。诺贝尔文学奖评委们在近十年中有意地要使诺贝尔文学奖更具世界性，对世界文学有贡献的作家，现在只剩下中国了。

中国至今没有人获诺贝尔文学奖，有多种原因。我们认为其中有一个很重要的原因，是中国不乏著名翻译家，但缺少将当代作品的汉语翻成世界通用的英文、法文、西班牙文等世界多数人能接受的第一流翻译家。这样的工作做得比较少，还有过去文化交流工作做得比较少。所以在这种情况下纪念赛珍珠，进行赛珍珠文化创作讨论就更有它的重要意义。

赛珍珠的《大地》三部曲，是展现我国农村社会的一幅长卷。诺贝尔文学奖颁奖词认为《大地》“对中国农民生活”作了“丰富而真实的史诗般的描绘”。经过研究考察，我认为“史诗”还说不上，但确实是一部中国农民的苦难史、心态史。

我们看了电视录像和作品，可以知道赛珍珠对灾荒、灾民的描写具有惊人的现实主义力量。1931 年出版后，中国发生大水灾，国际社会捐款救灾，当时美国赈款最多。美国红十字会负责人写给赛珍珠的信中讲道：“你写的小说《大地》中王龙一家的不幸遭遇，使很多美国人受到很大感动，他们从这里面认识了中国，对中国农民的苦难有了了解。”

赛珍珠还非常真实地刻画中国农民的心态。刚才杨老谈到其中画龙点睛之笔，那就是心态的深刻刻画，就是我们中国作家也不一定能刻画得这样深刻。因此《大地》三部曲即使说不上“史诗”，至少也应该说是一部中国农民的苦难史、心态史。

我们在《环球文学》刊物上组织过几次关于中国文学怎样走向世界的讨论。有一种观点就是作品要有世界可比性。所谓世界可比性就是说，写中国改革、中国斗争，人家没有兴趣。共同兴趣是什么呢？就是写爱、写死，写永恒主题：性与暴力。上海有的作家就认为要写性，要淡化政治背景，就是要写纯生理、纯心理。还有的认为外国人看中国，要猎奇，就要写小脚、末代皇帝、太监，就是写中国的污秽、落后面。赛珍珠写《大地》获诺贝尔文学奖，对我们很有启示。上午看了电视录像，我认为小说反映很准确。我很注意地看了王龙与阿兰的见面，他不像现在一般人看脸孔长得漂亮不漂亮，而是由下看到上，先看到阿兰没有缠过脚，这使王龙很失望。后来阿兰发誓，一定要给女儿缠脚。赛珍珠没有像有些作家那样把玩小脚当作中国"国粹"，或女性的准性器官来渲染，卖弄小脚史知识。我认为那样的作品不能走向世界。

写王龙暴发后，上茶馆，学黄家地主赎妓女，但赛珍珠没有猎奇地具体地写中国妓院怎么样来迎合某些人的低级趣味。赛珍珠的笔还是很洁净的。也正因为这样，赛珍珠赢得了美国以百万计的读者。这不是对我们很有启发吗?

赛珍珠获诺贝尔文学奖对中国文学如何走向世界的启示在于世界对中国的兴趣，就是要将我们民族独具风貌的心态、独具风貌的社会生活或斗争史作现实主义描绘，准确地反映出来，这是世界共同的兴趣，这样中国文学才能走向世界。

钱佼汝（南京大学外文系主任、教授）：

我觉得赛珍珠是既熟悉又陌生的美国当代女作家。这样说有两个原因：五十多岁的人对赛珍珠还会有一定了解，有的过去可能还与赛珍珠有过接触。但如杨先生所讲，有的研究生连赛珍珠的名字都没有听过，所以我想解放后上学受教育的，对赛珍珠了解很少。这是所以说她既熟悉又陌生的一个原因。另外一个原因是赛珍珠描写中国作品中的中国、中国人，像王龙那种把土地看作自己命根子的典型的中国农民形象，或者是她笔下所写受过西方教

育、在其身上体现出东西方文化冲突，而有所失落感的一部分知识分子，还比较熟悉，特别是后一部分人。改革开放以来，经常出国或留学的比较多，赛珍珠所写在国外受教育者的形象，我们可以从中找到自己的影子，对两种文化相冲突，能找到反映。所以从这角度来说，又比较熟悉。但由于她是外国人，描写我们中国人的视点又好像有她的特点，我们不太熟悉。所以我觉得赛珍珠是一个既熟悉又陌生的美国著名作家。正是由于这种既熟悉又陌生的感觉，给这位与中国、中国文化有千丝万缕联系，对中国人民有深厚感情，也有一定误解的美国作家蒙上了一层神秘的色彩。所以当赛珍珠快要一百周年诞辰的时候，来系统地研究她，是时候了。镇江市在这方面，以非凡的胆识与魄力做这样的工作，是走在全国前列的，做了一件非常有意义、有开拓性的工作。

我觉得研究赛珍珠，首先要认识她，了解她。这个阶段恐怕不能省略。我们中国的同志还习惯地喜欢过早地下个结论：这是个进步作家，还是反动作家。虽然这种情况较前好转了，但还是常见的。其实我想未必一定要做什么结论的。在文学研究方面，假如要做结论，那一定是在认真研究之后，而不是在之前。特别是赛珍珠在中国生活工作三十多年，计算方法可能不同，有说 35 年，有说 36 年，也有说 37 年。在这三十多年的很长时期里，她受教育、生活、工作、逃难、结婚、生育，在我们中国这块土地上。她又是一个多产的作家，写了 100 多部书，因此对她的研究，我想要特别的细心。另外，赛珍珠不仅是一位文学家，而且也是一位非常积极的社会活动家。她在不同时期，为不同事业，特别是三四十年代，她为了人类进步、平等，增进世界人民互相了解，消除隔阂，可以说是到处宣传，大声呐喊，发表了大量的广播演说。这些演说都起了非常积极的作用。这方面的活动，我们也不能忽视。除了小说，她还有很多实际行动，投入到各种各样的社会活动中去。所以今天我想要研究赛珍珠，要比较全面地来看。研究她当然也有一定困难，其中解放这么多年来，由于各种原因，加上对她冷落和忽视，假如不是要把她从我们记忆中抹去的话，至少是被冷落了这么多年，材料失散了很多。在我们南大图书馆、南京图书馆做了非常细致的搜集工作，发现缺了很多，这很不应该。她在南大前身中央大学教书，应留下很多资料。但材料确实散失很多，这是一个困难。第二个困难，就是与赛珍珠在中国生活、工作的同事，有直接接触的、现在在世的有一些，不很多。就拿我们南大外文系来讲，有她的同事，现在都去世了，那些活的资料没有了，很可惜。

赛珍珠生活在传教士家庭，我们还是习惯于从家庭出身来研究。我想，她的作品充满着人道主义精神，赛珍珠应该说是一位人道主义者。因此她的小说里所写的内容都是我们所关心的事：生老病死、婚姻恋爱。题材是中国的，确实有普遍意义。从这点说，赛珍珠获诺贝尔文学奖，也不意外。研究赛珍珠，当然可以从不同方面来研究。刚才熊教授作了非常精彩的发言，从她创作艺术与我们中国小说艺术作对比，赛珍珠确实受中国小说影响。今天早上我们看《大地》电视片，也有切身感受。赛珍珠在创作中也曾经说过："我首先想的是用中文思考，所以我写出来的语言有很多是不符合美国的表达方式，但确实是中国表达方式。"今天电视片中就可以找出很多例子来说明。她受中国小说影响的话题，还在另外两个场合说过：一是 1932 年，一是 1933 年。当时她写完《大地》后有这样的体会。一次是在她母校兰道夫-梅肯女子学院，她说小说技巧并不是重要的，而且也无所谓好坏，主要看这技巧如何为你的内容来服务。因此，从这意义上说，赛珍珠还是传统的作家、现实主义作家。她认为内容重于形式，形式应为内容服务。中国小说不是靠人物内心描写见长，而是靠故事情节取胜，以情节构成故事。

赛珍珠的创作不是没有发展的。1968 年写了一本小说《新年》，她的创作实践与以前相比，已有发展。《新年》写朝鲜战争的题材，内心描写就比较多了。视角移动自由、间接引语、不需要用标点、不要引号、很自由地写。一会儿写人物内心，一会儿写外表，这种手法她也逐步采用了。从艺术上研究也可以从这方面入手。

另外，赛珍珠是一位女作家。现在西方女权主义批评非常盛行。从这角度研究赛珍珠，也不失一个很好的角度。赛珍珠在她生活后期讲过这么一句话，也许是她一生创作的一个体会，是她的肺腑之言。她说："妇女艺术家不管在哪个领域，人们都不会像对男人那样对待她。"可见，她一生是付出了多大的代价，才取得这样的地位。赛珍珠作为一位女作家，她的观点、看问题的角度是很不一样的。就拿《新年》那本书来说，写美军在朝鲜战场被轰炸之后，没有地方消磨时间，一个在美国已完婚的士兵想家，后来与一个朝鲜女孩发生关系了。在这段描写里，从妇女心理出发，写出各种细致的心态。我想是男作家不大能写出来的，这是我随便想到的研究角度。还有大家讲到的，王元化先生的题词，说赛珍珠是“中美文化交流之友”，就是说她是一座桥梁。实际上本身就是东西方两种文化之间的交流。她第一部小说《东风·西风》就涉及了东西方文化的撞击、矛盾。后来写《大地》中的人物，比如王源，王龙的孙子吧，留学美国，看到了美国文化，回来看到中国贫穷落后，有一种失落感。现在改革开放，也有不少出国留学的，对我们会有些启示。

全面地分析、比较之后，我想研究赛珍珠要注意做到两个“结合”、两个“分开”。即小说与非小说要相结合。非小说很多，她的许多观点都在非小说中直接讲出来的，因此不可将非小说排除在外。另一个就是要将创作和社会活动结合起来。她的社会活动包括很多，涉及面很广，例如在妇女问题、种族问题、民族问题、孤儿问题、混血儿问题、残疾人问题等等方面，她确实做了很多工作。所以这样全面地看她，会比较客观些。

还有，我想，同时要有两个“分开”，这些都是我个人的想法。一个，1938 年前后的作品应分开。1938 年以前写中国题材为主，获诺贝尔文学奖之前，艺术技巧不错。一旦获奖，艺术上会走下坡路。赛氏晚期作品，更多的是矫揉造作，用情节去套人道主义，为人道主义主题牺牲了艺术技巧上的一些东西，艺术上是走下坡路了。另一个，她对中国的态度，1949 年也可作为一个分界线。这当然是政治上自然形成的。刚才王逢振同志讲了，美国麦卡锡主义盛行，对她自然有压力了，迫使她讲些反共的话。我觉得这也是一个分界线。不过我想公正地评论赛珍珠，西方评论家中也有。如她写《梁太太的三个女儿》，其中对新中国有一些攻击，是比较明显的。写到了“文化大革命”，西方评论界对这本书，也没有大加赞扬。恰恰相反，认为赛珍珠脱离中国太远了。她写的中国，已与现实的中国大相径庭了，未能很好地反映中国现实。

我非常同意蒋孔阳先生夫人濮之珍教授刚才说的，如果没有赛珍珠，也就没有把中国社会情况如实地反映给国外。通过外国作家向外国反映中国。当然我们也可以说没有中国这块大地滋养这位作家，也就不会产生出好的作品。

张子清（南京大学外国文学研究所副研究员）：

看了《大地》作品和电视，觉得赛珍珠不存在反华问题，而且她在弘扬中国文化，是走在我们前面的。这是无可争议的。再一点，我们中国人翻译的诗歌、小说、戏剧，如北京的《熊猫丛书》、《红楼梦》、《儒林外史》发行量不大。美国人不要看，英文不好，看了不舒服。赛珍珠翻《水浒》，她是作家，翻得很地道，做了我们不能做的事。这是很了不起的事。在翻译作者姓名时，她没有写施耐庵，而是写“水浒传”，因为她认为中国小说作者不是一个人，而是一群或一代一代传下来的集体创作。不像美国，作者很重要，要放在很重要的位置上。还有一点，1938 年获诺贝尔文学奖的时候，每个人都要发表演说。她则在世界讲坛上大讲中国小说，就是宣传中国文化，至今没有第二例。这是了不起的贡献。她还在受奖演说中讲道：“中国人民的生活多年来也就是我的生活，确实，他们的生活始终是我的生活的一部分。我自己的国家和中国这个养育我的国家，在许多方面有相同的见解，首先是在共同热爱自由这方面相同。”

美国还有一个女作家，就是写《朱德传》的史沫特莱。史沫特莱热爱中国，对中国也很有感情。赛珍珠比起史沫特莱对革命的认识来，没有史沫特莱那样革命，那样激进。史到中国来吃了苦头，后来她回美国遭到政府迫害，结果流落到英国去了。但要说到传播中国文学，史沫特莱是无法与赛珍珠相比了。

《大地》1931 年出版，产生了轰动效应。连续两年列在畅销书榜首，读者有几百万人。据不完全统计，它被翻译成七十多种语言。今天看电视录像里讲是译成了一百多种语言。1932 年至 1940 年德国就流行有八个译本。在丹麦也是非常流行的。1935 年至 1939 年，苏联也有好几个译本广泛流行。从当时苏联社会主义国家政府和人民爱读这本书来看，也说明这书的进步价值和赛珍珠这位作家深受欢迎。

总之，我想说的主要有两点：

一、政治上不能回避，要正确认识赛珍珠。

二、纪念赛珍珠，应强调具有弘扬中国文化的意义。

陆行良（《文学报》记者、副编审）

我觉得今天评价赛珍珠文学创作碰到了一个对当年鲁迅对《大地》的批评怎么看待的问题。

鲁迅对《大地》是有过批评。他说赛珍珠站在美国传教士的立场上，写得有点“浮面”，未能表现出中国生活的“真相”。鲁迅的这段话是有道理的。我们虽然不能说赛珍珠就是美国传教士，但她是美国传教士的女儿却货真价实。赛珍珠作为外国作家写中国农村，与土生土长的中国作家相比，难免显得“浮面”，这是完全可以理解的，并不奇怪。我们今天要充分注意到的是，就她这个“浮面”的描写却大吊西方读者的胃口。据资料载，此书英文本发行达七十多版，又被翻成一百多种文字，并且以这部作品为代表，于 1938 年获得诺贝尔文学奖的殊荣。半个多世纪过去了，中外作家写中国农村生活的作品可谓汗牛充栋，其中比较优秀的，有哪个作家所写的作品数量及其影响可与赛珍珠相比呢？这是无可怀疑的事实。按照西方接受美学的理论，作品的价值取向取决于读者对作品的接受程度。作品的读者越多，流传越广，持续越久，作品的价值就越大。赛珍珠在三十年代末在创作上达到的成就及其在世界上的影响与地位，是鲁迅当时始所未料的。所以，《大地》反映中国生活尽管失之“浮面”，但却有其自身独特而巨大的价值。对此，采取无视或小视的态度是不可取的。

鲁迅那段话的主要意思也并非批评《大地》，这不过是一种陪衬。他的主要意思是希望中国作家来写中国的事情。当时左翼作家的文学主张是强调作家写阶级与阶级斗争，认为这样写“方能留下一个真相”。而赛珍珠的写作并非如此，她写她在中国所看到、所感受、所有兴趣的生活。

另外，还有一个赛珍珠文学创作的价值取向问题。赛珍珠有一百多本书，涉及面极广，各种样式的都有。我们没有必要也不大可能把她的书全部拿来阅读与研究。我认为赛珍珠文学创作的主要价值在于她把中国人民的生存方式和中国文化通过文学形象生动地呈现在西方读者面前，让世界人民多解中国，促进中美、中西文化的交流。尼克松说赛珍珠是“一座沟通东西方文明的人桥”。王元化给我们会议寄赠的题词：“纪念中美文化交流之友。”一个美国的政治家与一个中国的著名学者对赛珍珠的价值取向居然何其相似乃尔，绝非偶然，值得注意。

刘海平（南京大学外文系英语专业主任、副教授）：

赛珍珠的研究，从中西方文化交流角度来看，是很好的题材，它本身就是中西文化的交流。赛珍珠自己就曾经说过她的思想有两个视点。

她的小说发表后，引起了轰动。但也有中国人说她的小说反映得不像中国。我觉得写得太像倒失去它本来的价值了。否则为什么要她来写呢？我们有兴趣的，也正是在这像与不像之间。因为她写中国有她独特的视角，我认为只要不是恶意的攻击，就有值得我们研究的地方。我看过她的一些书和文章，虽然对我们有所批评，但都不是恶意攻击，这是一个重要界限。

就《大地》三部曲描写当时我国农村、城镇社会的状况和变化的画面来看，就涵盖广度和浓缩的程度来看，说它是史诗般的作品，并不过分夸张。而且我与南大中文系的同志曾经讨论过，在三四十年代，以这么大篇幅写我们中国农民题材的作品，我们中国作家中可说几乎没有。

关于传教士问题，我认为时间长了，也许会有些新的认识。西方来华的传教士主要是十九世纪后半叶与二十世纪初的事情。不少传教士确实做了坏事，赛珍珠在回国念大学和以后曾多次激烈批评基督教在中国传教的许多做法。但恐怕不能说这些传教士都不好。对传教士的功过是非这方面的道理，一时还说不太清楚。比如扬州鉴真和尚到日本去，也是传教士嘛！

时间长了，对他的贡献也就会认识清楚了。唐朝时一些和尚从印度到我们中国来传教，同时带来了新的文化，成了历史。现在认为促进了文化发展，搞名人纪念了。这是一件十分复杂的事，随着时间推移，我们可能认识得更清楚更全面些。

1972 年尼克松访华，使她非常想来中国。1989 年美国出了一本传记 *Last Chapter*，叫作《赛珍珠：最后一章》。这里面有非常详细的记载：她第一封给周恩来总理的信是 2 月 27 日，3 月 8 日、3 月 20 日、4 月 21 日又写了三封信；4 月 24 日、5 月 5 日，给黄华写了信；同时给尼克松夫妇写了信，给基辛格和一位参议员也写了信；5 月 15 日又给她在上海的一位朋友写信。她认为尼克松访华她应该同行。她自认自己是权威，对中国充满感情，为中国写书，做了不少事，父母亲都死在中国。她原计划与尼克松一起来中国的。赛珍珠在给周总理的第一封信里说："我桌上放着您从重庆写给我的邀请信。当时您想请我写北方战争、你们根据地的情况。当时因为我有其他事，没有能来。但现在是我来写你们中国的时候了。"

如果她晚去世几年，这事兴许就好办些。我们今天开会，也不会这样了。我今天主要不是从学术角度谈。我们南大打算在明年赛珍珠百岁诞辰时，召开国际学术讨论会，这个打算也不是现在才有。我们还准备出一本《赛珍珠和中国》的著作。另外，计划出一本英文论文集，让世界知道我们对赛珍珠有些什么看法。我们也想保持今天这个会的格调，即百花齐放、百家争鸣，不求一致，只想加深了解。

刘龙（江苏省镇江师范学校高级教师）：

对赛珍珠专题产生兴趣，始于 1972 年。记得在二中图书馆看到一本江苏省文史资料，上面提到赛珍珠在二中前身崇实女中执教。1985 年，我接受采编校史任务，海外校友为我们与美国赛珍珠基金会牵起了线，资料、图片、原版书的筹集，获得突破性进展。包括诸位昨天看到的《大地》电视和赛珍珠生平介绍录像带，早就接受了馈赠。我们要感谢支持我们研究的沈志洁理事长。我们能够做些有助于赛珍珠深入研究的基础材料的筹备和服务工作，感到十分高兴。1988 年 6 月 28 日，以二中校史组和我作为校史主编的个人名义邀请了赛珍珠长女詹妮丝·沃希和沈志洁理事长来镇江访问。这标志着对赛珍珠的研究进入了公开的实质性阶段。完成崇实女中校史采编任务后，因对赛珍珠做了比较客观的评论介绍，赞扬了她教学能力与成绩，一度遭到非议，精神上承受了压力。1990 年 9 月 29 日，国庆前夕《人民日报·海外版》刊用我写的“赛珍珠与中国镇江”一文，进一步提高了我研究赛珍珠的积极性。徐和平同志是我研究的合作伙伴，他翻译了《我的几个世界》，直接提供了赛珍珠在镇江的有关材料。

徐和平（中国国际旅行社镇江支社副经理）：

我是十年前从事导游工作而接触了赛珍珠的名字和小说的。1980 年初，我刚做英文导游，许多来镇江的美国、欧洲、日本游客主动与我谈起赛珍珠，问我有关赛珍珠在镇江生活的情况。然而当时我毫无所知。一些外国朋友坚持要参观赛珍珠故居，特别是 1980 年中央电视台和日本合拍《长江》电视纪录片时，日本朋友坚持选择赛珍珠曾学习和教书的崇实女中（现市第二中学）制作拍摄内容。这使当时镇江外事旅游部门的同志都感到意外，大家都不明白赛珍珠是什么人，为什么外国人对她有如此兴趣。

随着外国朋友不断向我介绍赛珍珠，我也产生了浓厚的研究兴趣：为什么我国文学界不接受、不宣传这样一位和中国有着深厚渊源又蜚声世界的诺贝尔文学奖获得者？

在过去的几年里，我和刘龙老师合作，并各自做了大量搜集资料与个人研究工作。同时积极沟通与国内外学者的联系，争取他们对赛珍珠研究的支持。我们还积极促成了镇江市与美国坦佩市合作修复赛珍珠故居。我们的研究工作正受到越来越多的领导、同志们和国外学者、朋友们的理解与支持。通过初步研究，我对赛珍珠及其文学作品有了更多的了解。这里谈几点体会：

（1）观其一生，尽管她在政治立场和文学创作上有这样那样的缺点，但她对中国人民的感情是真挚的、友好的。在她的获奖小说《大地》、《儿子们》、《分家》三部曲中，她对中国人民满怀同情。如希望中国人民，尤其是希望中国广大农民能够摆脱落后、愚昧、剥削，能在一个自由、平等、博爱的社会里生活。她对中国社会特别是中国近代社会的政治统治的细致观察，可谓入木三分。在小说里，她对中国农民传统的土地意识和民情风俗，对军阀、地主、奸商统治下的中国近代社会政治结构，对中国近代社会知识分子争取进步、自由、民主的斗争都有深刻的描写。因此，在她的《大地》三部曲里，她的描写充满了现实主义色彩和进步倾向。

（2）她生长、生活在中国几十年，深受中国文化熏陶，并且接触了中国各阶层人民。她是通过这座“人桥”了解了中国。怀着对中国人民的深厚感情，她又通过小说把中国的现实介绍给美国和西方各国读者。这样，她又成为这座“人桥”的一部分，并且她还有效地发展“延伸”了这座“人桥”。我曾做过些调查，我发现40岁以上的美国人，50岁以上的欧洲人、日本人，几乎都读过她的中国题材小说。他们对中国的了解在很大程度上是由于读了赛珍珠的小说，看了她的小说改编拍摄的电影而获得的。这从一个方面可以看出这座“人桥”在沟通东西方了解和文化交流方面的作用，其意义不可低估。

（3）在诺贝尔文学奖获奖作品中，赛氏所写《大地》三部曲和《东风·西风》、《母亲》是唯一的中国题材小说。这引出一个老问题：为什么中国作家写的小说未能获诺贝尔文学奖，而赛珍珠——一个美国妇女写的中国题材小说却能获奖？过去，很多中国人认为，这是“西方人对中国作家和中国小说的歧视”、“赛氏获奖是偶然因素所致而非其小说有很高水准”等等。这些看法或许是诸多原因之一，甚至是赛氏获奖的主要原因。

然而，中国作家不能获奖恐怕还另有原因，那就是语言问题，即中国作家写的中国小说不能被很好地和大量地翻译成道地的外国语言。这使外国读者在阅读和理解中国小说方面受到很大局限。赛珍珠则不同于一般作家，她对中国和西方文化有很深的理解，对中英两种语言有很深的造诣。由她用英文写成的《大地》三部曲不仅在内容上反映了中国社会现实，而且在语言上也得到读者赞赏，自然受到广大欧美读者的欢迎。

中国文学如欲走向世界，必须由翻译界通力合作，不断将优秀的中国文学作品翻译成地道的外国语言。同时，我认为，我们也需要更多的像赛珍珠这样贯通中西方文化的外国人来了解中国，描写中国，翻译中国小说。要做到这一点，一是中国人要主动多宣传，二是要提供适当的环境和条件，让更多的外国朋友帮助我们宣传。赛珍珠五十多年前就已经这样做了。

周启明（镇江市对外友协副会长）：

这次赛珍珠文学创作讨论会，是由镇江市对外友好协会、镇江市社联、镇江市文联三家联合筹备的。对各位学者、教授能应邀出席我们的讨论会、支持这次讨论会，我表示衷心感谢！在这次讨论会上，大家发表了很好的意见。本着“双百”方针精神，各抒己见，畅所欲言，气氛热烈、宽松，会议结果比我们预想得还要好。这次讨论会是开得比较成功的。目前，我们要对赛珍珠下结论当然为时还早。但对这次讨论会，我想讲几句不是结论的结束语。

对于赛珍珠，通过这次讨论，我们可以形成以下几点共识

(1) 通过赛珍珠文学创作的讨论以及对作品的研究，大家都认为这是一个重要的课题，是一件很有意义的事。当前，我们的研究环境是很有利的，条件是很好的。赛珍珠的作品之所以能获得诺贝尔文学奖，离不开她丰富的深刻的生活感受。她一生中在中国生活的三十六年，在镇江就有十八年，她和我们有这样一段历史上的因缘。《大地》三部曲等作品，反映了中国旧社会农村和农民的苦难生活，不仅作品的内容来源于中国，而且作品的艺术手法都吸取了中国小说的特点，可见赛珍珠的文学创作受中国文化熏陶之深。

再说，赛珍珠是位女作家、外国人。她一生坎坷，挫折很多。可是，她能将很多精力用来向美国和世界介绍中国文化，这实在是很不平常，很不简单，很了不起的。她在这方面所作的努力与贡献是巨大的。正如我们接触到的许多外国朋友所说的，他们“了解中国都是从读《大地》开始的”。因此，讨论研究赛珍珠文学创作这个课题是很有意义的。

(2) 对赛珍珠及其作品的评价，应该用辩证的、历史的、全面公正的态度来进行。赛珍珠是善良的、讲人道的，对中国人民是十分同情的、友好的。这种感情反映在她一生的活动和大量作品中。当然，也有过一段时期，在一些作品中，说过写过一些对中国政府不友好的话。怎样看待和评价这方面的问题呢？要做到三个“不能”：

不能脱离当时的历史环境、历史背景；

不能脱离中美关系变化的情况；

不能脱离对外开放的形势。

我们对赛珍珠的评价也不能脱离当时的历史条件。当然包括我国的历史情况（如“文革”时期的看法和现在就不一样）和美国的历史情况。对《大地》的评价，大家都认为这书写得比较好，比较真实。对当时的天灾人祸、生老病死、恋爱婚姻、人情风俗，确实反映得比较真实。作品反映的是个落后的农村，但这是旧社会的现实。旧社会的农村确实是落后的，不能认为这是丢了中国的丑。写王龙发家致富，正如有的同志所说，当时又没有“乡镇企业”，不可能走共同富裕的道路。写王龙夫妇得了意外之财，三个儿子官、商、军三位一体相互勾结，写得比较真实。

从上述情况看，赛珍珠是我们的朋友。她虽然有缺点，说过一些错话，但迫于当时麦卡锡主义恐怖统治的压力，在所难免，是人之常情。当时中国认为她右，美国认为她左，两边都说她不好。她容忍了，是因为她一直坚持热爱中国人民，并以此为不可动摇的信念。对这样的朋友，我们中国人民是不能忘记的，我们要历史地看，力求公正，要从积极方面来看，要多做有利于中美文化交流的事。以前对赛珍珠确有不公正的评价，但尚未形成冤假错案。

（3）赛珍珠毕生从事中美文化交流，从总体来看肯定她的巨大努力和杰出贡献，当然是必要的，也是应该的。但因其他方面的实践有着异常丰富的内容，哪些做得好，哪些做得不好、不成功，今后要进一步深入细致地研究。我们还要力争与外国朋友取得共识。明年是赛珍珠百年诞辰，希望大家共同努力，将研究引向深入，取得很好的成绩。

国内外媒体对讨论会的报道

国内外有关媒体对此次在镇江举办的国内首次赛珍珠文学创作讨论会十分关注，并进行了会议的相关报道。

国内的主要报道包括：

《外国文学评论》1991年第二期发表王逢振题为《赛珍珠文学创作讨论会在镇江召开》的报道文章。文章归纳会议讨论的情况指出：

赛珍珠是个复杂人物，对其人其作应历史地进行分析评价，不能根据她一时一地的言论或某一部作品而对她进行全盘否定。同时也不能笼统地不加分析地对她作全盘肯定。赛珍珠和她的作品本身就体现了两种文化或东西文化的矛盾、冲突、交流和影响。从这个角度看，研究赛氏及其作品，对推动改革开放、扩大对外文化交流具有现实意义。

《文学报》1991 年 1 月 31 日发表陆行良所写的题为《中西文化交流之桥——赛珍珠文学创作讨论会侧记》的报道。文章援引专家的观点指出：赛珍珠以其著名的《大地》三部曲在美国文坛上占有重要地位。《大地》颇有深度，以人道主义为贯穿线索。对她作出正确评价，要将其小说与非小说、创作与社会活动相结合。她晚年渴望参加中美建交活动，是与她前期中国题材的创作倾向是一致的。她对中西文化交流作出的重要贡献值得肯定与珍惜，这就是赛珍珠研究的价值取向。

《中国日报》1991 年 2 月 14 日发表杨福田和孙肖苏所写新华社对外电讯专稿，题为《学者们公正评价赛珍珠》的报道。文章引用学者们的分析指出：赛珍珠在中国生活了 36 年，这使她对中国文学有殷实的理解。对她的以中国为题材的作品不能简单地标以好或坏。必须用辩证的、历史的、唯物的观点去理解、评价赛珍珠，从而确认她对中美文化交流所作贡献，以及她的作品中不正确的观点和错误。

此外，《书刊导报》1991 年 3 月 1 日、《文汇报》1991 年 1 月 23 日、《新民晚报》1991 年 1 月 23 日、《解放日报》1991 年 1 月 27 日、《社会科学报》1991 年 3 月 14 日、《新华日报》1991 年 1 月 24 日、《镇江日报》1991 年 1 月 27 日、镇江《金山》杂志 1991 年第一期等，均报道了赛珍珠其人其作及首次赛珍珠文学创作讨论会情况（作者分别是董晨鹏、朱宏瑗、陆潮洪、谢军、王国荣、石开西、弘文等）。

国外的主要报道包括：

美国《华尔街日报》1991 年 2 月 6 日在国际消息版发表题为《中国在赞赏赛珍珠》的报道，文章指明：中国计划在已故美国作家赛珍珠旧居内开办一个文化交流中心，并将于 1992 年赛氏百岁诞辰之际对外开放。这篇报道还指出："由于中国作家从未得过诺贝尔文学奖，因此赛珍珠的获奖便成了他们感情上的一个痛处。她的作品因描写农民生活的阴暗面以及刻画了千疮百孔的政府而被批评为对中国不友好。但在上个月举行的关于她作品的研讨会上，中国知识分子认为，尽管对她的作品存有偏颇和误解，但这些作品仍为中美文化交流作出了贡献。”

美国丹佛市《电讯报》1991年2月6日作了题为《中国将在赛珍珠故居开办交流中心》的报道。这篇简短的报道还特意指出：赛珍珠“在中国生活了36年。她的传教士的父母于1892年来到镇江，当时赛珍珠尚在襁褓之中”。(以上源自徐和平译文)

英国《伦敦晚报》1991年2月6日发表的报道题为《赛珍珠再评价——曾受贬斥的作家现被赞扬》。文章指出，赛珍珠“在她死后将近20年之久的中国，其地位正得到恢复”。“中国文坛学者们最近举行了一次研讨会，目的是重新评价这位‘中国通’的著作。”她的作品“得到了广泛的、客观的评价”。文章还援引了王逢振先生和徐迟先生在讨论会上的观点。(以上源自刘沁译文)

日本《朝日新闻》夕刊1991年2月9日发表题为《中国对赛珍珠进行再评价》的报道，这篇短文指出：赛珍珠长期以来和她的作品一起在中国作为“站在反动的立场，与中国敌对”而被批判，“出席镇江再评价讨论会的专家们提出了赛珍珠有关中国的作品，不应该凭单纯的好恶来判断的见解。”(以上源自王全玉译文)

六、兰道夫-梅肯女子学院的赛珍珠百年诞辰研讨会

1973 年 3 月 6 日，赛珍珠在美国佛蒙特州丹比镇逝世，享年 81 岁。她带着对中国的复杂情感离开了她深爱的这个世界。在她逝世后，美国很少再有关于她的报道或纪念活动。直到 1992 年，在赛珍珠百年诞辰之际，她的母校——兰道夫-梅肯女子学院为这位杰出的毕业生举办了一场隆重的纪念活动。

早在 1987—1990 年，美国已有一些赛珍珠研究学者和对赛珍珠感兴趣的媒体人士访问过镇江和南京。1987 年夏天，赛珍珠养女和赛珍珠基金会负责人到访镇江后，她们还访问了南京大学，并就翻译出版赛珍珠作品与南京的译林出版社进行了接触。1990 年 3 月，西弗吉尼亚州电视台台长、电视制片人道恩·罗格辛也访问了镇江和南京，当时他正计划拍摄关于赛

1992 年 3 月 26 至 28 日，美国兰道夫-梅肯女子学院举办赛珍珠百年诞辰讨论会

美国赛珍珠百年诞辰研讨会期间，徐和平（左一）与赛珍珠的三位养子女合影

珍珠与中国的专题纪录片《东风·西风》。当兰道夫-梅肯女子学院计划筹办赛珍珠百年诞辰纪念活动时，赛珍珠基金会和道恩·罗格辛先生向主办方强烈建议邀请南京大学外语系刘海平教授和当时在镇江国际旅行社工作的我参加这次纪念活动。主办方希望我们把当代中国人重新认识赛珍珠、重新评价赛珍珠的最新信息与美国学者及媒体进行一次交流，这是几十年来的第一次。兰道夫-梅肯女子学院英文系教授伊丽莎白·丽帕科姆女士为此先后两次给我发来访美邀请函。

在 1990 年 7 月 30 日的邀请信中，伊丽莎白·丽帕科姆教授写道：

为了纪念 1914 年于兰道夫-梅肯女子学院毕业的赛珍珠的百年诞辰，我们计划在 1992 年 3 月举行一场有关她生平与工作的研讨会。道恩·罗格辛先生将参加这一会议。他强烈要求我写信给您，如果我们有资金支持您的旅费的话，看您是否有兴趣成为我们的发言者之一。

我们目前正在向美国国家人文基金会申请一笔拨款。它需要我们在今年 9 月 14 日前提供一个详细计划。如您有兴趣，您需要写一封信表明您愿意参加此次会议，并请提供一两页关于您的学历、作品的介绍，特别是与赛珍珠有关联的内容。我们还需要您提供演讲题目，关于一个中国人对赛珍珠人生及工作的观点。我们学院的传真号是804-846-9699，这可以比信件沟通更快。

道恩·罗格辛先生对您评价非常高。您若能参加这一活动，我们会感到非常荣幸。我们希望能尽快提供所需资金。

期待您尽速回复。

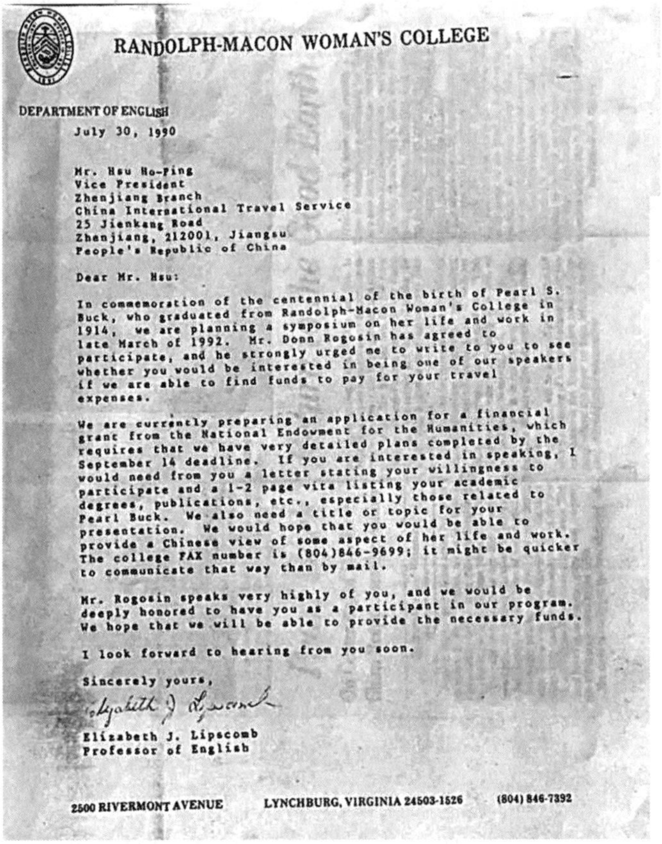

RANDOLPH-MACON WOMAN'S COLLEGE

DEPARTMENT OF ENGLISH

July 30, 1990

Mr. Hsu Ho-Ping
Vice President
Zhenjiang Branch
China International Travel Service
25 Jienkang Road
Zhenjiang, 212001, Jiangsu
People's Republic of China

Dear Mr. Hsu:

In commemoration of the centennial of the birth of Pearl S. Buck, who graduated from Randolph-Macon Woman's College in 1914, we are planning a symposium on her life and work in late March of 1992. Mr. Donn Rogosin has agreed to participate, and he strongly urged me to write to you to see whether you would be interested in being one of our speakers if we are able to find funds to pay for your travel expenses.

We are currently preparing an application for a financial grant from the National Endowment for the Humanities, which requires that we have very detailed plans completed by the September 14 deadline. If you are interested in speaking, I would need from you a letter stating your willingness to participate and a 1-2 page vita listing your academic degrees, publications, etc., especially those related to Pearl Buck. We also need a title or topic for your presentation. We would hope that you would be able to provide a Chinese view of some aspect of her life and work. The college FAX number is (804)846-9699; it might be quicker to communicate that way than by mail.

Mr. Rogosin speaks very highly of you, and we would be deeply honored to have you as a participant in our program. We hope that we will be able to provide the necessary funds.

I look forward to hearing from you soon.

Sincerely yours,

Elizabeth J. Lipscomb

Elizabeth J. Lipscomb
Professor of English

2500 RIVERMONT AVENUE LYNCHBURG, VIRGINIA 24503-1526 (804) 846-7392

伊丽莎白·丽帕科姆教授1990年7月30日给徐和平发来的邀请信

1991年8月22日，在伊丽莎白·丽帕科姆教授的第二封邀请函（即邀请及费用担保书）中，她对兰道夫-梅肯女子学院赛珍珠纪念研讨会的活动议程计划、往返旅程经费安排等进行了说明：

我很高兴地邀请您在赛珍珠研讨会上发言。该研讨会将于1991年3月26至28日在兰道夫–梅肯女子学院举行。我们将邀请您在美国逗留45天，以进行关于赛珍珠生平和工作方面的研究。

我理解并安排您去下列地方和大学从事赛珍珠研究，它们是：兰道夫·梅肯女子学院，宾夕法尼亚州费城市的赛珍珠基金会，纽约哥伦比亚大学，芝加哥大学，加州斯坦福大学。

兰道夫–梅肯女子学院将支付您从上海来美国西弗吉尼亚州林企堡市的往返机票，以及您在这个国家逗留时所需的其他费用。我们将安排您乘坐从上海飞往纽约，以及从旧金山或洛杉矶返回上海的航班。

我们十分期待您对我们学院的访问。

Pearl S. Buck Centennial Symposium
Building Bridges Between Asia and America

Schedule of Events

Thursday, March 26, 1992

2:30 p.m. Registration begins, continuing throughout the Symposium

3:30 p.m. *Years Around the Even Post: Pearl S. Buck '14 and Her Alma Mater*
Joy Abbot '92

4:30 p.m. **Informal Reading from Buck's Work**

5:45 p.m. Dinner

8:00 p.m. *Pearl S. Buck and the American Quest for China*
James C. Thomson, Jr., Professor of International Relations, Journalism and History, Boston University

Friday, March 27, 1992

9:00 a.m. *East Wind/West Wind: Pearl S. Buck and International Thought*
Donn Rogosin, General Manager, WSWP-TV, Beckley, West Virginia

10:45 a.m. *Pearl S. Buck's Work on Film*
James L. Hoban, Jr., Associate Professor of Communication, R-MWC

11:45 p.m. Lunch

1:15 p.m. **Presentations by Winners of the Essay Contest**

2:30 p.m. **Panel: Buck's Philanthropic Heritage**
Welcome House: A Forty Year History
Peter Conn, Professor of English, University of Pennsylvania, and Vice President of Welcome House
East/West Ties: Amerasian Children and the Work of the Pearl S. Buck Foundation
Grace C. K. Sum, Executive Director, Pearl S. Buck Foundation

3:30 p.m. *Buck's Writings on Handicapped Children*
Deborah Clement Raessler, President of the Association for Retarded Citizens--Central Virginia

4:30 p.m. **Informal Discussion: Personal Reminiscences**
Robert Jacobson, Attorney-at-law
William F. Quillian, Jr., President of R-MWC, Emeritus
Louise White Walker '41

6:00 p.m. Dinner

8:00 p.m. *Trickster Myth, Trickster Reality*
Maxine Hong Kingston, Visiting Writer

Saturday, March 28, 1992

9:00 a.m. *Teaching Buck to High School and College Students*
Betsy F. Sayre, Pearl Buck Scholar and Professor Emerita, The College of West Virginia

10:15 a.m. **Panel: Historical Views**
Pearl S. Buck in Search of America
David D. Buck, Professor of History, University of Wisconsin-Milwaukee
Pearl S. Buck and American Women's History
John d'Entremont, Associate Professor of History, R-MWC
Pearl S. Buck's Critique of America in China
Charles W. Hayford, Independent Scholar

Noon Brunch

1:30 p.m. **Panel: Buck as a Writer**
Pearl S. Buck: The Novel as Epic
Pradyumna S. Chauhan, Professor of English, Beaver College
Pearl S. Buck and American Literary Culture
Peter Conn, Professor of English, University of Pennsylvania
Who's Afraid of Pearl S. Buck?
Jane M. Rabb, Instructor, Adult Education Programs, Harvard and Radcliffe

3:30 p.m. **Panel: Chinese Perspectives on Buck**
A Chinese View of Pearl S. Buck after Fifty Years
Hsu He-Ping, Independent Scholar
Pearl S. Buck's Reception in China Reconsidered
Liu Haiping, Dean of Foreign Languages, Nanjing University

Films and Exhibits
Film adaptations of Buck's novels
Years Around the Even Post: Pearl S. Buck and Her Alma Mater
"Love as Always": Letters from Pearl S. Buck to Emma Edmunds White '14
Pearl S. Buck Manuscripts
Pearl S. Buck, Author and Humanitarian
Japanese Prints from the Margaret H. Wright Collection

All lectures, films, and exhibits are free and open to the public.

This Symposium is supported by the Virginia Foundation for the Humanities and Public Policy and is presented as a public service.

“赛珍珠百年诞辰讨论会”日程计划

赛珍珠百年诞辰研讨会日程表

1992 年 3 月 26 日（星期四）	
下午 15：30	**参观与座谈：**赛珍珠在兰道夫-梅肯女子学院的学生时代 主持人：佐安·阿伯特（1992 届学生）
下午 4：30	**非正式赛珍珠作品朗读**
晚上 8：00	**研讨会开幕式讲话** 詹姆士·汤姆森博士（波士顿大学国际关系、新闻及历史学教授） 题目：赛珍珠和美国人对中国的探索
1992 年 3 月 27 日（星期五）	
上午 9：00	**放映赛珍珠生平传记影片：**介绍和座谈 主持人：道恩·罗格辛博士（西弗吉尼亚州公众广播电视台制片人） 题目：东风·西风——赛珍珠和国际思想
上午 10：45	**报告发言：**电影中的赛珍珠作品 发言人：詹姆斯·哈邦（兰道夫-梅肯女子学院传播学教授）
下午 13：15	**学生座谈会：**赛珍珠生平和工作论文比赛获奖者的简要陈述
下午 14：30	**主题：**赛珍珠的博爱思想遗产 1. 发言人：彼德·考恩（宾州大学英语系教授、"欢迎之家"副总裁） 题目："欢迎之家"之四十年历史 2. 发言人：沈志洁（赛珍珠基金会理事长） 题目：东西方的联系——美国儿童和赛珍珠基金会的工作
下午 15：30	**主题：**赛珍珠的作品和残疾儿童 发言人：德卜拉·莱斯勒（患痴呆症公民协会中部弗吉尼亚分会主席）
下午 16：30	**主题：**个人回忆和非正式讨论 1. 发言人：罗伯特·杰科布森大法官 2. 发言人：威廉·奎里安（兰道夫-梅肯女子学院退休院长） 3. 发言人：露依丝·怀特·沃克（兰道夫-梅肯女子学院 1941 届学生）
晚 20：00	**讲座与阅读** 发言人：马克辛·洪·金士敦（作家） 题目：骗子的神话，骗子的事实
1992 年 3 月 28 日（星期六）	
上午 9：00	**主题：**为教师们所作的介绍 发言人：贝茜·赛丽（贝克利学院英语系助教） 题目：培养赛珍珠成为高中和大学学生

续表

1992 年 3 月 28 日（星期六）	
上午 10：15	**主题**：赛珍珠的生平和赛珍珠时代——历史性的透视 1. 发言人：大卫·布克（威斯康星大学密尔沃基分校历史学教授） 题目：正在寻找美国的赛珍珠 2. 发言人：约翰·艾德蒙特（兰道夫-梅肯女子学院历史学助教） 题目：赛珍珠和美国妇女史 3. 发言人：查尔斯·哈佛特（独立学者） 题目：赛珍珠和美国对中国的印象
下午 13：30	**主题**：文学批评座谈会——作为一位作家的赛珍珠 1. 发言人：帕立德曼·乔汉（贝佛利学院英语系教授） 题目：赛珍珠——史诗般的小说 2. 发言人：彼德·考恩（宾州大学英语系教授） 题目：赛珍珠和美国的文学创作 3. 发言人：简·瑞博（瑞得克利夫学院研究班教师） 题目：谁在害怕赛珍珠？
下午 15：30	**主题**：关于赛珍珠的中国观点 1. 发言人：徐和平（独立学者） 题目：50 年后一位中国人对赛珍珠的看法 2. 发言人：刘海平（南京大学外文系主任） 题目：中国对赛珍珠其书其人的再认识

1992 年 3 月，我和刘海平教授按计划参加了兰道夫-梅肯女子学院举办的赛珍珠百年诞辰纪念研讨会。刘海平以“中国对赛珍珠其书其人的再认识”为题在研讨会上发言。关于此次会议的情况，刘海平还整理了一篇《当代人眼中的赛珍珠——赛珍珠百年诞辰国际研讨会记》，对研讨会进行了概述，该文后发表在南京《当代外国文学》1993 年第 1 期上。

南京大学外文系英文专业主任刘海平教授发言

美方将刘海平与我的发言以“关于赛珍珠

的中国观点”为题在日程表中注明。我到美国参加会议时向研讨会提供了发言文稿。因篇幅略长，在美方的建议下，3 月 28 日实际发言时以原发文稿的后半部分为主做了节选，现将原标题的全文整理如下。

赛珍珠和她的“中国故乡”镇江

尊敬的琳达·考·洛里玛院长，

尊敬伊丽莎白·丽柏科姆教授，

女士们、先生们：

首先，请允许我向兰道夫–梅肯女子学院院长琳达·考·洛里玛女士和伊丽莎白·丽帕科姆教授致以诚挚的谢意。感谢你们为我提供了这个机会。我很荣幸地向你们谈谈赛珍珠女士和她的中国故乡镇江的情况。

一个多世纪前的 1880 年，赛珍珠的父亲赛兆祥（Sydenstrick）和母亲凯丽受美国南方长老会派遣来中国。1891 年，他们回美国老家弗吉尼亚州的赫尔斯保罗镇休假。在此期间，他们的又一位女儿于 1892 年 6 月 26 日出生。父母给孩子起名帕尔·赛登斯特里克·康芙特，并巧妙地将其译成一个很贴切的中国名字：赛珍珠。赛珍珠出生仅三个月便随父母来到中国镇江，在这里度过了她的童年和少女时代。

徐和平作为来自中国镇江的独立学者发言

镇江位于扬子江与古运河交汇之处，沪宁铁路贯穿东西，现有人口40多万。19世纪及之前的镇江，是中国南方与北方、内陆与沿海地区的十字路口，这儿历史悠久、商业繁荣、文化发达，是长江下游著名的通商口岸和古代中国对外文化交流的通道。公元7世纪至10世纪的日本遣隋使、遣唐使，13世纪的意大利旅行家马可·波罗和阿拉伯商人，15世纪至18世纪的欧洲传教士等，都曾云集此地。鸦片战争后，这座城市成为一个典型的半封建、半殖民地式的商埠。

在这座扬子江边的古城里，赛珍珠生活在一个除父母和极少数白人以外到处都是中国人的世界里。当时镇江城西的江边有一个英国租界，在镇江的大部分白人都住在里面，平时中国人不得随意出入租界。只有少数几个白人家庭愿意住在租界外面的中国人居住区，赛珍珠的家庭即是其中之一。这样的生活环境给她的成长带来了意想不到的好处。

赛珍珠家居住的那座矮砖木房子坐落在城西丘陵地带宝盖山旁的山坡上，山下和周围都住着贫穷的中国农民。赛珍珠的父母让赛珍珠从小就与中国佣人及农民的孩子一起玩耍。由于这个缘故，她在能讲英语前就会牙牙学语地说中国话了。

小时候，赛珍珠和中国儿童一起在门外的草坪和山坡上玩“过家家”和“官兵捉强盗”的游戏。每当山下的小贩挑着麦芽糖担子，敲着小铜锣走过时，她都会停下手中的事，跑下山去买上一块吃吃，那味道真是美极了！

春天，她和小伙伴们把芦苇秆剖成片，用红绿纸和糨糊做风筝，然后整天在山坡上放风筝，那巨龙风筝、三十只脚的蜈蚣风筝，还有宝塔风筝，要十几个人帮忙才能放上天。

过年，她和中国孩子一样兴奋不已。那些中国江南的精美食品，每一道都做成特别漂亮的动物和人物形象，令她惊喜不已，有时都舍不得去吃。元宵节晚上，佣人们给她做兔子灯、小马灯、荷花灯、西瓜灯、蝴蝶灯。她和伙伴们挑着灯在黑夜里走来走去，高兴万分。

童年时代的赛珍珠还常去听说书人讲故事，看江湖艺人在附近寺庙广场上演戏。这使她熟知中国历代的英雄豪杰。她父母常教孩子们要像对待客人和长辈那样有礼貌地对待佣人。小时候，赛珍珠常在晚上坐在佣人房内逗他们的孩子玩，听他们用笛子、二胡演奏民间音乐。老厨师会看书，常给她讲过去的故事。

赛珍珠自幼由王阿妈抚育长大。王阿妈很会讲故事，她给赛珍珠讲自己幼年遇到的饥荒、水灾、盗匪、穷人造反、劫富济贫的故事。赛珍珠爱听她讲，日积月累，赛珍珠自己的讲故事、编故事、写故事的能力也由此得到了锻炼。

年龄稍大一些时，她父母请来一位孔姓秀才，辅导她读四书五经等文言文。此后她的中国语言知识更加丰富。她读了那么多中国小说：《水浒传》《白蛇传》《太平广记》《教坊记》《西厢记》《三国演义》《红楼梦》《封神演义》《西游记》《儒林外史》《野叟曝言》《镜花缘》《金瓶梅》。这使她对中国传统文化特别是中国古典小说有了广泛了解。

赛珍珠从小便能从生活中体会到洋人的侵略、压迫造成了中国人和洋人之间的矛盾。她的中国小伙伴们常能从长辈们的谈话中知道大人的思想，并把这些思想告诉她，从而使赛珍珠了解到在中国人脑海深处，那些西方洋人是潜在的敌人。当她一个人走在镇江的街上时，一些中国小孩就朝她做鬼脸，叫她“洋鬼子”。义和团运动的爆发使她更深深地感受到中国人对“白人强盗”压迫的仇恨。她痛苦地感到“尽管我们清白无辜，却不得不为那些白人强盗的罪恶承担责任”。

1905年，她十三岁时，正值苏北遭受严重水灾，灾民纷纷渡江逃难，镇江城内外挤满了灾民。此时正逢沪宁铁路打通镇江宝盖山隧道工程，官府实行以工代赈，组织灾民挑土。众多灾民就在宝盖山下搭棚栖居，在饥寒中糊口度日，时达三年。赛珍珠亲眼所见，同情之心油然而生。她清楚地记得当灾民和他们的孩子上门乞讨时，她父亲将自己唯一的新棉衣送给他们，自己找出一件旧棉衣让妻子缝补后穿着过新年。

几十年后，当赛珍珠回忆起这段在镇江的童年生活时，她写道：“就这样，我在一个双重的世界里成长了。当我在中国人世界里时，我就是一个中国人。我讲中国话，像中国人一样做事，和他们吃一样的东西。我分享着他们的思想和感情。当我在美国人世界时，我就关上这两者之门。从出生和血统上讲，我是美国人。从选择和信仰上讲，我是一个基督徒。但是从我的生活岁月和从感情上来讲，我是个中国人。许多中国人都对我说

‘你就是一个中国人’”。

1907年，赛珍珠十五岁时，她离开镇江去上海一所教会学校念书。1910年，她进入美国兰道夫–梅肯女子学院接受大学教育。1914年她毕业于此，获得心理学学士学位。随即她返回了镇江，一边照顾病中的母亲，一边在两所教会学校教英语。这时，她家原先所住的矮平房早已被拆建为一所学校的两层校舍。她家迁入润州山上新建的一座两层的西弗吉尼亚风格的青砖楼房。宝盖山上的崇实女子中学建于1884年，据说是中国第一所教会女子中学。赛珍珠在那儿任教时教学方法生动。据她的如今已年逾九十的学生尹珍珠回忆，赛珍珠用讲故事的形式教学生学英语，学生爱听她的课。经她教的学生英文成绩均达优秀。在另一所教会学校——润州中学，她教的学生已不是儿童，都是高年级男生。由于中国传统盛行早婚，许多男生已结婚，有人还有了孩子。当时赛珍珠并不比他们大多少。她认真地备课上课，就学生们感兴趣的又有一定难度的问题用英语问答、练习听说，收效颇佳。

1917年5月底，她二十五岁时和美国农学家布克先生结婚。婚礼在她家房前的常春藤、葡萄架下举行，许多朋友前来参加。几年前笔者曾采访一位家住润州山下、现已去世的年逾八旬的老人，他尚能回忆起那次“洋人赛先生女儿结婚的排场”，当时他还是个少年。婚后赛珍珠随丈夫去安徽省北部的宿县，在那儿的一所教会学校教书。1921年她随夫移居南京，先后在国立中央大学、金陵女子大学、东南大学教英国文学，直到1934年离开中国回美国定居。

1921年，她母亲因病在镇江逝世。赛珍珠将母亲安葬在镇江后，返回南京。为怀念母亲的养育之恩，她动笔将母亲的一生遭遇都写了下来。母亲的传记完稿后，她自己感觉还好，不想停笔。她要将自己在中国二十多年生活中的所见所闻写下来，介绍给美国人民和西方读者，就这样她开始了自己的写作生涯。

她获诺贝尔文学奖的小说《流放》《东风·西风》《大地》《儿子们》《分家》《母亲》《战斗的天使》皆在南京生活期间完成。赛珍珠前后在中国生活了三十多年，在中国开始进行文学创作，应该说，她在镇江的十八年生活打下了她人生最初的和最坚实的基础，这一期间的生活给她留下了终生难忘的印象。她接触的形形色色的中国人、耳闻目睹的当时中国社会的种种现象，后来都成了她文学作品中生动的写作素材。中国人的勤劳、善良、友好，以及他们长期受封建主义压迫、帝国主义侵略欺侮的苦难经历，使她产生了对中国和中国人民的诚挚而炽热的感情。她不仅把这种感情写进了她的小说，还时常溢于言表。

1938年，她在接受诺贝尔文学奖时动情地说："多少年来，中国人民的生活也曾经是我的生活，以后永远是我生活的一部分。这一点不讲出来，我就会于心不安。我的祖国（美国）和我的第二祖国中国，其人民的心灵在很多方面有相通之处，其中最重要的是他们都酷爱自由。全体中国人民目前正在进行着有史以来最伟大的斗争——争取自由的斗争。我从未像现在这样对中国充满了敬仰之情，因为我看到它正在团结它的各族人民向威胁其自由的侵略者进行着殊死搏斗。这种争取自由的决心，深刻地讲，正是中国人的基本特性。有了它，我深信，中国是不可战胜的。"

赛珍珠发表以上讲话之时，正是中国抗日战争进行到最艰苦阶段之时，也是希特勒法西斯主义恐怖横行欧洲之际。她敢于在世界文坛之巅公开抨击希特勒在亚洲的盟友日本帝国主义，这需要何等的勇气！没有对中国人民的深厚感情和与中国人民共同分担忧患的信念，她就不可能有如上果敢言行！追根溯源，我认为，她的这种对中国人民友好而深厚感情的基础主要来自她在中国故乡镇江的十八年生活。

赛珍珠一生写了一百多部小说，其中大多以中国为题材。她用英文写就的中国题材小说有两个显著特点：一是她写中国，不是用"白人强盗"藐视黄种人的眼光来写；二是写作风格模仿中国古典小说。

她把中国文化和中国人民介绍给美国等西方读者。她用她的小说在美国等西方国家读者心目中树立起了对中国人民的不可动摇的良好信念。这种良好信念虽然经受了世界政治和意识形态几十年的反反复复，但依然如故。由此，她也在美国文坛和世界文坛上留下几个记录。

（1）没有一位美国作家曾像她那样在中国生活了如此长时间，接受了如此多而全面的中国文化熏陶，写出了如此多的中国题材小说。

（2）她是美国文学界唯一一位集普利策奖、豪威尔勋章和诺贝尔文学奖三项大奖于一身的女作家。

（3）她的《东风·西风》《大地》《儿子们》《分家》《母亲》五部书是诺贝尔文学奖获奖小说中迄今为止仅有的中国题材小说。

我们有理由认为，是中国故乡的生活和中西方文化培育了赛珍珠，造就了她的文学杰作。对于这一点，她在获诺贝尔文学奖后以大部分西方读者知之甚少的“中国小说”为题目所做的演讲中说：“我在考虑今天讲些什么时，觉得不讲中国就是错误。……我最早的小说知识，关于怎样叙述故事和怎样写故事，都是在中国学到的。今天不承认这一点，在我来说就是忘恩负义。”这是多么坦诚的自白。她的王阿妈、老厨师、花匠、孔秀才和我们尚不知道的她那些良师益友们如果能听到这番话语，也该含笑于九泉之下了。

五十多年过去了。中国发生了翻天覆地的大变化。封建、贫穷、落后、遭受帝国主义侵略欺侮的旧中国早已被自由、繁荣、进步的新中国所取代。在思想解放和改革开放政策指引下的中国，赛珍珠和她的事业被人们重新注视、重新评价。值得一提的是，这项工作正是从她的中国故乡镇江开始的。

1992 年美国兰道夫-梅肯女子学院“赛珍珠百年诞辰研讨会”的论文集

1991 年 1 月，五十多年来中国第一次举办的赛珍珠文学创作讨论会在镇江召开。数十名来自北京、上海、南京、镇江的中国学者、记者参加了讨论会。会议受到中外新闻媒介的关注和报道，它们称“举行这次讨论会对于准确、全面、公正地认识、评价赛珍珠，促进中美文化交流，不无裨益”。

与此同时，由镇江市与其美国友好城市——亚利桑那州坦佩市共同投资修复的赛珍珠故居也已修葺一新，并将于今年夏末秋初正式对外开放。

我相信，历史会客观地承认赛珍珠在中美文化交流和东西方文化交流中的贡献。由中美两国文化界朋友（包括赛珍珠在内）开创的文化交流事业必将继续得到健康发展。

最后，我作为中国镇江人，欢迎各位到赛珍珠的中国故乡——镇江来参观旅游。

附：

当代人眼中的赛珍珠

——赛珍珠百年诞辰国际研讨会记

刘海平

1992 年三月底、四月初，美国西弗吉尼亚州的小镇林奇堡（Lynchburg）已是春意盎然。暖暖的太阳，柔和的微风，星星点点的白色小别墅周围的绿草地，不时散发出阵阵清香。草坪上，小松鼠自由自在地争相觅食。稍远处，花卉似锦，树叶滴翠，树上的鸟儿千声百调，不绝于耳。

镇边上古堡风格的兰道夫–梅肯女子学院里幽静的校园，这几日人声鼎沸。来自亚洲、欧洲和美国各地的几十位学者、数百名校友和近千名在校师生，正参加该校主办的大型国际研讨会，纪念该校 1914 届毕业生、著名的人道主义活动家、1938 年诺贝尔文学奖得主赛珍珠的百年诞辰。那几天，《华盛顿邮报》《洛杉矶时报》等分别刊登了长篇文章，纪念这位出生在美国、成长在中国的文化名人。西弗吉尼亚州公共电视台还制作了有关她的生平和事业的文献影片《东风 · 西风》。宾州大学英语系彼德 · 考恩教授正在撰写一部新的、从文化层面切入的大型传记《赛珍珠》。马歇尔大学和赛珍珠基金会隔不多久也举办了研讨会和报告会等活动。

兰道夫–梅肯女子学院这次为期三天的研讨会，会场设在有着千把个座位的大礼堂里。大部分时间礼堂都是座无虚席。第一天晚间开幕式上作主旨发言的，是赛珍珠在南京金陵大学任教时的邻居、化学系汤姆森教授的小儿子詹姆士。他现任哈佛大学费正清研究所研究员。在题为《赛珍珠及美国对中国的寻求》发言中，他指出美国对中国的寻求实际上包含了美国对赛珍珠的寻求与再发现。发言简单回顾了中美关系的曲折发展过程：十八世纪创立美国的国父们对强盛的中国王朝充满敬意。十九世纪美国把中国人看作异教徒，把在美国的华人劳工当作是对美国社会的威胁。二十世纪初中国推翻清王朝统治，美国视之为仿效美国民主，继而把中国看作监护的对象。中美关系在蒋介石上台时达到热点，美国一度对他寄予厚望，但希望很快变成失望。同时，美国又把中国共产党看成是斯大林扩张主义的工具。待尼克松访华和美中恢复邦交关系时，美国人曾蜂拥般来到中国。而1989年的政治风波又使美中关系落到低谷，似乎中国或中国领导人突然变坏了。汤姆森认为应该在这样的历史背景上来考察赛珍珠对中国的认识。

汤姆森回顾了赛珍珠在中国成长时期所受的影响后着重指出，她跟第一位丈夫洛新·布克的婚姻虽不美满，但使她有机会在淮北跟大量中国农民直接接触。不畏困苦、顽强奋斗的中国农民给她留下了永生难忘的印象，对她后来的创作和对中国的看法具有最为深刻的影响。赛珍珠热爱中国，视中国为第二故乡。但她害怕革命，害怕打乱旧秩序。她认为家庭、村落、宗族纽带的破裂会使中国陷入混乱与灾难。她敬佩中国农民而瞧不起主张仿效西方的中国知识分子，她指责城里的知识分子漠视农民的疾苦。

汤姆森教授指出，1935年赛珍珠离开中国到美国定居后的前二十年里，她成了美国最受欢迎的中国问题评论家。她的评论散见于她那一百多部著作、成千次讲演和近十部电影之中。五十年代，一位叫哈罗德·伊扎克的人，曾对赛珍珠的影响在许多新闻工作者中做过抽样调查。在被调查的人中，有一半以上听到“中国”这个词时脑子里产生的自由联想是“赛珍珠”，以及她作品中刻画的勤劳奋争的中国农民形象。汤姆森认为，尽管赛珍珠对中国的有些看法，特别是她对旧秩序的怀念和对新变革的担忧，也许是错误的，但她把中国农民带到人们意识的前沿是完全正确的，也是十分重要的。“她所认识的中国今天仍然存在。”

哈佛大学成人教育学院珍妮·雷帕博士的发言题为“谁怕赛珍珠?”。雷帕对过去的二三十年里美国文学评论家及女权主义运动对赛珍珠的研究之少表示十分惊讶。她认为当前的这种冷落和蔑视起因于某种害怕。那么，究竟是谁害怕赛珍珠呢？雷帕认为首先是与赛珍珠同时代的文学界的当权者，即那些由名学者、名教授和名作家构成的文学评论家们。那时，这些人几乎全是男性。他们的评论又影响了下一代人——包括女权主义者——的阅读与思考。那些文学当权者们究竟怕什么，以及为什么怕呢?

雷帕认为，整个三十年代美国绝大部分文人，跟成千上万的普通读者一样称赞《福地》（1931，又译《大地》）一书，并称颂经改编后搬上纽约百老汇剧院舞台的演出本（1932）以及 1937 年完成并获奥斯卡奖的同名电影。那时大家觉得赛珍珠这位身在他国传教的年轻勇敢的母亲值得称道：她部分地是为了稿费——以使自己患智障的女儿能得到较好的料理——而创作并发表这本书的。当这位已经成名而富足的妇女移居美国，与前夫离婚而改嫁给她的出版商，并每年能出一至五本书的时候，文学界的权贵们对她的态度就完全变了。他们对她的反感在她被授予 1938 年度诺贝尔文学奖时达到了顶峰。

尖锐批评甚至敌视赛珍珠的原因似乎不少。一些美国人认为赛珍珠大部分时间生活在中国，因而不是“真正的美国人”。而许多中国人，特别是中国知识分子，则因为她在关于中国的作品中赤裸裸地描述贫困、愚昧和肮脏，并获诺贝尔奖而感到窘迫和愤愤不平。另一些人认为她的作品太表面化、太“通俗”，赚了太多钱。一些不是那么多产、不是那么成功的作家对赛珍珠的成功感到不满与惧怕，因为她的成功似乎是对他们的事业的嘲笑。最后，那些男性批评家和教授们，反对把既有名又有利的诺贝尔文学奖授给一个两次结婚，并领养了一大群孩子的妇女。他们怕妇女读者仿效她并作为生活榜样。为了得到公正的评论，赛珍珠一度使用“约翰·赛吉斯”这一男性笔名，被发现后，评论家并未因此而同情她的处境。

雷帕认为评论界忽视赛珍珠的另一个原因，是她那流畅明快的文笔不适合作为他们文学批评新方法论（新批评主义或解构主义等）的分析对象。这也是她的作品在战后没被列入大学文学课教材的一个原因，尽管她在学校之外的读者千千万万。

雷帕认为诺贝尔文学奖确实在赛珍珠生活中构成了一个分水岭。在此之后，她生活的根本目标是当个伟大的妇女，而不一定当伟大的作家。在文学上她自觉地接受中国“文以载道”的思想，她甘愿当个杰出的教育家而不是杰出的艺术家，她以创作来娱乐及教育普通读者，而不追求艺术上的创新。这一做法使她成为世界上作品被翻译最多的作家之一，为她带来了不少的财富。但同时也使她失去了在文学界权贵们心目中的地位。她因而被指责为“出卖”了自己的创作灵魂。赛珍珠的作品战后被排除在大学文学课堂之外，也许是当今女权主义运动不提到她的原因。赛珍珠其实可以成为女权主义的英雄人物，是位地地道道的“女强人”。远在贝蒂·福里丹之前，赛珍珠在她 1941 年出版的《论男人与女人》一书中，早就对美国妇女在社交活动中浪费自己的才智感到悲哀。而那些女权主义活动家把注意力集中在她们在大学里所读过的那些女作家身上。这些女作家跟既有名望又有钱、既结过婚又有子女的赛珍珠很不相同。她们通常独居，即使结了婚，一般也没有子女；她们只为一小部分读者创作为数不多的作品，书中所谈大多是她们的个人感受而不是民众关心之事。

最后，雷帕认为那些崇敬赛珍珠，想改善她受冷遇的状况的学者也有怕赛珍珠的原因，因为他们也许是在用自己的声誉和事业来冒险，有一百多本赛珍珠的作品和无数的演讲稿要阅读；想熟悉赛珍珠经历过的环境还得到国外旅行考察；要理解她作品的结构、风格和成就，还必须了解中国小说、钦定本《圣经》、英美经典小说，以及其他不同体裁的自传、传记、小说、散文、诗歌、电影和舞台脚本等等，确实是一项十分困难与艰巨的工作。

印度学者帕拉迪姆那·乔汉的发言题为《赛珍珠的史诗小说》。他认为读赛氏的三部曲自然会感受到一种恢宏的气势。她的作品构建了一个文学空间，让那些占人类总数近一半的不善言辞的农民，通过表演勾绘出他们贫苦生活的真实面貌。读《福地》犹如在外层空间俯视一群凡夫俗子为生存而终日奋争，而他们赖以生存的地球则只管自己在转动，有时烈日焦土，有时洪水泛滥，偶尔还有虫灾骚扰。赛珍珠的文学叙述不但成功地塑造了一群典型的中国人物，而且使读者产生生活在旧王朝与现代国家更替变换时期的一种身临其境的逼真感。更为重要的是，还使读者感悟到生命的轮回反复。这些都是史诗作家的天赋才能。

乔汉最后说，把赛珍珠的三部曲等同于通俗小说是恶作剧。她写的是部恢宏的史诗，写的不仅仅是三代人的生活，而且是整个中国，或说整个人类的生活。如果我们能像阅读其他经典著作一样来阅读这些小说，我们会发现它们属于文学最伟大的传统：不受羁绊的想象力负载着一段有着强劲生命力的永恒的故事。

在大会上作特邀发言的还有：宾州大学的彼特·考恩教授（《赛珍珠

与美国文学传统》）；伦道夫-梅肯学院的詹姆士·何帕副教授（《改编成电影的赛珍珠小说》）；西弗吉尼亚学院的贝茜·萨埃教授（《课堂中的赛珍珠》）和约翰·翁特芒副教授（《赛珍珠与美国妇女史》）；威斯康星大学历史教授及《亚洲研究》主编戴维·帕克（《赛珍珠对美国的寻找》）；著名亚洲史学家查尔斯·海渥德（《赛珍珠在中国对美国的批评》）；弗吉尼亚弱智者联合会主席黛波拉·拉斯勒（《赛珍珠有关智障儿童的创作》）；赛珍珠基金会执行主任格雷丝·孙（《东西方的纽带：美亚混血儿童与赛珍珠基金会的工作》）；中国的学者在大会上作了《赛珍珠在中国的接受情况再审视》以及《中国的看法》。著名美籍华裔女作家马克辛·洪·金斯顿也作为特邀代表在大会上谈了她的新作构思。

应邀参加研讨会的还有中国社科院美国所前所长资中筠女士以及七八位在美国攻读博士学位、正在或打算以赛珍珠为题撰写论著的中国留学生。

（该文原载《当代外国文学》1993 年第 1 期第 174—176 页，由于存在英文中译的不同，文中的题名、人名的中文翻译存在与本书其他部分文字的差异）

七、美国寻踪

访问赛珍珠诞生地

1992年3月29日，赛珍珠百年诞辰纪念活动刚结束，西弗吉尼亚州公共电视台台长道恩·罗格辛先生即亲自驾车陪同刘海平先生和我去250公里以外的西弗吉尼亚州的赫尔斯保罗镇（Hillsborough，West Virginia）。那里是赛珍珠的出生地及故居所在地。1892年6月26日，赛珍珠即诞生在该镇一座乳白色的二层小楼里。

这栋建筑至今保存完好，是西弗吉尼亚州历史性文化建筑，对公众开放。据管理该建筑的赛珍珠诞生地基金会会长瑞克丝女士介绍，自故居1974年修复开放以来，每年有数千名学生和旅游者前来参观。

1892年6月26日，赛珍珠诞生在赫尔斯保罗镇的这所房子里

当我看到这座典型西弗吉尼亚乡村风格白色两层木结构小楼时，感觉是那么熟悉和亲切。它和我们镇江市保存的赛珍珠故居在外形与风格上极为相似。整个房屋的建筑是地上两层、地下一层，地下的一层是餐厅、厨房、储物间，地面的一层是起居室、书房、赛珍珠祖父母的卧室，二层是赛珍珠父母和孩子们的卧室。

赛珍珠出生的房间是二楼右侧最里面的一间，一个婴儿摇床就摆放在她母亲的睡床旁边。现在，我站在这位伟大女性生命诞生之处，不禁感慨历史的时空似乎并不那么遥远，100 多年在历史的长河中也仅仅是一瞬间。

当年赛珍珠用过的婴儿小摇床仍旧陈列在故居中

其实，赛珍珠出生三个月后即被父母带到中国，并长期在长江与古运河交汇处的古城镇江生活。从婴幼儿时期开始，真正天天陪伴赛珍珠的是中国的保姆王妈妈。她生活与成长在王妈妈及家中佣人们的语言环境中，所以牙牙学语时，她可能最先会讲的是镇江话。九岁时，她曾与父母回美国探亲。17—21 岁时，她在兰道夫-梅肯女子学院上学。那时每逢暑假，她都回赫尔斯保罗镇的老家度假，她的卧室就在二楼的左侧。她曾在自传中回忆，放暑假时，她常坐在二楼阳台上，一边看书，一边摘着阳台栏杆上缠绕着的葡萄枝上的果实吃，惬意极了。那株百年葡萄至今仍枝叶繁茂，郁郁葱葱。阳台左侧还长着一棵大枫树，瑞克丝女士说那是赛珍珠父母早年回美国探亲时带回的中国树种，现在已有百年历史。

丹徒县东乡长老会赠送给赛珍珠的父亲赛兆祥的锦幛

最使我感到惊讶和意外的是在一楼起居室里挂着一面簇新的红缎锦幛，上面镶贴着“爱人如己”四个中文金字，锦旗的抬头是“兆祥牧师 旋里之庆”，落款是“大港大路镇、姚家桥、武家桥、油坊桥 长老会仝赠”。这是故居里唯一一件有关赛兆祥在中国传教活动的纪念物，也是他早年在镇江丹徒东乡传教时与中国教民友好相处的一个例证。巧合的是，回国后我在所拍摄的几张赛珍珠家族照片中，看到一张赛兆祥与镇江丹徒东乡长老会教徒及当地士绅的合影。照片中前排左起第三位居然是我岳父戴牧云（“文革”前曾任丹徒县大港中学校长）的父亲戴同爵（字达山）。戴同爵老家就在丹徒大路镇，他曾于 1923 年当选为丹徒议事会副议长。我将照片给我夫人和大舅子看，他们都说太像了，非常珍贵。历史的巧合就是这样神奇。

在这面锦幛下方的小书桌上放着一本中文版《圣经》，这是赛兆祥从希腊文翻译过来的中译本。赛珍珠曾回忆她父亲 1880 年到中国传教时，当时的《圣经》中译本错误百出，原因是译者翻译时对希腊文和中文理解不准确。赛兆祥希腊文很好，又在中国传教多年，掌握了中文，还写过一本有关中国俚语的小册子，所以他花了十几年时间重新翻译了《圣经》，并拟自己出钱刊印。赛珍珠母亲还曾为此抱怨过他。

1920 年前后，丹徒县东乡长老会教徒及东乡士绅欢送赛兆祥（二排右 4）返美探亲，前排左三是丹徒县议事会副议长戴同爵

瑞克丝女士说，这座房子在七八十年前曾被赛珍珠外祖父斯图尔特（Stuart）先生出售。1974 年，当时的西弗吉尼亚州州长约翰·洛克菲勒先生决定将这个建筑改为州历史文化保护遗址，如今每年有数千名游客来参观这座故居。

参访存放赛珍珠手稿的威士林学院

1992 年 4 月 1 日早餐后，在小雨夹雪的天气中，西弗吉尼亚州电视台的约翰先生驾车送我去 450 公里外的贝坎南市威士林学院查阅赛珍珠手稿。西弗吉尼亚州多丘陵山地，道路盘曲在山脉与峡谷之间。多亏美国几十年耗费巨资修建的高速公路网，约翰先生开车仅三个半小时就送我抵达目的地。

威士林学院是基督教长老会办的教会学校，前州长约翰·洛克菲勒曾任该学院的院长。1970 年，赛珍珠曾回西弗吉尼亚州两个星期，她访问了该学院及附近一所大学，还发表过演讲。她对故土满怀深情，表示要把许多手稿献给赫尔斯保罗镇，放在她出生的故居保存。但约翰·洛克菲勒认为那儿条件不好，也不能为学生和学者所用，建议赛珍珠将手稿献赠威士林学院，赛珍珠接受了洛克菲勒先生的建议。现在该学院收藏了赛珍珠的大量手稿，并在图书馆专辟一室用于存放这些珍贵手稿，其手稿的数量编号达200多个。

威士林学院图书馆馆长等人陪同笔者查阅赛珍珠手稿

赛珍珠诞生地基金会首任会长、曾任威士林学院图书馆馆长的露西安女士陪同我查阅了这些手稿。我首先看到的是《东风·西风》《母亲》《流放》《战斗的天使》《龙种》手稿，还有这些作品在印刷厂最初的排版清样。这些文稿写作于1925—1935年，全部由赛珍珠亲手在打字机上一一打出，几乎每一页稿纸上都有她用红笔或蓝笔做的词语、句法、标点的修改，这反映出赛珍珠一丝不苟的工作态度。赛珍珠写于20世纪20年代《战斗的天使》《流放》的手稿，以及写于20世纪40年代的《龙种》《我的几个世界》的手稿，都在这里被我查阅到了，但遗憾的是这次没有看到《大地》三部曲的手稿。露西安女士解释说，当初赛珍珠赠送的手稿中就没有这三部书稿，它们可能被收藏在其他地方了。赛珍珠在捐赠时说这儿仅是她所有手稿的百分之八十五。

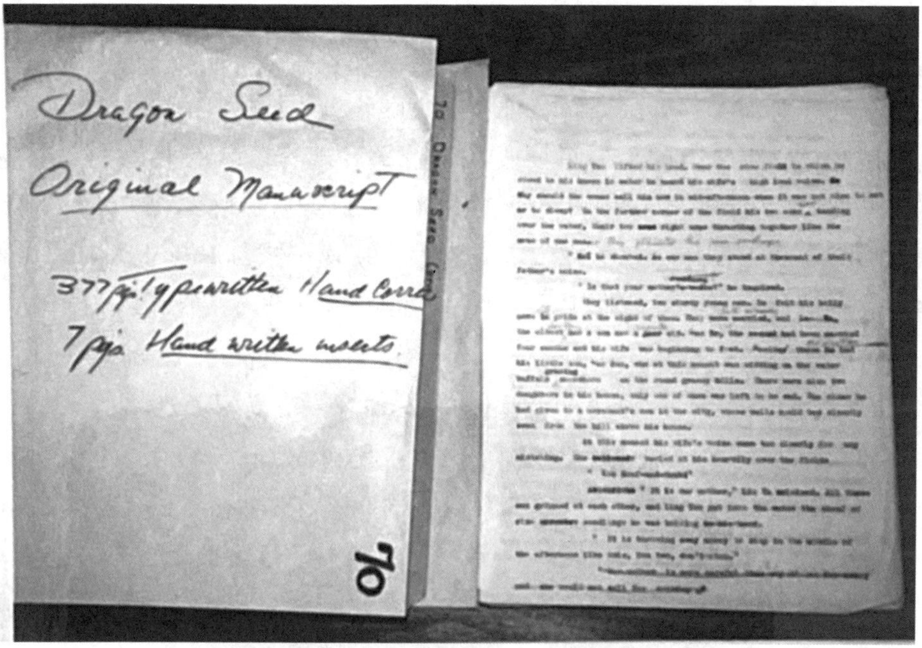

赛珍珠创作《龙种》的手稿

特别有意义的是我在威士林学院图书馆看到了赛珍珠在1933年出版的中国古典小说《水浒传》的英译本手稿。这是中国诸多优秀古典小说中被翻译成外文出版的第一部。赛珍珠为求准确理解小说原意，竭尽全力进行多方考证，还曾数次到国立北平图书馆查阅《水浒传》的不同版本，并经常就小说中的文言文或典故求教于中国学者，其中给她帮助最多者莫过于她在金陵大学期间所聘请的龙墨芗先生。为了便于外国读者更好地理解此书，她采用意识流手法，将书名译为《四海之内皆兄弟》。这部英译本出版后受到西方读者的广泛欢迎，甚至到20世纪七八十年代，美国还在再版《水浒传》的英译本。

关于《水浒传》英译版本《四海之内皆兄弟》的书名翻译，现在看来是可以理解的。但在20世纪30年代，不少中国著名作家和翻译家却对此不以为然，甚至大加笔伐，认为这个书名译法歪曲了《水浒传》的原意，甚为不妥。这使得许多中国评论家也以此为据来否定赛珍珠翻译《水浒传》的努力，赛珍珠向外国读者介绍中国古典小说的积极意义由此被一笔勾销了。几十年后，有研究者对此草率及偏颇的评论反驳道：“敢问近代我国那些翻译家翻译出的那些西方文学名著都那么忠实于原文原意吗？中国人为什么要对别人（外国译者）那么苛求呢？”

威士林学院之行的另一重要收获是首次发现赛珍珠的两件中文手稿。手稿共 22 页，分别写于 1942 年 3 月和 8 月，其中 3 月稿 20 页，8 月稿 2 页，均写在浅黄色横条记录纸上。过去曾有人说赛珍珠会说中文，但不能写中文。现在我看到这两件中文手稿，此前的传言可以休矣。

笔者发现了赛珍珠亲自写的中文手稿

赛珍珠的中文手稿是她应英国 BBC 和“美国之音”广播电台战时华语广播节目的要求所写，实在是弥足珍贵。手稿的中文字体端庄秀丽，在每行字下，赛珍珠还特地用拼音注音。我知道，中国汉语拼音在 20 世纪 50 年代文字改革时期才正式推行，而赛珍珠在 1942 年就已尝试使用。当然她当时用的拼音注音与我们现在所用的还有一些不同之处，但基本可满足外国人拼读汉字发音之用。这在当时对外国人学汉语、说汉语肯定有很大帮助。

赛珍珠所写的中文广播稿（笔者摄于 30 多年前，照片字迹不甚清楚）

1942 年 3 月的这份中文稿内容主要是表达美国人民对中国人民抗日战争的同情与支持。原文如下：

中国的朋友们：

这是赛珍珠 Pearl Buck，从美国与各位谈话。我今天说话不完全站在一个美国人的地位，因为我也是一个中国人。我一生的大半时间都消磨在中国。我生下三个月，就被先父母带到中国去了。我开口说话的时候，又是先说的中国话。我小时跟着父母并没有住过什么通商大埠。十数年间，我们到的地方是浙江、江苏、江西、湖南、安徽、山东各省的小城市小村庄。清江浦、镇江、丹阳、岳州、蚌埠、徐州府、南宿州。这些地方是我最熟悉的。可是我最爱的是中国的农田乡村。以后我长大了，又在南京住了一十七年。我曾亲眼看见南京在几年之内，由一个古老的城市变成一个新式的首都。但是无论我住在什么地方，我与中国人的相处，都亲如同胞，从来没有感到什么异族的隔阂。因为小时候我的游伴是中国孩子。成人之后，来往的又是中国的女士们。现在我人虽已归故国，心却没有忘掉旧日的友朋。精神上与中国仍旧与往日一样的亲切。

所以今天我要从这两种地位说话。我既在中国长大成人，又在美国住了多年，受了双方的教育，有了双方的经验。我觉得我是属于两个国家的。我可以为国家说话。八年前，我回美国来。美国对中国人的观念是怎样的呢？非常的好。我一开口说到中国，他们都点头说：我们喜欢中国人。

一九三七年七月，日本（全面）进攻中国。美国人完全愤恨日本，同情中国。但美国并没有积极地援助中国。这是你们知道的。有时美国人还继续与日本通商往来。甚至于卖给日本种种军火原料。现在这些美国人回想起来，不免惭愧，懊恼他们未能及时了解日本军阀的野心真相。

我必须告诉你们的是当时我见了我第二祖国的中国单独勇猛地抵抗日本，不免窃心自喜。美国人知道当时中国并没有充足的军事准备。他们觉得与久宿野心的日本相对敌，中国是支持不久的，是必会投降日本的。但我以为这是不会有的事。中国绝对不会屈服日本。因为我不能想象到我所认识的那些健壮实在农人，那些稳健的中产商人，那些勤苦的劳工，以及那些奋勇热心的学界领袖，会受日本降伏的。所以在言论上、在著作上，我曾大胆地发表我的自信。我说：“中国人是不会投降的。日本人也不能征服他们。”

起先美国人觉得除非超人，谁能永久地抵抗下去？等到他们看见中国在种种不利的情形下，仍旧继续抗战，又看见大队的民众万里长征向内地迁移，又看见你们受了敌机的轰炸，丧失了无数的人命财物，你们仍没有气馁，而至于想到投降日本。美国人这才渐渐地认识中华民族的伟大。

去年十二月七日，日本袭击檀香山珍珠港以后，个个的美国人从睡梦始醒，于是全国上下，愤怒一时，男女老少人人只有一个思想，如何打倒日本。全国的民众，一日之内，整个地统一。日本弄得美国民众势如一致地反对它。再没有比这个厉害的了。

我在这里，如在中国一样，住在乡下，与农人为邻。因为我相信不问在哪一国，乡下人是最好的。这里乡下的小村庄小市镇，与江苏、安徽两省的不相上下，在这些镇市村庄中的工厂，现在都改作战斗工业。男男女女皆日夜相继地为战用品而工作。他们每人心里只有一个念头：我们必须打胜仗。

三个月以前，我不会相信这一切的变更是可能的事。美国人活泼，喜欢热闹；物质上的享受，又喜欢丰富。今天能不发一句怨言地日夜工作，大家热心，各尽所能来对付这战争。其实也是一件难能可贵的事。

中美是联盟国家。说起来中美的联盟与其他的联盟国家比较起来，似乎更进一步，因为我们两国的民族性有许多相像的地方。美国尚是新进的国家。但是两方民众的心地、性情，是非常地相近。若是我们的言语相通，我们来往是不会有什么隔阂的。我更敢以自己的经验来说，我们人生的观念，直觉是一样的。我们都爱自立，发展个性。我们却恨恶压制，欣赏自由。

所以今天美国民众来以兄弟的至诚对待中国民众，也是一种自然的现象。日前有一汽车夫曾对我说："我很高兴与中国人站在我们这一边。他们是勇敢的战士。我们也是。"举国上下，美国人对中国人，无不表现热忱友爱。

将来战争结束，我们必是最终胜利者。那时我们两国，一东一西，要成为世界上的民主主义的两大领袖。战后与战时一样，我们要站在完全的平等地位。我们今天因战争的需要彼此逐渐地互相合作。将来太平时，我们必须照旧合作下去。因为只有中美的合作，才能达成一个完全自由平等的世界。

1942 年 8 月的手稿有 2 页，形式和内容与 3 月的相当，是赛珍珠为 BBC 和"美国之音"华语特别节目写的序言（该节目内容是向中国人介绍美国社会情况，由八个小节目组成）：

喂！喂！中国么？这是赛珍珠在美国与你讲话。我要告诉你们的是为什么我们要用无线电向你们播音。今天中国与美国是联盟国家。但是我们既不能见面，其他的方法又很少。我们的语言不通，生活的情形也有许多不同。中国是一个老大古国。美国还是一个新进国家。中国有很长的历史。它的文化是自己根生土长出的。美国历史是短的，它的文化的根源也是复杂的。但是我们这两国联盟，有一个相同点，就是我们都信仰自由。我们的信仰既同，我们才同心一力地向我们的公敌作战。

美国是一个什么样的国家呢？美国的基础是造在一个信仰上的。美国的民众是从世界各国迁移来的。他们来的目的，是寻找人类的自由。今天他们的子孙也是抱着同样的思想，……决心不放弃自由。

所以在下几个礼拜中，我们要向你们说一些美国的情形。美国的人民……，我希望你们能了解，如同他们要了解你们一样。Hsieh Hsieh Tsu Wei（谢谢诸位）。

此两件中文手稿不仅在于文字本身的价值，重要的是让我们能够直接了解到赛珍珠当时对中国人民的真实感情和“团结起来共同抗击日本帝国主义的侵略”的主张。赛珍珠是否是中国人民真正的朋友？由这两篇手稿就可以懂得什么是患难知真交。这两件中文手稿堪称中美两国人民友谊的极有价值的历史资料。

参观费城郊区青山农场的赛珍珠故居

1992年的美国之行，参观费城郊区青山农场的赛珍珠故居是重要日程安排之一。赛珍珠1934年返回美国后即一直居住在此，她逝世后的墓地也在此地。

青山农场位于费城西郊的帕卡赛县（Perkasie），从费城开车到此需一个多小时。赛珍珠与第二任丈夫沃希先生结婚后不久，即花费4000多美元买下这一片65英亩的土地及地面建筑，取名青山农场（Green Hills Farm）。农场附近约一公里处有一个小镇名叫都柏林（Dublin）。

4月初的一个上午，我终于来到了这块久仰之地。我首先拜访了赛珍珠最早收养的女儿詹妮丝·沃希，她是赛珍珠基金会主要负责人。1987年夏天她第一次重返镇江，就是刘龙老师和我接待陪同的。我得到了她的热情接待，詹妮丝·沃希称我为“几十年以来，镇江老家来访的第一人”。

这也是我没有想到的，备感荣幸。她仔细询问我参加兰道夫-梅肯女子学院赛珍珠百年诞辰讨论会的情况，包括有几位中国学者参加，会后去了哪些地方参观，收获如何等等。我都一一做了说明。

詹妮丝·沃希对1991年镇江举行赛珍珠文学创作讨论会的情况非常关心，询问都有哪些中国学者参加，以及中国媒体对讨论会的报道与评价。她也看到美国有媒体报道了镇江的讨论会，评价甚高，她说自己感到非常欣慰。詹妮丝·沃希还问我此次到访赛珍珠故居和基金会有什么要求，我表示希望尽可能多看多拍照，把更多的资料带回镇江以供宣传和研究之用。她愉快地表示“这里的一切都对你开放”。随后，她亲自陪同我参观了故居、“欢迎之家”旧址和赛珍珠基金会办公室。

青山农场的赛珍珠故居是一座二层石建筑楼房。一楼有起居室、餐厅、厨房、书房、赛珍珠和沃希先生的办公室，二楼是几间卧室和奖品室。有四处地方给我留下的印象最深。

1992年4月初，青山农场赛珍珠故居外貌，赛珍珠曾在此生活了近40年

一是参观赛珍珠故居一般从厨房进入。这是一个宽敞且通风良好的大房间，赛珍珠经常在这里亲自下厨。有贵宾来访时，她则请厨师代劳，自己担任指挥。厨房里的显著位置放着她收集和编写各种亚洲菜肴的《东方菜谱》。厨房和餐厅之间有一条狭长拱道。餐厅里放着两张大方桌，周围放着几种不同风格的椅子和餐具柜。在一个古色古香的木制茶柜的顶层放着赛珍珠一生最珍爱的物品之一——她家在镇江居住时用过的一把茶壶。

赛珍珠故居的小餐厅（左图）和厨房里摆放的她专门编写的《东方菜谱》

二是故居的两间图书室（书房）。靠墙的书橱里排满了各类书籍，总数超过5000册。这些用多种语言写作的书籍，包括小说、历史、传记、剧本、诗歌集等，题材多样，反映了主人广泛的阅读兴趣。赛珍珠的大书房里有一张“大地”写字桌，桌上放着打字机和文稿，仿佛当年的主人还在写作中。这张写字桌原放于她在南京的家中，赛珍珠就是在这张写字桌上完成了她最著名的《大地》三部曲。1934年返回美国后，她设法将这张有着特别意义与感情的大写字桌运回美国家中。

在另一间略小一些的办公室里，墙上悬挂的由中国著名书法家、谢和赓的父亲谢顺慈老先生的《礼运大同篇》和《爱莲说》书法作品。这个办公室的桌上还放着当年尼克松总统访华归来送给赛珍珠的一套中国传统螺钿漆盒，这套漆盒大小共6个，大盒套小盒，一个套一个。有传闻说这是周恩来总理委托尼克松总统转赠给赛珍珠的礼物，但是否如此尚待考证。

在大书房中间的这张中式写字桌上，赛珍珠完成了《大地》三部曲写作与《水浒传》的翻译

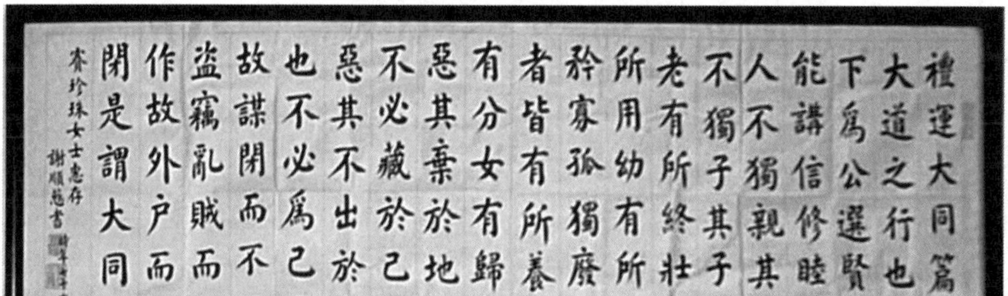

王莹、谢和赓夫妇赠送赛珍珠的《礼运大同篇》书法作品

三是主楼梯顶端连着的一间小“奖品室”，这里保存了赛珍珠荣获的诸多奖章、奖状、奖杯，包括普利策奖证书和诺贝尔文学奖奖章，还有她参加十几个名誉学位授予仪式时穿的博士服，以及五十多个城市荣誉市民的“城市钥匙”。

赛珍珠获得的诺贝尔文学奖金质奖章及 1938 年 12 月 10 日
她与贵宾们共同观看获奖证书的情景

四是在连接“奖品室”与二楼主人卧室的廊道里陈列着的几个玻璃柜，里面陈列着赛珍珠一生所收集的许多来自中国的瓷器、银器、青铜器、玉雕、旗袍、绸缎衣袍、绣花鞋等。这些物件都是中国文化的体现，并伴随着赛珍珠在中国近 40 年的生活，它们都是赛珍珠的最爱。我可以想象，当看到这些物件并触摸它们时，赛珍珠一定会感觉自己仿佛还在中国。

赛珍珠收藏的中国物品是她的中国生活“记忆”，包括儿时的全家照、与母亲合影、
父亲的照片、中式铜制帐钩、手串等，其中几件还是她父母在镇江所用

参观完故居，我迫不及待地要去赛珍珠墓地参谒，詹妮丝·沃希仍旧亲自陪同。赛珍珠墓地位于青山农场的一片树林之中，简约、高雅、庄重。一块一公尺多宽、二公尺多长的芝麻白石材墓碑平放在地面，其上镌刻的是她一生最喜欢的青田石元宝章上“赛珍珠”三个篆体字，充满强烈的中国文化色彩。赛珍珠就静静地安息在此。

我虔诚地对着墓碑三鞠躬，向这位一生都热爱中国的老人致敬，并用她几十年想听而又无法听到的中国乡音——镇江话对老人说：“赛老太太，我是来自镇江的后辈青年。今天我带来了您的镇江老乡们对您的怀念和问候。感谢您多年来对中国的热爱、对中国文化的宣传、对中国正义与进步事业的支持。中国的现在与过去相比，已经发生了翻天覆地的变化。中国大地已经旧貌变新颜。最重要的是，中国人的精神面貌和思维方式也发生了巨大改变。我们去年初在镇江举行了首次赛珍珠文学作品讨论会，许多著名学者参加。他们发表了对您和您的文学作品的积极、客观、公正的评价。那些曾经对您的误解与不公正评价，已经得到很大纠正。您沟通中美文化交流和友好交往的历史功绩，中国人民将铭记在心。镇江市政府和美国坦佩市政府还合作将您在登云山上的故居做了很好的维修保护，并列为文物保护单位。今后将会有许多镇江人和中外访客来此参观，缅怀您对中国人民所做的一切。”

赛珍珠最喜爱这枚元宝形的藏书章，这枚刻有三个篆体字的藏书章最终还盖在了她的墓碑上（右图）

在这次访问中，我向詹妮丝·沃希提出建议，由镇江国际旅行社与赛珍珠基金会合作组织赛珍珠之友访华团，访华团就取名“重返大地——沿着赛珍珠的脚步之旅”。詹妮丝·沃希非常支持，她询问我“重返大地之旅”的路线如何安排。我提出了一个线路供其参考：上海—镇江—南京—北京—西安—广州—香港。她认为这个路线具有代表意义。我返回镇江后，立即做了具体安排，并将详细访华日程和邀请信发给了赛珍珠基金会。当年（1992年）夏秋之际，美国赛珍珠之友代表团20多位朋友就访问了中国，来到了镇江。那几天，我和刘龙老师全程陪同美国朋友们走访了赛珍珠故居、第二中学（原崇实女中）、黑桥、江边码头及其他镇江景点，品尝赛珍珠曾念念不忘的镇江风味佳肴。客人们兴奋地一边参观一边议论，还有人拿着赛珍珠自传《我的几个世界》来对照和详细询问。

海伦·斯诺女士谈赛珍珠

在兰道夫-梅肯女子学院的赛珍珠百年诞辰研讨会上，西弗吉尼亚州电视台台长罗格辛先生播放了一个纪录片，里面有采访海伦·斯诺的片段。我看后立即萌发了采访她的念头。那时我没有她的任何信息，她住哪里、如何联系、是否愿意接受采访等等，我都不知道。于是我请求罗格辛先生的帮助，他鼎力相助，很快就给我找到电话号码。后来他在纽约帮我电话联系了海伦·斯诺女士，她十分高兴地接受了我的采访要求，并约我第二天（4月14日）中午12点在她家会面。那几年已经年迈的海伦身体欠佳，每天都要在上午11点左右才能起床。明天她能会见我，真是太幸运了！

海伦和斯诺1941年返回美国后即居住在康涅狄格州纽海文市附近的麦迪逊镇。1949年与斯诺离婚后，她仍居住在此。我从纽约乘一小时的火车到维斯汀堡，克雷格先生（克雷格是专业摄影师，参加制作了反映赛珍珠生平的纪录片《东风·西风》）接上我，又开车一小时才到海伦家。她家在公路边的小树林中，非常安静。克雷格介绍说这房子已有200多年历史了，是麦迪逊镇最古老的建筑之一。

走上台阶到门口，我即听到屋内传来一阵阵有节奏的打字机声音。啊，海伦已经起床工作了。随着我们的敲门声，门打开了，里面走出一位老太太。她面色略显苍白，但两眼有神，面带笑容。她身穿一件中式大红对襟夹衫，十分亮眼。这是她在居所会见中国朋友时必穿的“特别礼服”，她就是许多中国人熟知的海伦·斯诺女士。她的前半生与中国革命有密切联系，她还是毛泽东、周恩来、朱德等老一辈革命家在延安时期所认识的为数不多的几位外国朋友之一。

海伦热情地将我和克雷格迎进来，沏上茶水。我借机环顾房间，这间低矮且不足10平方米的屋子就是她的生活空间，是卧室、工作室、书房，也是厨房。我看到身边的书橱书架上放满了书籍、信件、文稿。海伦很有生活情趣，她在这小小空间中居然还布置了2平米左右的花木。她说她需要新鲜氧气。那几年她身体一直不好，患有肺气肿和心脏病，房屋内架着一个氧气瓶，以供她随时吸氧或抢救用。这些花木能让她更接近自然，且赏心悦目。

1992年4月14日，海伦·斯诺女士会见笔者，并展示宋黎先生（“一二·九”运动的游行示威队伍总指挥）赠送给她的《牡丹花图》

居室中的书桌上放着一尊黄杨木雕屈原像，那是半年前（1991 年 11 月 8 日）中华文学基金会颁发给她的“首届理解与友谊国际文学奖”。海伦兴奋地告诉我，颁奖仪式就在艾迪逊镇举行，中国驻纽约总领事张伟超、文化领事王家栋、埃德加·斯诺基金会会长雪莲女士、《纽约时报》专栏作家哈里逊·索尔兹伯里，以及专程从北京前来的中国作协书记处书记张锲、中国作协对外联络部主任金坚范等出席了隆重的颁奖仪式。颁奖词称赞她“半个世纪以来热情支持中国人民的正义事业，致力于向世界宣传和介绍中国，为加强中美人民之间的友谊做出了积极贡献”，为此海伦感到一种被理解的幸福和温馨。

她深情地向我们回忆起自己的青年时代。1931—1941 年，她随丈夫埃德加·斯诺一起在中国生活，并分别访问过延安。后来斯诺在北平燕京大学写作《红星照耀中国》时，斯诺每写一段就会立即朗读给海伦听，听取海伦的评论与修改建议。因此，他们夫妇都认为这是两人亲密合作的结晶。其实海伦也是一位有强烈个性、独立而执着、有事业心的诗人与作家。她一生著述甚多，其中有许多诗作在美国获奖。她还出版了 50 多部著作，其中关于中国的那些著作被很多人视为是完成了斯诺未竟的工作。

20 世纪 30 年代，海伦与丈夫埃德加·斯诺合影

海伦女士得悉我来自赛珍珠的中国故乡镇江，此次专程来美参加赛珍珠母校举办的赛珍珠百年诞辰研讨会，她非常高兴地向我了解研讨会的情况。当听到中国近年有一些中国学者开始重新研究与评价赛珍珠时，她显得特别激动。她说：“赛珍珠对中国很有感情也很友好。她的最大功绩在于向西方读者介绍了活生生的中国人。在赛珍珠的中国题材小说问世前，西方对中国人知之甚少，甚至还留有被扭曲被污辱的印象。赛女士的《大地》《儿子们》《分家》三部曲，让美国人对中国人的生活与现状有了全新且真实的了解，并由此对中国人产生了好感与同情。”

海伦说：“在 20 世纪三四十年代西方人了解中国的过程中，有两位美国人的著作与报道起到了关键作用。一位是斯诺先生，他的著作《西行漫记》（又译《红星照耀中国》）大大影响了美国人民与美国政府对中国共产党及其领袖们的了解。另一位就是赛珍珠，她的中国题材作品受到了数以百万计的西方读者的欢迎。赛珍珠这了不起的历史功绩只属于她一人，其他人无法取代。那时罗斯福总统看了《大地》三部曲后，就立即修改了对华政策，亲自委派史迪威将军来华援助中国抗战，并让美国援华物资能够尽快送达中国，包括也将部分物资送达中共领导下的八路军与新四军手里。”

海伦接着回忆了她与赛珍珠的交往：

“赛珍珠是我和斯诺先生的朋友。我们的友谊保持了四十年。1932 年，我和斯诺在北平燕京大学教书。一天下午，赛珍珠打电话说要拜访我们。当时她在国立北平图书馆收集整理中国古典小说《水浒传》的翻译资料。那是我们第一次见面，大家畅谈了各自对中国的了解与看法，后来我们一直保持来往。斯诺认为《大地》反映的中国社会似乎并不全部符合客观，但仍不失为一部具有可贵的中国心的好书。斯诺爱读赛珍珠的书，她也爱读斯诺的文章与报道。

1935 年是赛珍珠回美国后的第二年，她在她先生任主编的《亚洲》杂志兼任编辑与主笔。《亚洲》杂志发表了多篇斯诺和我报道中国的文章。她还帮助我出版了两本小说。”

1936 年 6—10 月，斯诺先生进入陕北苏区采访中共领导人和他们所领导的红军。离开陕北苏区返回北平后，斯诺即开始整理笔记并写作系列报道。1937 年 5 月，海伦自己也到延安采访了近 5 个月，这使她对中共领导人和红军也有了直接的真实了解。回到北平后，他们夫妇俩均感觉写作报道中共和红军这一崭新题材有重要价值。于是斯诺埋头写作，海伦提出修改意见，这些报道也因此被他们自己看作是两人亲密合作的成果。海伦接着介绍说："此前，斯诺曾与赛珍珠约定，他去陕北苏区的采访稿件将分批发给赛珍珠，并由赛珍珠在《亚洲》杂志上分期刊载。后来赛珍珠如约在《亚洲》杂志分期连载斯诺的系列报道，待到此系列报道连载完毕，斯诺先生将其合并，并以书名《西行漫记》正式出版。"而后来海伦也将其访问陕北苏区的记录编辑成书，以《续西行漫记》发表。

海伦继续说：

"1941 年日本轰炸珍珠港，美国对日宣战。我们夫妇返回美国。赛珍珠立即邀请我们去她在费城郊区的家中做客，她还建议我们在她家附近定居。虽然我们还是回到了康涅狄格州麦迪逊镇老家定居，但她的盛情却感人至深。

有一次，赛珍珠对我说，她认为斯诺先生《西行漫记》那本书对中国革命的报道，有助于西方人民理解和支持中国的抗日战争。她的《亚洲》杂志也及时报道了其中重要章节。我认为赛珍珠这样做是需要非凡的政治见识和敢冒风险的勇气的。不过这些报道和《西行漫记》发表后，广大西方读者的反应热烈，令她鼓舞。

但是，赛珍珠常常显得政治敏感度不强。她过于坦诚率真，看到什么与听到什么，就直言不讳地说出来或写出来。她文笔奇快，直接发表，往往不顾及它的政治后果。"

海伦此时反问我："为什么中国人否定赛珍珠？她对中国人那么友好。要知道，尼克松总统决定打开中美交往的大门时，赛珍珠是美国民间最早支持尼克松新对华政策的知名人士之一，因此尼克松将赛珍珠列入自己的随行人员名单。但她的访华签证却被拒绝。为什么？"

我试着向她解释中国自 20 世纪 30 年代以来对赛珍珠的几种有代表性的意见：

一是认为她的作品歪曲了中国人形象，因为她写的是中国农民、苦力、老妈子。一些中国右翼知识分子批评说赛珍珠为什么不写他们，他们才是中国人民的代表。而那些穷人虽然能够构成中国人口的大多数，但却不是中国人民的真正代表。

二是认为赛珍珠的小说歪曲了中国农民的形象，王龙不是中国农民的典型人物。左翼作家们（如鲁迅）认为赛珍珠只了解中国社会的浮面情形，而不了解真相。

三是 1938 年赛珍珠获得诺贝尔文学奖后，许多中国作家认为这是诺奖评委会对中国人的歧视，说为什么诺奖忽视那许多著名中国作家，而颁奖给一个只写过几本中国小说的外国女子。

四是 1949 年后，在当时中美严重政治对立的形势下，赛珍珠的某些作品和政治言论批评了社会主义和新中国的某些政策。

海伦认为这几种批评意见都有代表性。我继续向她介绍中国 1978 年开始的思想解放运动，以及后来的改革开放新政策。这些变化推动了中国最近十几年的快速发展。中国人对过去的历史与发展有了新的思考与总结，对未来发展也有了新的思路与政策。比如我认为，中国人不能让对外国帝国主义的仇恨与不满波及所有外国人身上。中国作家面临着语言翻译的问题，那么多优秀的中国文学作品不能被翻译成西方国家的语言，即使翻译了，往往还会词不达意，牵强附会，从而失去了西方读者群，这不能不说是很大的遗憾。

听到我的观点，她激动地握住我的手说：“你讲得太对了，准确极了。你们中国人现在能从另一个角度看这个问题，说明你们的思维有了一个了不起的进步。我看到了中国的希望。”

海伦还说：“我与中国领导人有过接触。1937 年我也访问过延安，与毛泽东和朱德，以及其他领导人有过交流。我与他们也讨论过如何看待和对待外国人的话题，我们的观点不尽一致。但是从你这次来美国参加赛珍珠纪念活动，以及你所介绍的重新评价赛珍珠这一过程和观点，我认为中国进步了，你所讲的就是这种进步的证据，我对此十分高兴。中国的未来在年轻人身上。”

我问她：“您觉得现在我们重新评价赛珍珠还有意义吗？”她说：“当然有意义，而且很有必要。尼克松前总统讲过‘赛珍珠是沟通东西文明的人桥’。中国人称斯诺和我也是沟通中美友谊的人桥，我同意。我们都是人桥。建桥梁是为了跨越障碍，沟通两边，我们就是要起这个作用。你们年轻人要接过我们的火炬传下去，要让后人知道我们为沟通中美人民都做了些什么。今后你们要做得比我们更好。”

我和克雷格点点头，表示赞同她的观点并愿意为此而努力。我当即请海伦为我们的赛珍珠研究题词，她考虑了一番后用钢笔写下：

怀念赛珍珠，我亲密的朋友。她架起了第一座沟通东西方的桥梁。

海伦·斯诺

于康涅狄格州麦迪逊镇

1992 年 4 月 14 日

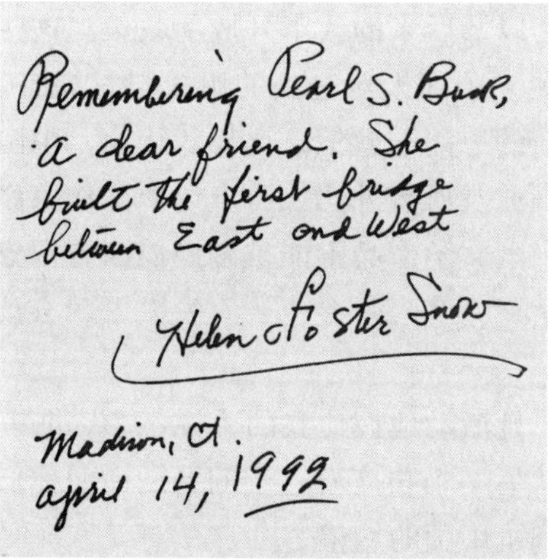

Remembering Pearl S. Buck,
a dear friend. She
built the first bridge
between East and West

Helen Foster Snow

Madison, Ct.
april 14, 1992

海伦·斯诺女士为镇江赛珍珠研究题词

一个多小时的采访结束后，我与海伦合影留念。在春天的和煦阳光下，她身穿中式绣花长袍，显得风采动人。

与海伦女士的这次访谈将成为我最珍视的经历和永久的记忆。我想，中国人民将衷心感谢并永远怀念为沟通和增进中美人民相互理解与友谊的所有美国朋友！

八、援华抗战中的赛珍珠

赛珍珠出生在美国，是一个美国人。她曾在美国接受高等教育，后半生生活在美国，她热爱美国是理所当然的。但她前半生有 30 多年生活在中国、成长在中国，因此她也热爱中国，视中国为第二故乡。纵观她的一生，无论是她写作中国题材小说、致力宣传中国文化，还是全力支持中国抗战，包括她去世前的愿望（她希望能重返中国故乡，并为回不去而悲鸣）等，这些都是她热爱中国的强烈表现。她一直用她独有的、特别的方式“爱中国”。

20 世纪 30 年代是欧亚美国家经济及政治危机频发、战争阴霾显现并最终酿成世界大战的动荡年代。1931 年，日本侵占中国东北，中国人民反对日本侵略的爱国情绪高涨。1934 年，赛珍珠返回美国。仅仅过了三年，1937 年 7 月 7 日的“卢沟桥事变”是日本全面侵华和中国人民全面抗战的开始。1939 年，德国进攻波兰，二战全面爆发。战争使世界包括美国发生了巨变，赛珍珠的正义感使她不能置身事外。于是她一边写作，一边抽出很多时间参加社会活动。数十年在中国的生活经历所产生的对中国的特殊感情，使赛珍珠极为关注也热情支持中国人民的抗日战争正义事业。1941 年 12 月 7 日，日本偷袭珍珠港，美国也加入对日作战，中美成了对日作战的同盟伙伴。赛珍珠更是不遗余力地推进中美间的交流合作，共同抗日。她积极参加民间集会、发表演讲、撰写评论、募款援华、创作抗战小说等。她通过沃希先生和自己先后任主编的《亚洲》杂志，还有他们创办的“东西方协会”，从道义、文化、物质等方面全力支持中国的抗日战争。可以说，在二战前夕及整个二战期间，她是美国社会名流中对中国支持最多的一位。

赛珍珠夫妇主编的《亚洲》杂志

赛珍珠在二战期间为支持中国人民的抗日战争而开展的社会活动和所做出的积极贡献，在1987年出版的《洁白的明星——王莹》一书中也多有提及。20世纪80年代我在接待旅美华侨代表团时，纽约侨领梅子强先生曾专门向我介绍了赛珍珠主导的“废止《排华法案》运动”的情况。1992年3月，我在访问威士林学院并查阅那里所收藏的赛珍珠手稿时，还发现了赛珍珠1942年参加“美国之音”和英国BBC广播电台的支持中国抗战专题中文节目时，亲笔书写的中文稿件。

那几年我们及时将这些信息向镇江市领导做了汇报，使有关领导对赛珍珠在文学创作以外的社会活动和援华抗战等方面的贡献有了更多的了解。但当时我们还很难在这方面收集更多的史料。在1991年镇江市举办了“赛珍珠文学创作讨论会”和1992年刘龙老师主编的《赛珍珠研究》出版后，更多的中国学者加入了赛珍珠研究，有关赛珍珠积极参加社会活动和热情支持中国抗战的史料也逐步被发现。1998年，漓江出版社出版了由南京大学刘海平、张玉兰、方柏林、江皓云翻译的彼德·考恩所著《赛珍珠传》的中文版。该书记录了许多赛珍珠1934年回到美国定居后参加社会活动的史料，这些资料的出版使得赛珍珠的形象更加完整、丰满。

赛珍珠在二战期间积极参加社会活动来支持中国人民的抗日战争。很多中国人并不了解，在那个战乱年代，有这样一位特殊的、成长于中国的美国人尽心尽力地为中国抗战呐喊、募捐、宣传、鼓劲，还发起了“废止《排华法案》运动”，为旅美华人争取合法公民权益，真正是极为难得、极为可贵的。赛珍珠真够得上是中国人民的挚友！

遗憾的是，在很长时间内大多数中国人对此都不甚知晓。就此而言，赛珍珠应该得到我们的一个诚挚的肯定。她的一生在许多方面都是佼佼者，是著名作家、社会活动家和人道主义者，她在宣传中国文化、支持中国抗战、维护华人正当权利等方面的努力与贡献，已超越“友人”的范畴。她热爱她的祖国美国，也爱她前半生所生活成长的第二故乡——中国。赛珍珠是一个特别的“爱国者”，她做了许多的事，超过了那个时代很多社会名流所做的，我觉得很有必要让更多人知道这些，在这里进行梳理介绍。

《亚洲》杂志

《亚洲》杂志创办于1898年，发行人为美国亚洲学会。1934—1942年间，其主编为赛珍珠第二任丈夫理查德·沃希先生。《亚洲》杂志内容是介绍亚洲各国国情，其中中国、印度、日本的内容占了较大篇幅。1934年，理查德·沃希接手该刊并做改版，内容以展现亚洲国家反对殖民统治，让亚洲人有机会说话为宗旨。在赛珍珠的建议与帮助下，沃希招募了许多知名作家为杂志供稿，其中就包括林语堂、波特兰·罗素、洛厄尔·托马斯、查尔斯·比尔德、欧文·拉铁摩尔、沃尔特·杜兰弗、史沫特莱、埃德加·斯诺、海伦·斯诺、安娜·路易斯·斯特朗、玛格丽特·米德等。沃希先生和赛珍珠把国际化、自由化的观念带进杂志，使《亚洲》始终反对帝国主义，多次刊载文章宣称结束殖民主义对东西方都大有益处。该杂志每月刊登来自亚洲，特别是来自中国的报道。1937年中国的全面抗战爆发，《亚洲》杂志关于支持中国抗战的文章也越来越多。

1942—1945年，《亚洲》的发行人改为美国“东西方协会”，主编由赛珍珠担任。从1936年到1945年，赛珍珠先以编辑、后以主编的身份在《亚洲》杂志上发表了许多关于中国和支持中国抗战的文章与评论。

1932年，赛珍珠为翻译《水浒传》在国立北平图书馆查找资料。在此期间，她与斯诺夫妇有过很好的会面交流，并自此成为好友。赛珍珠回美

赛珍珠与编辑在审阅照片

后，双方继续保持联系。斯诺与赛珍珠曾有约定，他去陕北苏区的采访稿件将分批发给赛珍珠，并由赛珍珠在《亚洲》杂志上分期刊载。1937年10—12月，《亚洲》杂志连续三期刊载斯诺所写的《长征》。1938年初，《亚洲》杂志第一期用一半篇幅刊载斯诺的《来自红色中国的报道》《毛泽东自传》，以及有关中国工农红军长征的报道。赛珍珠作为编辑还亲自到电台做宣传评论。她赞赏斯诺这一实地采访与报道的新闻价值，肯定毛泽东领导的中国共产党所取得的巨大成就，对共产党倡导的全民抗战表示支持，称毛泽东是中国唯一代表广大民众的政治力量。这些报道极大地促进了美国等西方国家对中国抗战，特别是对共产党领导的中国抗日根据地的了解和支持。斯诺随后将这些文章汇编为《红星照耀中国》，由英国维克多·戈兰茨公司在英国出版，美国兰登书屋在美国出版。这是欧美读者透过此书第一次全面了解中国共产党、红军、红军领导人、红色根据地，也是中国共产党在二战初期最成功的一次对外宣传。这中间，《亚洲》杂志的积极作用不可不提。

1938年1月，《亚洲》杂志刊登了日军军官平本道隆关于“南京大屠杀”的纪实《小访南京》译文，报道中充满了侵略者杀气腾腾的“快感”。赛珍珠在题为“日本军国主义的思想”的评论中，严词斥责了日本的军国主义文化和追求扩张的外交政策，同时警告国际社会：如果日本赢得了中国，日本必将如《圣经》中的巨型海怪，欲壑难填。

《亚洲》杂志还刊登了大量西方记者对中国战区的采访和调查报告，向全世界报道中国人民的抗战壮举。1938年2月，赛珍珠对鲁道夫·霍尔曼的里程碑著作《劳动的中国》作了评论。赛珍珠借用《劳动的中国》，

1937 年 11 月的《亚洲》杂志刊载了埃德加·斯诺撰写的《长征》一文的第二部分

向世人展示了中国四千年不衰的文明，有力地证明了中华民族的坚忍顽强和面对入侵的不屈不挠。

1939 年，中国抗战进入了最艰难的相持阶段。4 月，赛珍珠在看到了海伦·斯诺对延安的采访稿件后，在《亚洲》杂志刊登了《自由中国行动起来》的专题报道，并通过国外杂志的连载方式，向全世界报告了中国共产党的“生产合作运动”，并称其为中国抗日救亡之关键。另外，《亚洲》杂志还登载了一大批中国名人，如毛泽东、宋庆龄、林语堂、胡适、晏阳初等撰写的文章，还有左翼作家鲁迅、茅盾、郭沫若、柔石、丁玲、萧乾、萧红等人的翻译作品。通过《亚洲》杂志，赛珍珠多视角地、多方位地向国际社会展示了中国文化、中国社会的变化，以及中国人民艰苦卓绝的抗战壮举，从道义上帮助中国获得了国际社会的同情和支持。

在中国生活时，赛珍珠就常给《亚洲》杂志投稿。1934 年初夏返回美国定居后，她就担负着《亚洲》杂志的编辑与撰稿人两种身份。她常常提笔撰文在《亚洲》杂志上介绍中国文化、中国情况，积极支持中国抗战。我几年前在镇江赛珍珠纪念馆参观时看到了赛珍珠在《亚洲》杂志发表的主要作品题录的展板。现记录如下（个别文章的标题翻译与纪念馆展板上的标题有所不同）：

1934 年 2 月，《上海景象》
1934 年 8—10 月，《现代中国的创新精神》
1935 年 2 月，《中国的统治者》
1936 年 2 月，《中国反抗日本》
1936 年 4 月，《中国的朋友和敌人》
1936 年 11 月，《巨人消失》
1937 年 3 月，《新的道路》
1937 年 10 月，《西方武器落入鲁莽的东方人之手后》
1937 年 11 月，《战火下的外国人》
1938 年 1 月，《军国主义者的思维》
1938 年 2 月，《对中国人民的一封公开信》
1938 年 7 月，《世界与胜利者》
1938 年 9 月，《中国民主的武器》
1939 年 4 月，《自由中国行动起来》
1939 年 8 月，《西方的古老谋略》
1939 年 11 月，《活着的他，赢了》
1941 年 3 月，《对自由国家的警告》
1941 年 7 月，《朴实的中国人》
1941 年 9 月，《没有中国就没有同盟》
1941 年 12 月，《龙子》系列小说
1942 年 3 月，《明日火种》
1942 年 5 月，《所有人的自由》
1942 年 10 月，《亚洲人了解美国的必读书目》
1943 年 6 月，《东西方的人民》
1943 年 11 月，《战后的美国与中国》

1944 年 1 月，《对加州的呼吁》
1945 年 1 月，《告语人民》
1945 年 5—11 月，《与玛莎的谈话》连载
1946 年 5 月，《印度人对我的提问》
1946 年 10 月，《中国的新旅游者》

创立“东西方协会”

1941 年 3 月，赛珍珠和丈夫沃希先生创办了旨在沟通世界文化的“东西方协会”，并担任主席。在 12 月 7 日“珍珠港事件”爆发及美国参战后，赛珍珠直接走到了中美同盟反法西斯战争的宣传前台。

“东西方协会”是一个以教育和文化交流为主旨的组织，其活动包括举办系列讲座、发行刊物、制作广播节目、翻译等，还面向教师开办亚洲历史文化的讲习班。我手边有一份“东西方协会”1944 年 2—3 月在各地的活动日程：

1. 费城地区：帮助 1100 名教师用 12 周时间学习关于中国、日本、印度和俄国人的文化课程。

2. 波士顿地区：3 月 30 日开始同上课程。

3. 纽约地区：普及对亚太地区人民认知的文化课程。

此外，在康涅狄格州的沃灵福德、加州圣塔芭芭拉和洛杉矶、伊利诺伊州芝加哥，墨西哥的首都墨西哥城等都还有类似的文化活动。内容包括：

林语堂自中国返回美国时带回来的信件回复，这些信件是林语堂 1943 年回国时带去的美国人对中国人的问候及关怀；“东西方协会”的讲师在美国南方、中西部、新英格兰等地的学校巡回讲座；孙中山纪念日活动；流动图书（馆）阅读，内容关于中国人帮助在华美国军人，特别是飞往中国的美军飞行员的书籍报道。

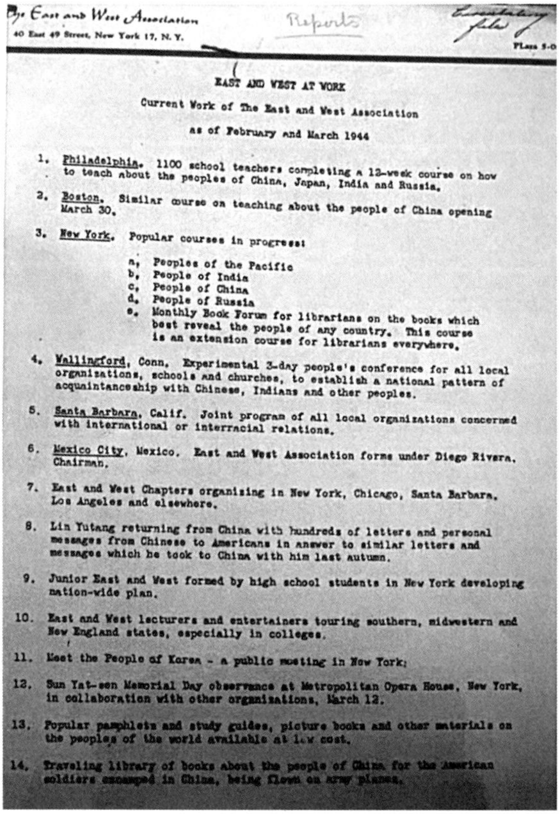

The East and West Association
40 East 49 Street, New York 17, N. Y.
Reports
PLaza 5-0

EAST AND WEST AT WORK

Current Work of The East and West Association

as of February and March 1944

1. Philadelphia. 1100 school teachers completing a 12-week course on how to teach about the peoples of China, Japan, India and Russia.

2. Boston. Similar course on teaching about the people of China opening March 30.

3. New York. Popular courses in progress:

   a. Peoples of the Pacific
   b. People of India
   c. People of China
   d. People of Russia
   e. Monthly Book Forum for librarians on the books which best reveal the people of any country. This course is an extension course for librarians everywhere.

4. Wallingford, Conn. Experimental 3-day people's conference for all local organizations, schools and churches, to establish a national pattern of acquaintanceship with Chinese, Indians and other peoples.

5. Santa Barbara, Calif. Joint program of all local organizations concerned with international or interracial relations.

6. Mexico City, Mexico. East and West Association forms under Diego Rivera, Chairman.

7. East and West Chapters organizing in New York, Chicago, Santa Barbara, Los Angeles and elsewhere.

8. Lin Yutang returning from China with hundreds of letters and personal messages from Chinese to Americans in answer to similar letters and messages which he took to China with him last autumn.

9. Junior East and West formed by high school students in New York developing nation-wide plan.

10. East and West lecturers and entertainers touring southern, midwestern and New England states, especially in colleges.

11. Meet the People of Korea - a public meeting in New York.

12. Sun Yat-sen Memorial Day observance at Metropolitan Opera House, New York, in collaboration with other organizations, March 12.

13. Popular pamphlets and study guides, picture books and other materials on the peoples of the world available at low cost.

14. Traveling library of books about the people of China for the American soldiers encamped in China, being flown on army planes.

美国“东西方协会”1944年2—3月的活动计划

其中最受欢迎的是中国演员担纲并在全美巡演的“中国活动剧社”和极具创造性的“东西方连环画页”活动。赛珍珠以天才的经营方式和高效的运作手段使“东西方协会”的各类活动走进了千百万美国人的生活之中，她名副其实地成了“一座沟通东西方文明的人桥”。也正是受益于“东西方协会”对美国社会的影响，得到中共指示去美国开展国际统战工作的王莹等人可以到白宫演出《放下你的鞭子》《义勇军进行曲》《游击队之歌》《到敌人后方去》等著名抗战文艺作品，这为中国抗战赢得国际支持发挥了独特的助推作用。

“中国活动剧社”在纽约中国大戏院演出宣传页，中国著名演员王莹为负责人和主演

积极募捐，援华抗战

1940 年夏秋时节，赛珍珠通过美国医疗援华局组织了一场名为“希望之书”的运动。她恳请 1000 名美国妇女每人捐款 100 美元，为中国筹集到了 10 万美元的医疗设备和药品。在中国驻美大使馆举行的捐赠仪式上，罗斯福总统夫人担任主持人，胡适大使接受了捐赠。受此鼓舞，赛珍珠夫妇又办起了两所援华急救训练学校，为中国抗战输送专业救护人员。同年 11 月，赛珍珠夫妇发起成立了“美国紧急援华委员会”，赛珍珠担任委员会主席，罗斯福总统夫人任名誉主席。委员会成员包括沃希先生、《时代》杂志出版商亨利 · 卢斯、多萝西 · 费希尔、西奥多 · 罗斯福上校、IBM 董事长托马斯 · 沃森等。该委员会在 6 个月内为支援中国抗战筹集了 100 万美元——这是一笔近乎天文数字的筹款。这笔巨额捐款被用于对中国抗战开展各种人道主义救援，包括修建医院，购买药品、粮食和衣物，收养孤儿等。

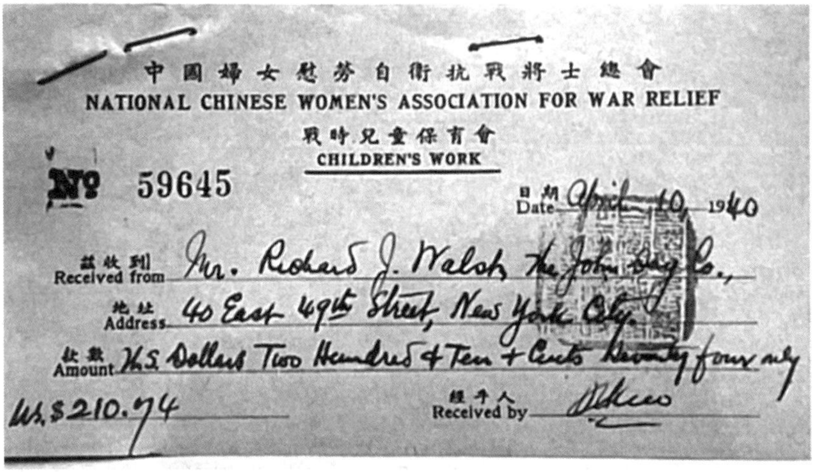
中國婦女慰勞自衛抗戰將士總會
NATIONAL CHINESE WOMEN'S ASSOCIATION FOR WAR RELIEF
戰時兒童保育會
CHILDREN'S WORK

№ 59645

日期 Date April 10, 1940

茲收到 Received from Mr. Richard J. Walsh the John Day Co.,

地址 Address 40 East 49th Street, New York City.

款數 Amount U.S. Dollars Two Hundred & Ten + Cents Seventy four only

U.S.$210.74

經手人 Received by [illegible]

赛珍珠丈夫沃希先生向中国妇女慰劳自卫抗战将士总会之战时儿童保育会捐款的收据

1941年春天，赛珍珠以“美国紧急援华委员会”主席的身份接受了“美国联合援华会”主席一职。美国联合援华会是一个联结当时美国7个援华组织的庞大机构，由罗斯福总统夫人任名誉主席，成员包括亨利·卢斯、约翰·洛克菲勒三世、大卫·赛兹尼克、温德尔·威尔基（Wendell Willkie，曾以共和党总统候选人身份在1940年的总统大选中与罗斯福竞争）。

在赛珍珠的影响与邀请下，美国政治家温德尔·威尔基积极参与募款援华活动

罗斯福总统夫人向赛珍珠转交捐款支票

1941 年 3 月下旬，“美国联合援华会”在纽约阿斯塔饭店举行盛大宴会，宣布以一场声势浩大的 500 万美元的筹款活动支持中国抗战。赛珍珠以委员会主席身份致辞，她说：“中国抵抗日本侵略的斗争，对于我们期待的世界民主前景，具有举足轻重的意义。”宴会主角温德尔·威尔基痛斥了美国的孤立主义，并预测美国不可能在一场全球性的反法西斯战争中永远隔岸观火。胡适大使最后出人意料地宣布，中国政府为了表彰赛珍珠的特殊贡献，决定颁授给她绿宝石勋章。在赛珍珠的领导下，美国联合援华会很快完成了 500 万美元的筹款目标。此举得到了国际社会与中国海内外同胞的广泛赞誉，而这笔巨额捐款对中国抗战可以说是雪中送炭。就援华宣传规模、影响程度、捐款数目而言，赛珍珠是美国民间人士中做得最出色的。

援华抗战演讲

赛珍珠有关中国主题的演讲活动分两个阶段：战争早期（1932—1936）和二战全面爆发期间（1937—1945）。早期的演讲主要在美国的大学里进行，如哥伦比亚大学、耶鲁大学、芝加哥大学等，都有她以介绍中国历史、文化、艺术、文学为主题的活动。1941 年珍珠港事件爆发后，赛珍珠还应美国之音、美国全国广播公司 NBC、英国广播公司 BBC 等电台邀请，参加中美英三国抗击日本军国主义侵略的华语广播节目。

1936 年 4 月，赛珍珠应罗斯福夫人的邀请，在华盛顿的宪法大厅就当时的国际热点问题——中日关系发表演讲。面对 2500 多名听众，赛珍珠旁征博引，在列举中美两国人民“崇尚自由、倾向民主”这一共性的同时，还慷慨陈词，尖锐抨击了日本帝国主义与英帝国主义在“思想守旧，喜独裁，维护君主制和贵族制度，有建立帝国的野心”上的本质相似性。赛珍珠公正客观的态度、慷慨而直率的演讲不仅赢得了罗斯福夫人的欣赏和友谊，而且加深了美国主流社会对日本入侵中国本质的认识。

她早期在美国的演讲，如1933年《向西方解读中国》，1933年《中国和西方》，1935年《东方和西方，我们不同吗?》，1935年《中国艺术观》等，这些演讲增进了美国人民对中国和中国文化的了解，更增进了美国人民对中国人民的同情与好感。

在中国进入全面抗战后，赛珍珠积极奔走于民间与政界，支持中国抗战。她最积极的一次莫过于1938年12月12日借助瑞典诺贝尔文学奖的颁奖典礼向全世界疾呼：“现在全体中国人民正在从事最伟大的斗争——争取自由的斗争。当我看到中国空前地团结起来反对威胁其自由的敌人时，我感到从没有像现在这样钦佩中国。就凭着这种争取自由的决心——在深刻的意义上是天性的基本美德，我知道中国是不可征服的。”①

获奖返回美国后，她以“中国必胜”为题，向国际社会发表支持中国抗战的激昂演讲②，直接宣传中国人民的抗战壮举，以及中国抗战对世界反法西斯战争的意义与贡献：

描述今天的中国和描述一年前的中国就是描写两个情况迥异的国度。一年前要写一篇关于中国的文章或做一个关于中国的讲座，那一定是充满了各种各样欢愉的乐事。这类的文章和讲座虽然没有极大的重要性，但却定然是赏心悦目的，例如中国人的餐饮、衣着，他们的自娱自乐以及他们的日常作息，等等。但是，今日之中国与一年前的中国相比已经面目全非。我相信中国已经没有一个角落可以原封不动地保存原样儿而不受这场惨无人道之战争的冲击和影响。今日之中国，是一个为其生存而在绝望中挣扎的中国，一个从未如此严阵以待、态度坚定地面对其生死存亡危机而团结

① 刘龙．赛珍珠研究［M］．昆明：云南人民出版社，1992：63.

② 1938年赛珍珠写了《中国必胜》（*China Wins*）一文，回美国后发表在报刊上，并以此题在集会上发表演讲。该文后被收入《我所见之中国》（*China As I See*）的第100-119页。

一致的中国。

一句话，最终中国人一定会战胜日本人，原因很简单，因为他们是中国人。这似乎是一个人生的法则：在战争中，往往是被动迎战的一方能够持久下去，取得胜利。这仅仅是因为被动应战方不会像攻击方那样消损自己。毁灭的是那些好战的国家。最终能在地球上生生不息、代代繁衍的是那些爱好和平的国家。如果中国有一点儿像今天的日本这样好战，她早已随同她同时代国家——罗马帝国一起消亡了。但是，中国非但没有消亡，而且还很有活力，将来也必将如此。

随后7年里，赛珍珠利用各种机会，不断发表文章和演讲，鼓励和支持中国抗战。其中较著名的演讲有：

1940年，《给我中国朋友的信》；

1941年，《我们必须团结一致》《中国之团结》；

1941年，《中国胜利之秘密》；

1941年，《中国人民的立场》；

1943年，《中美关系》；

1945年，《东方和西方》。

赛珍珠在1941年5月21日于纽约发表的《我们必须团结一致》的演讲中说：

四千年来，中国人民繁衍发展，生生不息，这已经是一个不争的神话。他们是一个里程碑，一个大得令我们都看不到其边际的里程碑。有谁能想象世间曾存在过这样的雕像或寺庙或宫殿，它能历经几千年岁月的洗礼却依旧坚固如初、功能不衰？又有谁能想象这样的奇迹，它能精微到我们人人都能看得见，都能理会它的客观存在，同时又能庞大到让所有的人都叹为观止？这就是我今天要说的一个国家，一个当今世界最大的国家，一个幅员辽阔、人口占世界五分之一的国家，一个任凭外部世界的行进步伐而恪守自身发展节律前进的国家，一个屡遭科技化程度到极致的现代化武装力量的袭击却至今生息依旧、屹立不变的国家，一个除了辽阔的版图之外无任何物质上的优越性，但却能在开战后的今天实实在在地变得更为坚强的国家。这就是中国！

今天，在世界各国为自己人民的自由而纷纷宣战的历史时刻，我们美利坚合众国的人民应该明智地、义无反顾地用我们的同情之心和援助之力向中国人民宣告我们的友谊！①

1941年12月初，日军袭击珍珠港，美国立即正式对日宣战，中美两国成了共同抗日的盟国。1942年3月至二战结束，赛珍珠不定期地在电台发表汉语广播演说向全世界播放，鼓励和支持中国人民的抗日战争。赛珍珠的这些演说感情真挚并慷慨激昂，对美国人民积极捐款援华，甚至对陈纳德将军组织飞虎队来华直接参战都起到了积极的推动作用。著名翻译家江枫先生在2005年中国镇江赛珍珠学术研讨会上曾慷慨高呼："哪怕是她只说了这样一句话，也值得我们永远感激，永志不忘。"②

以笔作矛，宣传中国抗战

在人类反侵略战争的正义事业中，作家手中的笔也是有力的武器。1937年7月，抗日战争全面爆发，美国驻华记者们不停地在美国的报刊上发表有关中国战事和日军烧杀抢掠的报道。这让时刻关注中国的赛珍珠忧心如焚。为了宣传和支持中国抗战，赛珍珠身上迸发出无穷的力量。她用大量时间创作了一系列反映中国人民勇敢抗日的作品。这在欧美作家中是少有的。这中间就有：

1939年，《爱国者》；

1940年，《滇缅公路的故事》；

1941年，《中国天空》；

1942年，《龙种》；

1943年，《诺言》。

小说《爱国者》是赛珍珠撰写的第一部描写中国抗战的长篇小说，全书20多万字。作者以成长于上海富裕家庭而又有人道主义思想的知识青年

---

① 译自赛珍珠著《我所见之中国》（*China as I See*）第120-128页，原篇章标题为 We Must Stand Together.

② 江枫. 怀念中国人民之友赛珍珠［G］//许晓霞，赵珏. 赛珍珠纪念文集（第2辑）. 桂林：广西师范大学出版社，2006：70.

吴以璜的经历为主线，笔触从北伐战争延伸到抗日战争，从国共分裂写到再度合作抗日，从中国写到日本，展示中国人民抵抗日本侵略的同仇敌忾的气魄。同时作者也写到了日本的“爱国者”，中日两国不同的“爱国者”在抗战中彼此冲杀流血，各自的民族主义意识和人道主义思想在战争中无情地碰撞。在抗战过程中，吴以璜的思想意识逐步从民族主义转变为人道主义，因为在这场战争中，他深深地感受到中日两国人民都是战争的受害者。《爱国者》在美国刚出版不久，就受到正在大力宣传抗日的中国文学界的关注，1939 年 6 月竟同时有三个不同译者的中译本出版。这显然是为了让中国同胞尽快读到外国作

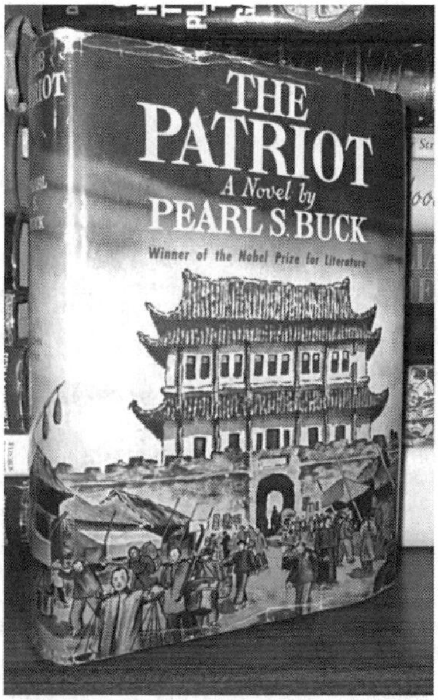

赛珍珠著《爱国者》于 **1939** 年出版，图为再版本

滇緬公路的故事

新評論叢刊之一

（原名“泥金菩薩的面孔”）

賽珍珠女士 布克夫人 原著　以正編

新評論社印行

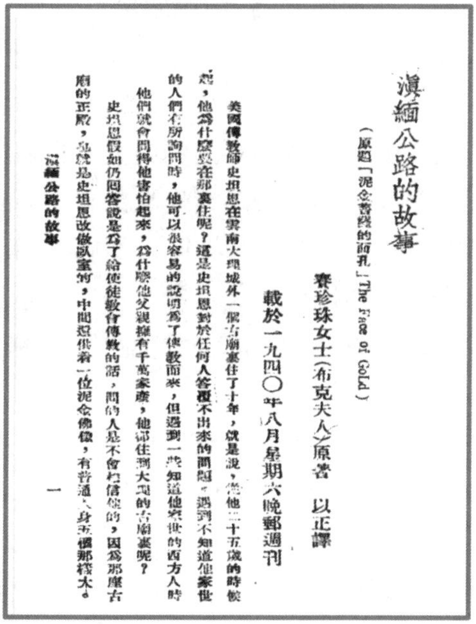

滇緬公路的故事

（原題「泥金菩薩的面孔」The Face of Gold）

賽珍珠女士（布克夫人）原著　以正譯

載於一九四〇年八月星期六晚郵週刊

美國傳教師史坦恩在雲南大理城外一個古廟裏住了十年，就是說，從他二十五歲的時候起，他爲什麼要在那裏住呢？這是史坦恩對於任何人答覆不出來的問題。遇到不知道他家世的人們在盤詢問時，他可以很容易的說明爲了傳教而來，但遇到一些知道他家世的西方人時他們就會問得他害怕起來，爲什麼他父親擁有千萬家產，他卻住到大理的古廟裏呢？

史坦恩假如仍回答說是爲了給使徒教會傳教的話，問的人是不會相信的，因爲那座古廟的正殿，也就是史坦恩改做臥室的，中間還供着一位泥金佛像，有普通人身五倍那樣大。

滇緬公路的故事　一

赛珍珠著《滇缅公路的故事》于 **1940** 年出版，图为新评论社印行出版的中译本

家描写中国抗战的小说，更好地激发中国人的抗战斗志。而这么快速地翻译出版外国人写的小说中译本，这在中国近现代文学翻译史上也是少见的。

《龙种》是赛珍珠在二战期间创作的影响力最大的一部小说，它以1937年南京城外一个小村庄为背景，讲述了主人翁——农民林郯夫妇一家安宁平稳的生活被日军侵略、轰炸、杀戮而打破，林家顿时陷入灾难，进而奋起抗争的故事。实际上该小说所反映的历史背景就是日军南京大屠杀的暴行，以及中国百姓不惜一切代价反抗侵略和压迫的勇气与决心。

由于小说《龙种》在欧美读者中的巨大影响力，1944年，好莱坞的米高梅电影公司将其改编拍摄成电影。该片由曾经四夺奥斯卡金像奖的好莱坞巨星凯瑟琳·赫本担任女主角，其他主演如莱昂纳尔·巴里摩尔、阿基姆·坦米罗夫等，也都成名已久。影片除了个别群众演员和孩子是亚裔外，其余演员都是美国人。由美国人来正面描述中国抗战，这在好莱坞电影中相当少见。该片剧组为求逼真，台词、布景、化妆方面力求"中国化"。扮演女主角阿玉的赫本也化成了"丹凤眼"，留起了"革命者发型"，穿着黑裤罩衣，举手投足间都是中国味。其他美国演员也将头发染黑，特意化妆成"小眼睛"，把中国农民、地主、商人及日本士兵演得活灵活现。《义勇军进行曲》更在片中反复奏响。这部电影在当时是一部好莱坞大制作影片，据查尔斯·海曼《凯瑟琳·赫本的一生》一书披露，该影片成本达三百万美元，涉及的外景和内景工程是当时米高梅公司规模最宏大的。此外，片中还有许多带着时代气息的台词，诸如"不裹小脚的女人就像散开的羊群""打得越多，老婆就越服帖"等。洋人扮演的中国农民在片中讲起充满革命斗争腔调的英语对白，还唱起了英文版《义勇军进行曲》，"Arise ... Arise ..."有华人观众大赞说："这是我看过外国人所拍的讲那段历史最好的片子了。"

值得一提的是，这部根据赛珍珠同名小说改编而成的影片《龙种》荣获1945年第17届奥斯卡金像奖最佳女配角提名，最佳摄影（黑白）提名。这部讲述中国人抗日故事的影片，让全世界看到中国人在反法西斯战争中的决心和英勇。

左图为电影《龙种》海报，右图为赛珍珠（右）在摄影棚与女主演凯瑟琳·赫本交谈

发起并主导“废止《排华法案》运动”

中美两国结盟抗日后，日本军国主义者和汪伪政权也在挑拨和离间中美同盟关系方面大肆宣传。日伪大肆宣传美国政府对华人的歧视：“美国人不要你们。他们只想让你们帮他们打仗。他们的《排华法案》就是针对你们的，说你们没有资格当美国公民……”日伪在鼓吹“大东亚共荣圈”谬论的同时，直接指责美国《排华法案》的道德伪善性。

这部在1882年出台的歧视与限制华人在美国发展的法律，一直受到在美华人和一些美国正义人士的反对，并被要求予以废除。但是出于种种原因，这部恶法一直延续到二战期间。现在它又成了中美共同对日作战的巨大障碍。在《排华法案》的发生地——旧金山以及洛杉矶、西雅图等美国西海岸地区，民间也形成强烈共识要求废止该法。随着中美结盟共同抗击日本军国主义的侵略，《排华法案》越来越不得人心。

对此，1942年2月赛珍珠在纽约阿斯特酒店集会的发言中极力呼吁：“假如不放弃白人至上的观念，美国会输掉这场战争。日本在亚洲打种族牌是一个有效武器，因为种族偏见是美国民主最薄弱之处。为了打赢战争必须合作，美国必须团结不同肤色族裔国家的人。”此时中国人民全面抗击日本侵略已经进入第五年，作为当时亚洲最大的战场，中国牵制了日本大量兵力，这正是其他同盟国家求之不得的。

在民意潮流下，赛珍珠和丈夫沃希先生不顾美国保守势力的极力反对，率先大声疾呼，要求废除《排华法案》。1942 年，“废除《排华法案》公民委员会”成立，该委员会由赛珍珠夫妇、众议员 Walter H. Judd、时代周刊出版人亨利·鲁斯等十一位美国富有正义感的社会名流发起，沃希先生担任主席，赛珍珠担任发言人。该委员会第一次正式会议于 1943 年 5 月 25 日召开。委员会的成员们联合全美各界人士向国会施加压力要求废除《排华法案》。该委员会成立后发展迅速，很快就有遍及美国 40 个州的 250 多人加入。他们通过各种渠道广泛开展舆论宣传，如在报刊发表文章、

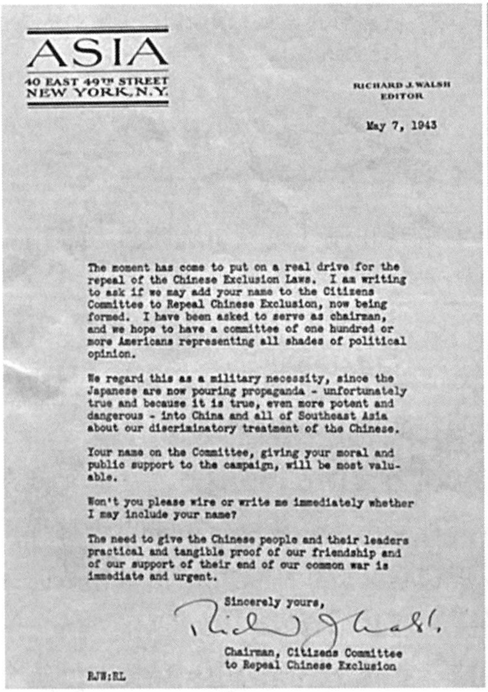

ASIA
40 EAST 49TH STREET
NEW YORK, N.Y.

RICHARD J. WALSH
EDITOR

May 7, 1943

The moment has come to put on a real drive for the repeal of the Chinese Exclusion Laws. I am writing to ask if we may add your name to the Citizens Committee to Repeal Chinese Exclusion, now being formed. I have been asked to serve as chairman, and we hope to have a committee of one hundred or more Americans representing all shades of political opinion.

We regard this as a military necessity, since the Japanese are now pouring propaganda - unfortunately true and because it is true, even more potent and dangerous - into China and all of Southeast Asia about our discriminatory treatment of the Chinese.

Your name on the Committee, giving your moral and public support to the campaign, will be most valuable.

Won't you please wire or write me immediately whether I may include your name?

The need to give the Chinese people and their leaders practical and tangible proof of our friendship and of our support of their end of our common war is immediate and urgent.

Sincerely yours,

Chairman, Citizens Committee
to Repeal Chinese Exclusion

RJW:RL

FOR JUSTICE—
For Chinese,
American Friendship
WRITE, WIRE
Your CONGRESSMAN Today
Asking Him To Support The
REPEAL of the CHINESE EXCLUSION ACT!
Congress Convenes September 13th

SUPPORT . . .
American Legion, California Dept.
Veterans of Foreign Wars, California Dept.
California Council, CIO
Oregon Council, CIO
San Francisco Chamber of Commerce
Houston Chamber of Commerce
Portland Chamber of Commerce
Seattle Chamber of Commerce
Houston Foreign Trade Association
Citizens For Victory Committee
Y. W. C. A. Business Girls Conference (California)
Chinese Christian Youth Conference (Tahoe Conference)
The City of San Francisco

Legislation to Repeal Chinese Exclusion

You Can Help Right Now! What To Do

WHOM TO WRITE:

SUGGESTED FORM LETTER

This Ad Sponsored by
Friends of China
and Advocates
of Justice

1943 年 5 月 7 日，赛珍珠丈夫、《亚洲》杂志主编沃希以“废止《排华法案》公民委员会”主席的身份致函友人，邀请他们加入该委员会并参加废止《排华法案》的运动（左图）。该公民委员会还在美国主流媒体刊登宣传广告（右图），号召美国人民：“为了正义与友谊，今天写信或发电报给你们的国会议员，要求他在 9 月 13 日的国会会议上支持废止《排华法案》。”

通过电台演说、致信国会议员等，呼吁取消《排华法案》。他们不仅努力从道义上说服国会议员，也更强调中国对美日战争的重要作用。赛珍珠也发表了一系列以废除《排华法案》为主旨的文章与演说，强烈要求美国国会审议废止《排华法案》的动议。

“废除《排华法案》公民委员会”很快成为这场运动的领导核心。在该委员会的有效推动下，美国许多政界人士也参与其中，他们从不同角度指出废除《排华法案》对美国的有益之处。“他们在新闻媒体、集会上宣传废除排华法，引导舆论走向；通过广泛的社会关系，游说政府官员和国会议员，大大增加了废除排华法的可能性。”①

在中美需要加强联合对日作战的背景和社会民意的强烈要求下，罗斯福总统也有意推动国会废除执行了61年的《排华法案》。但当时美国《排华法案》的根基依然坚实牢固。首先是美国各种工会极力反对废除该法案，其次是美国民众普遍反对欧洲之外的其他国家移民变成美国人。

日本军国主义者利用了这一点。日本侵略亚洲国家时打的旗号就是“亚洲是亚洲人的”，称要把黄种人从白种人的统治下解放出来，建立“大东亚共荣圈”。同时汪精卫傀儡政府控制的《中华日报》1943年6月4日也发表了一篇社论，题为“美国虚伪丑恶的面孔”。社论谴责美国民主制度是“魔鬼”，强调如果美国政府不摈弃对华人的歧视，亚洲人民就不会有真正的平等，号召“所有亚洲人团结起来把美英帝国主义赶出亚洲，建设一个亚洲人的亚洲”。

赛珍珠反复告诉美国公众，日本军国主义者利用《排华法案》在中国大做宣传，说“大东亚共荣圈”里不会有这种歧视，以此离间中美同盟。

---

① 刘文正. 美国排华法案道歉案的始末与思考［J］. 侨务工作研究，2012（4）.

赛珍珠与美国华人工商界领袖商议“废止《排华法案》”事宜

在以赛珍珠为代表的美国正义力量的强烈要求下，美国众议院移民与国籍委员会于 1943 年 5 月召开了关于废除《排华法案》的听证会。赛珍珠主动请缨亲赴国会作证。那天她在大批华人青年的高声欢呼和簇拥中，正气凛然地来到国会众议院，在一位华人荣誉代表的陪同下亲自作证。她理直气壮、慷慨陈词，陈述了必须废除《排华法案》的两大理由：

其一，民主是美国人引以为豪的象征，民主首先要求人类平等，而《排华法案》与之相悖，玷污了民主精神，必须加以废除；

其二，废除该法律是目前共同抗战的需要。中华民族是勤劳勇敢和热爱和平的伟大民族，现正在对日本帝国主义的入侵和占领进行艰苦卓绝的斗争。当前这场对德日法西斯的战争能不能取得胜利，正取决于中国抗战的坚持和胜利，取决于美国能不能取得中国人民的信任和支持。

赛珍珠尖锐地指出：现在，每一个中国人都知道美国有个《排华法案》，中国人再也不能容忍它的存在。赛珍珠的这场历史性演说有理有据、震撼人心，它让美国朝野都感到《排华法案》没有理由继续存在下去。

1943 年 5 月，赛珍珠参加国会作证，在休息期间特意在国会走廊与华人支持者会面交谈

令赛珍珠沮丧的是，国会的一些议员用傲慢粗鲁的态度否定她的理由。路易斯安那州的民主党议员艾伦（A. Leonard Allen）故意反反复复地质问赛珍珠：你相信各个族裔之间是有“完完全全的社会平等”的吗？艾伦的态度让赛珍珠感到震惊，她明白在当时那个社会环境里，在种族问题上“完完全全的社会平等”是无法接受的。

尽管在国会遇到极大阻力，罗斯福总统夫妇还是支持废除该法案。总统夫人伊莲娜在她的报纸专栏里还谈到废除《排华法案》。1943 年 10 月 12 日，《纽约时报》刊登了前一日罗斯福总统致国会的函，敦促尽快废除《排华法案》。他说：“国家和个人一样，也会犯错误。通过废除《排华法案》，我们就可以改正一项历史性错误。”

1943 年 10 月 20 日，在国会正式表决前夕，议长告诉国会：现行法律使得日本人有机会在中国损害美国利益，日本战地宣传一直强调“美国不是中国的朋友，因为美国歧视中国人”。10 月 22 日，罗斯福总统再次谈到必须废除《排华法案》的理由，他告知国会废除“这一立法对于取得战争的胜利和建立安全和平都是极其重要的”。① 最终，在 1943 年 10 月 22 日，美国国会通过将这条歧视和迫害中国侨民 60 多年的恶法予以废除。

① 陆行良. 赛珍珠与《排华法案》的寿终正寝［G］// 许晓霞，赵珏. 赛珍珠纪念文集（第 4 辑）. 镇江：江苏大学出版社，2013：147.

1943 年 12 月 17 日，罗斯福总统正式签署生效文件之后对国会说："今天，我怀着一种特别骄傲和愉快的心情签署了废除《排华法案》的文件。一个横亘在盟国间的不合时宜的障碍被清除了。这将给我们的远东作战注入更多活力。中美双方会更加明确我们的共同目标。"罗斯福再三陈述的这些理由，与半年前赛珍珠在国会听证会上发表的声明中所强调的两大理由，虽措辞有所不同，但内涵却是一致的。由此可见赛珍珠在废止《排华法案》过程中的重要影响与推动作用。

需要指出的是，在赛珍珠夫妇推动废止《排华法案》期间，正逢宋美龄访问美国（1942 年 11 月至 1943 年 5 月）。访美期间，宋美龄东奔西走做演讲，呼吁美国援华抗日，取得了轰动效应。在赛珍珠于国会作证的前三个月，宋美龄还曾于 1943 年 2 月 18 日到美国国会参众两院发表英文演说，向国会议员们通报中国人民奋力抗战的艰苦事迹，以唤起美国朝野对中国的同情与支持。此次讲演取得了巨大成功，受到在场美国国会议员们的热烈鼓掌认可与支持。应当说，宋美龄的这次访美对后来美国国会废止《排华法案》客观上也起到了一定的推动作用。

赛珍珠发起和推动的废除《排华法案》活动取得了圆满成功，这是她积极参与社会活动的成功之作，也是她对在美华人和中国人民所做出的历史性贡献。今天的旅美华人在享受美国法律赋予他们的合法权利，平等自由地生活在美国时，不应该忘记赛珍珠为此所做的努力。

在赛珍珠的一生中，因个人价值观和政治观的不同，或在特定的国情及舆论环境里，她的作品中和社会活动中也有不被认可和接受的观点，这是因为这个世界是多元的。尽管如此，在赛珍珠研究的史料中可以看到，她对中国和中国人民的感情是发自内心、油然而生的，她对中国人民的热爱和人性的善良从未改变。

赛珍珠与华人妇女在一起

赛珍珠与二战中赴美培训的中国海军官兵交流

我非常赞同中国学者郭英剑 2015 年对赛珍珠这一段历史贡献的评价："赛珍珠在自己人生最辉煌的时刻，不仅没有忘记她的第二故乡正在遭受日本侵略者的践踏，而且充分利用自己在世界上的影响力，为中国人民的抗日战争摇旗呐喊，为争取世界人民的广泛支持，提升中国人民的民族自信心，做出了卓越的贡献。从某种程度上说，赛珍珠成了那一时期中国人民抗击外来入侵者在国际上的代言人。"①

① 郭英剑. 赛珍珠：与中国人民并肩战斗的美国作家［G］//蔡文俊. 赛珍珠纪念文集（第 5 辑）. 镇江：江苏大学出版社，2017：22.

九、中国第一部赛珍珠研究文集

1992年11月，也就是在镇江市举办国内首次赛珍珠文学创作讨论会的一年多后，刘龙主编的《赛珍珠研究》由云南人民出版社正式出版。这是中国第一部以研究赛珍珠为主题的研究文集，这本书不仅为后来更多学者参与赛珍珠研究梳理出了一个系统的研究参考基础，同时也标志着新时期在国内研究赛珍珠的文学创作，客观公正地评价赛珍珠及其对中国人民的友好感情、对中外人文交流的历史贡献的全面开启，该书的出版对中国赛珍珠研究的发展具有重要贡献。

刘龙主编的《赛珍珠研究》于1992年11月由云南人民出版社出版

中国著名意大利语翻译家、中国社会科学院外国文学研究所研究员、常务副所长、《外国文学评论》常务副主编吕同六先生应邀为刘龙主编的

《赛珍珠研究》作序。他写道：

对于赛珍珠的认识和评价，我国学术文化界颇有争议。这是非常自然的。提高和深化赛珍珠研究由此愈加显示出其紧迫性。

科学研究贵在实事求是。只要遵循百花齐放、百家争鸣的方针，对赛珍珠进行辩证的、历史的、全面的分析，我们的研究就将扎扎实实地前进，结出硕果。

1991 年 1 月，镇江市成功地举行了赛珍珠文学创作讨论会。它标志着我国赛珍珠研究的良好开端。

刘龙同志主编的《赛珍珠研究》的出版，又是一件有积极意义的事情。

《赛珍珠研究》体现了我国学者迄今为止在这一领域获得的成果，也包含了编者付出的心血。它为我国的赛珍珠研究投下了一块有分量的基石。

刘龙老师在编辑这本研究文集时，为使内容尽可能全面翔实而费尽心力。今天，我们浏览一下此书的目录，书中辑录了中国学者为重新评价赛珍珠而做的认真细致的研究成果，以及刘龙收集整理的史料和撰写的研究论文，从中可以看到他所付出的心血。

国内第一次赛珍珠文学创作讨论会和第一本赛珍珠研究学术文集，体现了中国知识分子的良知和公正。在此，将《赛珍珠研究》收录文题列出，以致敬当年积极支持和参与重新评价赛珍珠的专家学者及各界朋友，他们是中国赛珍珠研究的推动者和开拓者。

《赛珍珠研究》目录

二、赛珍珠获1938年诺贝尔文学奖之作

获奖评语（[瑞典] 佩尔·哈尔斯特龙）/裕康译

授奖词（[瑞典] 佩尔·哈尔斯特龙）/裕康译

受奖演说（[美国] 赛珍珠）/裕康译

中国小说——1398年12月12日在瑞典学院诺贝尔奖授奖仪式上的演说（[美国] 赛珍珠）/王逢振译

赛珍珠得奖经过

获奖之作介绍：

《大地》(1931) 梗概

《儿子们》(1932) 梗概

《分家》(1935) 梗概

《母亲》(1934) 梗概

《东风·西风》(1926) 梗概

《战斗的天使》(1936) 选译

《流放》(1936) 梗概

三、赛珍珠研究文章

历史地看待赛珍珠和她的《大地三部曲》/王逢振

纪念赛珍珠/徐迟

纪念东西方文化之桥——赛珍珠/贾玉书

从赛珍珠谈鲁迅说起——兼述赛珍珠其人其书/姚锡佩

赛珍珠的几个世界：文化冲突的悲剧/姚锡佩

赛珍珠文学现象成因初探/李臻

赛珍珠在弘扬中国文化和文学方面的贡献/张子清

我所理解的赛珍珠和《大地》/夏镇

赛珍珠和老舍/舒乙

赛珍珠与王莹/谢和赓

赛珍珠与中国小说——读《大地》/熊玉鹏

赛珍珠的《大地》及其对中国文学走向世界的启示/王国荣

《大地》和中国镇江/刘龙

（二）《辞海》等辞书对赛珍珠的介绍

1. 1989 年版《辞海》条目
2. 1986 年版《简明不列颠百科全书》条目
3. 1982 年版《中国大百科全书·外国文学》条目
4. 1979 年版《外国名作家传》“赛珍珠”专文
5. 1988 年《世界文学家大辞典》条目
6. 1987 年第四版《牛津美国文学指南》条目
7. 1990 年版《外国名作家大辞典》条目
8. 1987 年版《历代诺贝尔文学奖获得者传》专文
9. 1989 年版《诺贝尔文学奖秘史》专文

（三）近年来国内对赛珍珠的介绍、评论

1. 李文俊：《谈谈诺贝尔文学奖》
2. 赛珍珠对老舍的评价
3. 赛珍珠为介绍老舍致劳埃德的信件
4. 赛珍珠与中国
5. 写中国题材获奖的赛珍珠
6. 董鼎山 1984 年谈徐志摩与赛珍珠
7. 梁实秋 1987 年谈赛珍珠与徐志摩
8. 成玉：赛珍珠曾钟情于徐志摩
9. 刘龙：赛珍珠与中国镇江
10. 宋志成：赛珍珠其人其事

（四）近年来国外对赛珍珠的评论、介绍

1. 尼克松的评语
2. 《华盛顿邮报》评论：赛珍珠与诺贝尔奖评委会震惊世界之日
3. 美国《费城华人报》1986 年 12 月 26 日：名女作家赛珍珠故居
4. 荷兰青年女作家卡洛琳 1989 年 5 月 28 日谈话录

五、中国首次赛珍珠文学创作讨论会专辑

1. 贺电、贺信、讲话

美国赛珍珠基金会贺电

《赛珍珠研究》的出版，是“文革”后中国赛珍珠研究的第一阶段史料收集和初步评价的阶段性小结。它把历经时代变迁而散布的史料重新收集归类，为新时期研究者提供了一个研究基础。更重要的是，它打破坚冰，把经历了思想解放的中国民间人士、学者、地方政府领导对赛珍珠的积极认识用研究论文集的方式公开，这为中国进一步了解赛珍珠、研究赛珍珠开创了一个良好的环境氛围。这也从一个侧面反映了中国已开始摆脱旧的思想束缚，进入了实事求是、客观公正的认知新阶段。

1993 年春，徐和平（左）应邀参加刘龙在
镇江大市口新华书店的《赛珍珠研究》签名售书活动

令人高兴的是，17 年后的 2009 年年底，赛珍珠获得了由中国对外友好协会、国家外国专家局、中国国际广播电台联合组织的新中国成立 60 周年“中国缘·十大国际友人”提名。这是中国人民对这位视中国为第二祖国的诺贝尔文学奖得主、杰出的中国文化使者、正义的社会活动家、特别的“爱国者”所给予的最佳褒奖。

作为镇江赛珍珠研究的开创者之一和刘龙老师的合作伙伴，我也受刘龙老师的邀请在其主编的《赛珍珠研究》中提供研究和撰译的资料。这既是我对赛珍珠的基本认识，也是为早期赛珍珠研究所作的素材总结。本书收录当初我为《赛珍珠研究》提供的三份文本资料：论文《一部具有进步倾向的现实主义小说——读〈大地〉三部曲有感》、赛珍珠自传《我的几个世界》中文节译和论文《解放前我国翻译出版赛珍珠作品情况介绍》。①

---

① 这几篇内容都曾收入刘龙主编的《赛珍珠研究》（云南人民出版社 1992 年出版），本书在整理时作者在文字表述形式上有个别修改和补充。

一部具有进步倾向的现实主义小说

——读《大地》三部曲有感

从20世纪30年代初美国著名作家赛珍珠发表其中国题材的长篇小说《大地》《儿子们》《分家》三部曲并因此荣获1938年诺贝尔文学奖到现在已经50多年。其间，除20世纪30年代初和40年代曾有一些学者分别将它们译成中文发表外，在最近的40年中，我国一直没有这部小说及译本出版，致使这部迄今为止诺贝尔文学奖作品中唯一描写中国的长篇小说遭到中国文学界、翻译界和出版界的长期冷遇和遗忘。我国读者，甚至许多从事对外友好交往的同志对这位生长在中国、毕生从事中美文化交流的美国作家及其享誉世界的获奖文学作品竟然毫无所知，这在中国对外文化交流中不能不说是一个令人困惑的现象。

直到1988年，上述状况才有所改变。广西漓江出版社在出版所有诺贝尔文学奖获奖作家的作品时，为了这一套丛书的“完整性和客观性”，由王逢振、韩邦凯、沈培锠等同志将其重新翻译并出版，然而初版印数仅5000余册。

这是一部什么样的小说？它在外国读者中为什么会拥有这种历久不衰的魅力？设法寻来这部小说及赛珍珠传记一阅后，笔者得以释疑。这部小说以广阔的历史背景、丰富的社会生活、生动的人物形象、入木三分的刻画，向中外读者展现了一个具有古老文化传统、充满辛酸和痛苦、在社会矛盾和斗争中蹒跚向前的近代中国社会的形象。笔者以为，这就是该小说要表达的主题。

一、广阔的历史背景、耳闻目睹的事实、对中国人民的友好感情是赛珍珠写作这部长篇小说的基础

赛珍珠在1929—1934年写作《大地》《儿子们》《分家》三部曲时，已在中国生活、工作达30多年。在这一并非短暂的时期里，她因其家庭和当教师的缘故，接触和了解了中国众多的各阶层人士，耳闻目睹了他们在中国封建社会腐败没落的最后年代里的生活和抗争，并且亲身经历了中国

资产阶级反封建主义的旧民主主义革命及军阀割据的烽火年代。这为她后来写作中国题材的小说积累了大量素材，也成为她这部长篇小说的广阔背景。在完成最初的几部中国题材的短篇小说和文章后，赛珍珠感到有必要从更宽的视野和更广阔的社会背景下向美国和欧洲读者介绍中国和中国人民，因为当时的西方世界对中国知之甚少，许多人对中国的了解与看法不是道听途说、以讹传讹，就是充满偏见和不公正。

赛珍珠根据自己在中国的经历和对中国社会的深入了解（可见其传记《我的几个世界》），认为当时的中国是一个基本上落后的以小农经济为主的农业国，农民是中国社会的主体。落后的小农经济和构成中国人口绝大多数的农民是中国社会的基础。统治阶级及其他上层建筑均建立在这个基础之上。在这个广大的社会基础和上层建筑的内部及两者之间深藏着人们的痛苦与欢乐、矛盾与希望，同时“全体中国人民正在从事最伟大的斗争——争取自由的斗争”。

因此，赛珍珠希冀用她的笔描绘出中国社会的这种内在与外表，给外国读者特别是西方世界一个真实客观的中国形象。在这三部曲里，她用二分之一的篇幅（即《大地》34 章节）描写中国社会的这一基础，特别是中国农民在生活中的艰难困苦及其一般的发展道路；用另外二分之一的篇幅（即《儿子们》29 章节和《分家》4 章节）描写了当时中国社会的统治阶级、复杂的社会矛盾和人民争取自由进步的努力。笔者认为，这种描写对于读者了解当时中国社会的现实和发展有着典型的意义。它使读者能在该小说较短的篇幅里，对 19 世纪末、20 世纪初几十年里中国的社会经济、人民生活、社会矛盾、社会发展等情况有一个大概的了解。

三部曲小说全部写好后，赛珍珠给了它们一个共同的书名：大地上的房子（*House of Earth*）。全书中译本约七十余万字。它透过主人公王龙祖孙三代人在封建社会没落年代里发家、衰败的历史向读者介绍了近代中国社会的现实与发展，即“中华民族由古老帝国，经过军阀割据而抵达现代中国的三个阶段”。[①] 20 世纪 30 年代的许多读者和书评认为，这三部曲小说主要是写农民，其实不尽然。

① 引自唐长儒译《分家》前言，1941 年上海启明书局版。

首先，从写作背景看，作者的这部小说是在腐朽的中国封建社会制度已走到尽头，在落后的农业生产方式下，在封建主义、军阀和官僚资本主义、帝国主义的多重压迫下，对包括广大中国农民在内的全体中国人民几十年来艰难生活和为进步自由而奋斗的写照。

其次，从小说结构看，这三部曲的第一部《大地》描写的是当时占中国人口绝大多数的农民和农村社会的情况。第二部《儿子们》描写了当时中国社会的统治阶级和政治现实。第三部《分家》则通过王龙三个孙子的生活道路反映了当时的社会矛盾：昔日的豪华之家已经败落，而日渐觉醒的新一代青年正在努力摆脱黑暗与落后，争取着自由与进步。

从全书涉及的内容看，这三部曲小说又可以被当作近代中国的社会学、经济学、政治学、民俗学和伦理道德学的形象画面，是当时社会现实的缩影。

1892 年，赛珍珠出生三个月时便随做传教士的父母来到中国。前几年，她随父母在苏北清江浦生活。1896 年移居镇江。她长期生长在普通的中国老百姓之中。自童年到成年，她和难计其数的中国儿童、同学、老师、奶妈、佣人、花匠、厨师、学生、同事们建立了深厚感情。她“视中国如祖国”。这种对中国人民的友好感情是她写作《大地》三部曲的坚实的思想基础。她在自己的传记《我的几个世界》里写道：“就这样，我在一个双重的世界里长大了，当我在中国人世界里，我就是个中国人，我讲中国话，像中国人一样做事，和他们吃一样的东西。我分享着他们的思想和感情。当我在美国人世界里时，我就关闭上这两者之间的门。”中国的生活给她的心灵和思想打下了难以磨灭的烙印。因此在小说里，她十分同情贫苦农民百姓和被压迫在社会最底层的男人、为家庭做牛马的妇女。同时她对封建专制和统治阶级的压迫及帝国主义对中国的侵略表示了极度愤慨。这种爱憎感情之鲜明和强烈，在 1933 年初她对留美中国学者江亢虎教授的关于《大地》一书写作立场的批评所作答复中得到了明显的表露。

她写道：“我知道江教授要说什么。他要求由他们这一部分知识分子来代表中国人民。但是如果任何国家的大多数人不能代表这个国家，那么谁能代表?”“在对待劳苦大众的残酷态度中我早已看见过这种感情的表露：为了显示高傲而藐视没有文化的农民，完全忽视无产阶级的利益。因此世界上没有一个国家的普通人民遭到过像中国人民那样多的饱受自己国家的军阀和知识分子领袖们的折磨与压迫。”“我只了解中国。我一直生活在那儿。我最爱中国人民。”

毫无疑问，这种来自一个外国作家笔下的友好感情对我们这个长期遭受外国列强欺侮的民族来说是可贵的，值得尊重和珍惜。

二、充满现实主义色彩的描写

这是赛珍珠写作《大地上的房子》三部曲的一个最显著特点。虽然小说中的人物姓名、地点、某些情节是虚构的，但读者仍可以感觉出这些人物确实来自社会生活的各阶层。故事中的人物与当时现实生活中的人们依稀相似。小说所反映的社会政治实质和社会矛盾与当时的现实亦相吻合。

这里着重谈一下小说所反映的农民形象问题和当时社会的政治实质问题。在古今中外的现实主义小说中描写农民题材的很多，大多数这类作品的写法或是着力于农民生活的悲惨痛苦，或是着力于不堪压迫的农民揭竿而起的英勇壮举，或是描写地主阶级对农民压迫剥削的残暴，或是兼而有之。而赛珍珠却独辟蹊径。

她选择了一位世代务农的佃农儿子王龙为主人公。通过描写他本人及他的儿子们、孙子们三代人由贫穷向富有、由富有向没落的发展历史来介绍中国社会各阶层人们的生活、矛盾、发展。它既描写了年轻农民王龙和他妻子阿兰做佃农时的艰难悲惨的生活，又描写了发家致富后的王龙那贪婪、骄奢淫逸的自私本性。这是中国农民阶级中这一类为数不少的人的真实写照。

中国农民是伟大的。他们具有勤俭朴实、吃苦耐劳的优秀品格。他们在封建社会和近代三座大山压迫下的悲惨遭遇和奋斗抗争最应受到人们的同情。施耐庵《水浒》中的农民起义豪杰、鲁迅笔下的祥林嫂、赵树理笔下的李有才和小二黑等均是以文学形式反映出的旧社会我国广大农民的典型形象。然而从阶级性质分析，农民毕竟是私有制生产方式下的小生产者，为了摆脱贫穷，农民阶级中的一些人也曾像王龙那样通过个人奋斗或不择手段致富，变为新的富农、地主。虽然他们个人摆脱了贫穷，但他们却不能使自己和整个农民阶级都获得彻底解放，甚至他们有些人也会变成新统治者，使广大农民重又成为他们奴役剥削的对象。中国历史上的汉高祖刘邦、南朝宋武帝刘裕、宋太祖赵匡胤、明太祖朱元璋等皇帝都是贫苦农民出身，经过造反起义推翻了旧统治者而成为新统治者。在这些政权交替中，农民受压迫、受剥削的政治地位和经济地位丝毫没有改变。

赛珍珠观察到了上述现象，并用她那犀利之笔在《大地》一书中再现了这种客观现象。这种描写是否对中国农民形象有所歪曲？笔者的看法是否定的。

首先，在整个三部曲中，特别是在《大地》中，赛珍珠以真实和感人的语言、笔调描写了饱受压迫的中国农民艰难和悲惨的生活，对贫苦农民、对被压在社会最底层的妇女、对挨饥受冻得不到教育的孩子表示了极大的同情。

其次，读者会看到作者用三种不同的笔调描绘了青年、中年、老年三个不同时期的王龙。她对勤劳朴实的年青佃农王龙表示出了人类共有的那种同情心；对通过辛勤劳动、省吃俭用而初步摆脱贫穷的中年农民王龙表现了赞赏和喜悦；对暴富以后骄奢淫逸、贪欲无度、完全丧失了自己原有的优秀品格的老年地主王龙则显示出了厌恶和痛恨。

这样的描写十分客观，亦合乎人物性格的逻辑发展，没有对中国农民形象和品格的丝毫歪曲。认为王龙代表了中国农民形象显然不确实，因为在旧中国绝大多数农民不可能通过劳动而致富，也更不可能像王龙那样“暴富”。但是，如果说王龙是中国农村富农、大小地主们发家致富的典型代表则恰如其分。赛珍珠从这个角度描写中国农民阶级中的一个重要组成部分，对于读者了解中国农村社会是有必要的。

在旧中国，官府、地主、商人、军阀组成的统治阶级是压在千百万穷人百姓头上的大山。它们狼狈为奸、相互勾结、尔虞我诈，祸害国家和百姓。尤其在动乱的年代，大小军阀及其相互之间的战争对社会、经济、人民生活带来的破坏力更大。

在辛亥革命后的 20 多年里，中国人民就在“土匪、饥荒和频繁的战争”所构成的困境中煎熬。为了在小说中体现出近代中国社会政治统治的这种特殊现象，赛珍珠在小说里创作出了王龙的三个儿子的形象。

在王龙的儿子中，地主王大只知放佃收租和挥霍享乐，对收租以外的生财之道一点也不清楚。商人王二只知道经商、放高利贷比收租更能赚钱，遂毫不犹豫地卖掉田产以扩大经商资本。老三王虎行为狡诈，在外从军数年，他看出一条比经商、放贷收租更好的升官发财之道，那就是必须拥有自己的军队。只要有了军队，他就可以称霸一方，连官府都要让他三分，当然就会拥有比田地更有用的势力和金钱。结果，他真成了独霸一方，凌驾于官府、绅商之上的军阀。王虎的道路实际上是对中国近代社会政治实质的绝妙写照。无论是中国读者还是外国读者，如果不了解近代中国的军阀及其军队在国家政治生活中的作用，那他（她）对当时中国社会的认识肯定是肤浅的。

赛珍珠在《儿子们》一书中对当时中国社会政治现实的准确观察和深刻揭露，为读者了解那时的中国提供了直接的、生动的介绍。

三、进步思想的客观体现

《分家》是整个三部曲小说的压轴之笔。它不仅向读者交代了一个旧家族、旧时代行将崩溃灭亡的现实，而且启发读者自由、民主、进步的思想，盼望着中国的一代新人和新时代的到来。尽管赛珍珠从不相信和支持共产主义理论，但她始终是一个具有民主主义思想并支持人类进步事业的作家（关于此点可参阅其自传《我的几个世界》和李润新著《洁白的明星——王莹》）。她对封建专制、不平等的阶级压迫和剥削，以及帝国主义对中国的侵略压迫深恶痛绝。她在《分家》中通过对王龙三个孙子的描写，大胆客观地反映了近代中国社会变革和一些进步思想。当然，从笔调上我们可以感到她还不是站在先进阶级和革命党人的立场上积极支持这些进步思想，但是她能站在现实主义立场上较充分地反映这些进步思想，这在当时的中国题材文学作品中尚属难得。这也说明她当时思想上具有一定的进步倾向。

在反映近代中国人为什么要造反、要革命的问题时，她写道："地主、老板、银行家和贪官污吏的剥削压榨是造成工人农民生活穷困的原因。""我们的主义不实现，这些东西永远不能改变。我们一定要革命！我们一定要打倒所有的富翁！重新赶走这些威逼我们的外国佬。穷人要抬起头来，只有革命才能办到这件事。"

“穷人被残酷地支配。他们的孩子得不到教育，只有挨饿，父母们无暇顾及，生孩子是那么容易的事，穷人家的孩子总是超过了需求。”

“白种人将不平等条约紧紧缚住我们。我们甚至不能有自己的法律，如果白人杀死了我国人，他差不多不受惩罚。”“他恨那些白色兵船，记得它们曾轰炸过他的同胞，记得同胞们备受外来民族侵略压迫的一切痛苦的历史。这些事实是很多、很明显的。他在学校里读过的那些书就描写过外国列强抢劫和蹂躏中国人民、强迫过去的皇帝签下丧权辱国的丑恶条例。”“就在那座大城市里（指上海），他出国留学时，还有无数青年被白人军警枪杀，因为他们呼喊打倒帝国主义的口号。”

“这里哪有他们的权威——我们要驱逐他们出海！”

她以激动的语气描写了代表进步力量向反动势力开战的北伐战争：“主义革命在南部爆发了。革命队伍冲出了南方，神秘的速度已越过了全国的中部。那些血肉混合成的革命阵线向着真理前进，他们充满了一腔革命热情。他们的毅力、威望以及势如破竹的胜利的革命故事传遍了国内，传到了每一个城市和乡村。这些队伍中有青年，也有女子，他们的战斗力和一般只为了吃粮饷的士兵比起来绝对不同。他们战斗是为了主义，主义就是他们的生命，所以他们勇敢无敌。”

中国自鸦片战争起就饱受帝国主义的侵略、压迫。中国人民对帝国主义怀有强烈的仇恨和警惕。赛珍珠对此给予了充分的理解和同情。但是她对某些中国人强烈的排外倾向也表示了自己客观的态度：“外国人、外国的东西并不都是坏的。”

读毕上面这些语言，我们怎能不感慨！这毕竟是出自 20 世纪 30 年代初中国社会白色恐怖最严重时期的一位外国作家笔下！

四、关于该小说的主要不足之处

在整个三部曲小说中，读者可以明显感觉到作者对中国怀有一颗殷殷之心——希望中国人民走出黑暗，摆脱贫穷，争取一个自由进步的新中国。但是，对中国走什么样的道路才能达到此目标，赛珍珠的选择出现了失误。她没有把希望寄托在中国农民身上，因为她看到了中国农民具有某些自身不可克服的弱点，他们不可能成为中国社会走向自由进步的领导力量。她也没有寄希望于工人阶级和共产党人，因为她一直不赞成共产主义。在小说中，她把希望放在了中国新一代的知识分子身上："王源问自己是怎样一种人和最愿做哪种人。答案是：他确不是大革命家，以后也不会是。他会发一阵子怒气、一刹那的憎恨，但不能长久。他真正爱好的是和平，在和平中做他的工作。他最爱做的工作是用知识教育学生。"

显然，作者希望王源这个正直朴实、追求进步又受过中西方文化教育的现代知识分子，用培养新一代青年的办法使中国走向自由进步。由此可见，作者回答上述问题的济世良方只是重复了曾在中国盛行一时的"知识救国论"。这一论调早已被当时和后来的中国革命实践证明是完全错误的，是一种逃避"一个阶级推翻另一个阶级的斗争"的政治空想。

如果用无产阶级革命文艺标准衡量，赛珍珠的这三部曲确实称不上是"伟大的"或是"革命的"小说。因为作者没有站在无产阶级和进步的立场上来写作，作者提出的某些观点是错误的。但是作为一个在中国生长、生活了三十多年的美国作家，赛珍珠能在 20 世纪 30 年代初就站在正义、同情的立场上写作这部基本上反映了中国近代社会发展的历史进程、充满现实主义精神的长篇小说，应该说，这部作品是站在那个时代前列的具有进步倾向的现实主义小说。它在唤起数以千万计的外国读者了解中国，同情中国人民争取自由、进步的事业方面确实起到了积极作用。

五、小说的影响与深远意义

《大地》《儿子们》《分家》三部曲发表及获奖后，受到各国读者的热烈欢迎，并被译成 60 多种文字流传，再版达上百次，数百万册之多。这从一个侧面验证了 1938 年诺贝尔文学奖评审委员会对该小说的评价：它是一部"描绘了中国人民生活的丰富多彩而真挚坦率的史诗"，"使人类的同情心越过了种族界限……为西方世界打开了一条用更深的人性去了解一个陌生民族的道路"。尽管 50 多年过去了，它的这种魅力依然不减。

这部小说发表后在较大程度上转变了欧美人对中国的观感。"1931 年秋，正是《大地》在美国畅销之际，中国发生了严重的水灾，各国政府和人民纷纷给予救济。从国外汇来的救济款项和实物中，美国人所募捐的占绝大部分。""那原因据当时的美国红十字会会长写给赛珍珠的信中所说，就是由于王龙一家遭遇旱荒的故事深切地感动了美国人的缘故。”①

这三部曲小说在美国和欧洲读者中所产生的影响和深远的历史意义，在50多年后的今天可以看得更清楚了。美国哈佛大学费正清中国研究中心资深研究员詹姆斯·汤姆森博士在1988年12月纪念赛珍珠获得诺贝尔文学奖50周年的纪念文章做了如下评价：“不管如何，赛珍珠在1938年以前和成名之后作为一名作家在其作品多产的四十年里，还是获得了数以百万计的忠诚的美国读者和外国读者。她也因此将栩栩如生的中国和中国人介绍给了美国人民。从广义上讲，由于赛珍珠的贡献，几代美国人都以同情、友好、尊重的感情看待中国人民。”“显得有些不可思议的是，在经过朝鲜战争、越南战争和毛泽东思想这样一些年代后，美国人对中国的友好感情居然一点也没有改变。”

这样的评价是符合实际的。笔者自1980年以来，曾先后对数以千计的外国朋友和游客做过了解。笔者发现，四十岁以上的美国人和五十岁以上的欧洲人、日本人几乎没有不知道赛珍珠和她的获奖小说《大地》《儿子们》《分家》三部曲的。

笔者认为，不管过去中国文学界、翻译界、出版界因何种原因给予赛珍珠及其上述三部曲小说以何种评价与处置，在目前我国实行对外开放、加强对外文化交流、“让世界更多地了解中国”的形势面前，我们应该重新阅读和认识这三部曲小说，并给予客观、公正的评价。在临近1992年赛珍珠百年诞辰之际，这是对这位著名作家和中国人民的忠诚朋友的最好纪念。

① 见胡仲持译《大地》序，1933年上海开明书店版。

《我的几个世界》中文节译①

第一部分

译者按：赛珍珠女士1892年出生仅几个月便随其当传教士的父母来到中国。1896年赛珍珠随父母移居镇江，至1917年结婚后离开镇江，除去回美国探亲、上学（包括在上海英国教会学校上学）的时间，她前后在镇江生活了约十八年。这期间的生活给赛珍珠留下了难以忘怀的印象，因此她称镇江是她的“中国故乡”。

这里勤劳善良的人民、活泼可爱的伙伴、美丽如画的山水风光、美味可口的民间食品、丰富多彩的传统文化，以及中国人和西方人所生活的两种截然不同的物质世界和精神世界，对童年和青年时期的赛珍珠的成长产生直接的影响。因此可以说，赛珍珠是一位深受中国传统文化和西方文化熏陶，融东西方两种文化于一身的近代女性。她之所以能写出以《大地》《儿子》《分家》三部曲为代表的大量中国题材小说，与她这一时期在镇江的生活密切相关。许多她在镇江亲身经历和体验过的人和事成了她笔下中国小说的素材与背景资料。

因此，了解和研究赛珍珠在镇江（自然还包括南京、安徽、上海等地）生活经历，对于我们现在研究她的中国题材小说的写作思想、背景、人物素材等具有极大的意义。现特将赛珍珠1954年发表的她的个人传记《我的几个世界》中有关她对“中国故乡”——镇江的回忆部分译出。因时间仓促，难免疏漏，仅作参考。

一、父母把我带到了中国故乡——镇江

全家除了造就了像我父母那样的两个基督徒冒险者外，什么也没做，

① 1990年秋，在筹备镇江赛珍珠文学创作讨论会时，为使与会者和市领导更多地了解赛珍珠，刘龙老师希望我能翻译赛珍珠1954年出版的自传《我的几个世界》的部分章节。当时赛珍珠的自传尚无中译本，于是笔者选择了该自传中与镇江有关的部分做了节译。后来到1991年11月，湖南文艺出版社出版了赛珍珠自传中文版，但书名译为《我的中国世界》。笔者在收录该文稿时在保留原貌基础上进行了个别修订。

也没有别的孩子继续这种狂热的使命。我能够相信，在我的父母身上反映了他们那个时代的精神——那是一群美国人带着一个新兴国家的光荣从战争废墟中站起，他们满怀的信心“足以”拯救整个世界。同时，他们一点也没感觉到，他们实际上正在帮助点燃革命的火焰。这个火焰燃烧着的高度我们还依然不能看清，也不能预测。

作为年轻的父母早年这种旅行的结果，我成长在地球亚洲这一边。但我是偶然地出生在我自己国家里的。我母亲以一个新娘身份去中国时刚23岁。不久她就在中国接二连三地生了四个孩子，也很快地因为霍乱和回归热病失去了其中三个，那时谁也不知道如何预防和治疗这种疾病。我母亲精神沮丧到极点，以至于医生命令她必须回国待在西弗吉尼亚州她家里两年。就在这次休假开始后的短短几个月里，我出生了。由此我就成了一个在美国出生的公民。

不管怎么说，我是在一个幸福的地方获得了我幸福的开始。在我出生三个多月后，我母亲恢复了健康。于是我随父母远涉重洋，来到中国，并居住和生活在中国。

二、我的故乡——镇江

我的故乡——镇江是一个深受战争影响的城市，因为它是一个重要的港口。它位于扬子江和古运河的交汇处，是运输钱粮和物产去北京的咽喉之地。约翰·巴罗，一位早期的作家在他的《中国旅行》一书中谈到1797年我故乡的情况时写道：（这儿）战船云集，重负和欢乐并存。江面上，一些船开往扬子江下游，一些船开往上游，还有一些摇橹的小木船在水上漂浮，其他的船则抛锚停泊。两岸目光所及之处都是小村镇和民房，呈现出一幅比任何时候都欢乐的景象。大运河的另一边也是一派生机。我们的船有整整两天时间不停地穿行在由大小不一、式样不一的船只组成的船队之中。

我小时候，镇江是一个通商口岸。江边有很大一块土地被英国人占为租界。租界四周圈起高大的围墙，有两扇大铁门把租界内外分开，夜里铁门则关闭着。在租界边上是英国领事馆，它那高大的建筑建在一座林木葱郁的小山上。所有英国人、美国人和其他外国人都住在这个租界里。只有很少数几位传教士家庭愿意住在租界外面的中国人居住区。我父母即是其中的一家。他们生来就不愿意讲那些不切实际的东西。对中国人来讲，在提倡爱和兄弟手足之情的福音与鸦片战争所造成的后果方面的差异太多了。他们在高墙和铁门后面，不能幸福生活，尽管租界里街道整洁、树影掩映，也没有乞丐。我为有这样的父母而幸福，因为他们的做法使我摆脱了在亚洲的白人们过的那种狭窄和单调的生活方式，使我能和中国人民生活在一起。我在能讲英语前就会牙牙学语地说中国话了。中国人的孩子是我人生最初的朋友。

三、同时生活在两个世界里

对于西方迷人的世界，我只知道它属于我们的英国朋友。他们住在镇江——伟大的扬子江边的一个港口城市的英国租界里，和他们住在一起的还有少数法国人和意大利人家庭。我对法国人和意大利人十分了解，他们都是些天主教神父，常常来拜访我们家。还有三位修女，她们管理一所孤儿院，专门收养那些被遗弃街头或山坡上的婴孩。我可能会想象出印尼的爪哇是什么样的，但我对意大利和法国确实一无所知，对英国也知之不多。

我们居住的那座矮矮的砖木结构的房子建在一个高高的山坡上，山坡延伸到山谷下与另一个山坡相连。一个日本太太和她的英国丈夫住在那儿，从她那里我知道了日本的情况。后来我还去了日本，第一次是随父母去，第二次是自己独自去，再以后就去了更多次，因此日本成了我的第三个祖国。我的朋友都是亚洲人，他们来自菲律宾、暹罗、印度、泰国和朝鲜。就这样，我当时认为中国是世界的中心，围绕我们的是其他民族，它们都是友好的、迷人的、好客的。

当我想起第一个世界时，我知道那里的一切都是和平的。我看到南郊绿色的群山，以及它后面的紫色的山峦，在两山之间是绿得多的峡谷，那里是四千年来农民曾耕耘过的土地。农舍外面鲜鱼满塘，家家都养着猪、鸭、鸡，或是一头水牛。乞丐游荡在城里的街道上。除非北方发生饥荒有难民逃来，否则乞丐就是城里的职业小偷。这些乞丐属于一个有组织的乞丐王国，他们向店主强索固定数目的钱财。如果店主不给，那些最丑陋最可怕的麻风病人和畸形人就会站在他店门口吓走那些来买东西的顾客。

在我家附近的山顶上有一个土墙围着的炮台。我记得小时候感到害怕的事就是在我每天去中国女子学校的上学路上会遇上当兵的。假如我看到这些懒鬼中的一个穿着他的黄衣服在路上摇来荡去，我就会像小鹿一样跑进我家院子的大铁门里。有一天，我气喘吁吁地跑回家，我母亲问我："发生了什么事?"我喊道："一个当兵的来了。""就这么回事?"她若无其事地说。我不能解释。她属于那个小小的白人世界，她不能理解。但在我的另一个世界里，曾有中国朋友告诉我，中国军人不是一个在高尚的、文明概念上的男子汉，他是脱离了生活和家庭规范的。因此，当士兵走过来时，小姑娘们应当迅速躲开他。我们邻居沈太太告诉我："不是每个士兵都是魔鬼，但又很难说他不是。总之他是魔鬼帮里的一个人。"

中国人掩藏的情感常由我的小伙伴从他们长辈的谈话中获知并泄露给我，"这些西方人是外国人。"我的小伙伴这样称呼西方人。我也这样想，这些西方人是潜在的敌人。当时的外国人，在亚洲犯下许多罪恶。我的又小又坦白又老练的伙伴向我宣布，他们认为美国人是"好人"，因为美国人没有从亚洲国家夺走一寸土地，他们还在亚洲国家发生饥荒时送来粮食。当时，我接受了这种"好"和"坏"的区别，我也感到我和欧洲的西方人没有相同之处，甚至认为他们也是我的敌人。

那时我们普遍玩的游戏是"官兵捉强盗"。这实际上说的是中国和所有友好的亚洲人联合起来反对西方帝国主义势力的无休止的战争。作为这种游戏里唯一的美国人，我扮演的角色是在战斗达到高潮时走上前去提供食物援助给永远胜利的中国人。就这样，半个世纪前的亚洲儿童就在玩半个世纪后发生的那种变为现实的游戏，而且那时一个黄头发的美国儿童就已经在他们当中代表着她的国家了。

在这两个世界之间，是我干姐姐的孩子们。在我出生前几年，我父母住在大运河边的一个城市里。他们收养了一个既古老又富裕的中国家庭的一个女儿作养女，因为她快要病死的母亲不愿意她将来受她父亲其他妻妾们的虐待。她的名字叫彩云。我记得她是一个可爱、温柔，有着一张漂亮面孔的年轻女人。在我出生时，她已经结婚了，而且生了一大堆女儿。这成为她的一件苦恼事。我母亲为了彩云的一切，全按中国传统办事。当彩云在教会女子学校受完教育后，我母亲让她和我父亲手下的教堂助理司铎的那个漂亮儿子订了婚。这是一个幸福的婚姻。他性格温柔、待人随和。唯一的苦恼是他们家女儿一个接一个地出生。第一个女儿生下来时，他们很开心。第二个女儿生下时，他们还沉得住气。第三个女儿出生时，他们认为问题严重了。第四个女儿出生时，他们感到惊恐。到第六个女儿生下时，他们已被邻居们议论纷纷。街坊们都在问：为什么那个基督徒只生女儿，不生儿子？由于连续生了六个女儿，这件事又成了教堂里的人祈祷词中的一个主题。

下一个问题是：上帝怎样才会听到我们的祈祷词？中国教徒们对外国上帝实际上已存在了怀疑，我父亲试图不加注意。每逢人问他时，他只打几个哼哼来搪塞。自然，我们家还没有幽默到看不见这种荒唐事，因此我们都充分认识到问题的严重性。我可爱的干姐姐受到的折磨比任何人都多。她感到一切仿佛都是她的错，而不是她的和蔼、彬彬有礼的丈夫。但是她的丈夫总是反对她接受这种自责。终于，我心事重重的干姐姐在生了六个女儿后，总算生了一个儿子。这也使这个不断膨胀的家庭停止了发展。不管是我干姐还是她丈夫都不敢再冒险生第八个孩子，或许又是生一个女儿呢？

作为一个孩子，我当然不知道大清王朝的末日那么快就来临。我直到八岁还不知道。我和我的小伙伴们无忧无虑，好像过着田园诗般的幸福生活。我有好多爱我的人。我父母虽然忙，对我仍然很关注、爱护。中国佣人们也很宠我、惯我，有时甚至惯得出格。我母亲曾在我不守规矩时分配给我干一个什么活，以示惩罚。我的中国阿妈总是替我悄悄干掉这活儿。

我八岁前夕，有一次因撒谎而被父亲打了耳光。起因是我弄坏了花匠的一把铲子而我予以否认。花匠不忍心我受罚，向我父亲解释那把铲子是他自己弄坏的。但我父亲是亲眼看到我弄坏了铲子的。所以，我父亲打我时又快又狠。花匠站在门口难过得哭了起来。

就这样，我在一个双重的世界里成长了。当我在中国人世界里，我就是一个中国人，我讲中国话，像中国人一样做事，和他们吃一样的东西。我分享着他们的思想和感情。当我在美国人世界时，我就关闭上这两者之间的门。

四、童年的欢乐

在我童年的世界里，每逢新年，我就吃米饼，别的时候就想不起吃它们。春天，我们吃用扬子江中芦苇叶包起煮熟的糯米粽子，还有切成一瓣一瓣的咸鸭蛋。如果我想吃甜的，可以用粽子蘸点红糖，我现在知道红糖含有丰富的维生素。夏天，我们边喝温热的红酒边吃螃蟹，因为秋天蟹的凉性太厉害。

我们这些孩子一年四季都能吃到的美味是芝麻奶糖（注：似为麦芽糖)。这种糖由小贩挑着担子沿着通往我们小山的山路上叫卖。那时，不管我正在做什么，不管是看书还是在门外大草坪上做游戏，只要我一听到他（小贩）手上抓着木槌敲着小铜锣的响声，我就会从我的小抽柜里拿几个铜板飞也似的向他跑去。这种糖为防止黏手外面沾着白粉，平放在两只浅竹箩的担子里，小贩肩上用一根扁担挑着它们。当我用铜板买糖时，我常和小贩争论给的糖太小了。那时十个铜板买一块糖。小贩用锋利的铲刀敲下一块给我。它是那么鲜甜可口，粘在牙齿上，可以吃很长时间，对身体也有好处。

我吃的红米、红面和红糖总是那么丰盛，这是吃穷人家食物的好处之一。中国人有时也会像白人那样拥有特权地位。当一个穷人变富时，他会像其他人常做的那样，立即吃精白米、精白粉和进口白糖。这使他诧异，为什么他贫穷时吃的东西会在他变富裕了以后变味了呢?

在我们家院墙后面，大门除了晚上总是开着。温和多变的生活在继续。我父亲总是在外地旅行，我母亲却从不离开自己的孩子。如果她必须出去的话，也总是把我们带在身边。这就是说，更多的时候是朋友们来看望她。那些中国女士对一个外国人和外国家庭总是那么好奇。我母亲大方地领她们参观我们简陋的房间。除了一台缝纫机，其他没有什么可值得羡慕的东西。我自己的朋友们也常来玩。

我们最喜欢玩的地方是大门口的山坡上，那儿草长得比我们高。在这里的绿荫下，我们装扮成大人玩“过家家”游戏，或者在麦草堆里戏耍。有个冬天，在南面走廊阳光照得到的一个角落里，我花了好几个下午独自在看书。我在那儿反复阅读了我家那套查尔斯·狄更斯小说集。有时一边看书，一边吃着橘子和花生，悠然自得。这里我要说明的是，按我的看法，我们美国人把花生炒过头了，香味都破坏了。花生不应该被炒得橘黄，而应炒成奶白色，只要花生皮可以剥去即成，不能炒得像黑咖啡豆那样。

为了换换空气和娱乐身心，我们也偶尔去野外山林处野餐或是去金山游览。金山住着一个巨汉，每当我看到他那又胖又大的面孔，我的心就如同冰冻住了一样。他住在那个有名的大寺庙的一个房子里，身穿灰色袈裟，有八英尺半高，身材很宽大。他坐着时，两只大手放在膝盖上，平时除了做佛事一般不起来。那时候他也不大愿意站起来让我们看他有多高，除非给他钱。

金山岛是中国历史上著名之地，马可·波罗曾经去参观过。几十年前因长江河床北移，金山岛不复存在而和陆地相连。有悠久历史的寺庙曾经一度为帝王所有。在我童年时，金山已破败，只剩下些明代的绿色和黄色的琉璃瓦碎片，宝塔依然矗立，玲珑雅致，直插蓝天。在扬子江心屹立着比金山大但名声稍逊于金山的银山岛（指焦山）。在那儿的野餐和探险一样有意思。不过去那儿要租条小船来回摆渡。我们有过一次这样的旅行，真是棒极了。我们沿着狭窄的山路爬上陡峭的悬崖，再登上山顶。我望着扬子江里黄色的漩涡，江面宽阔如海，心里既兴奋又害怕。

有一次农历闰年，到处珠光宝气，天天盛宴不断。这些精美的食品做法独特，口味诱人，每道食物都还做成特别的玩具形象或是各行各业的人物形象。在元宵节的晚宴上，我们忠诚的佣人给我们带来了用纸做的小兔子灯。小兔子灯下有四只轮子，可以推拉着走。我们可以拖着点上蜡烛的小兔子灯到处玩乐。有时，佣人们还给我们做荷花灯、蝴蝶灯、小马灯。我点上两只小马灯，一前一后挑着它们玩，看上去我就像一匹在黑暗中行走的马。每当这时，我总是高兴万分。

春天，我们那儿有很多各种各样的风筝。有时我们自己把芦柴秆剖成一片片，用薄薄的红纸和糨糊做风筝。我们整天在山坡上放风筝，看着那些又大又复杂的风筝在天空翱翔。比如那些巨龙风筝、三十只脚的蜈蚣风筝，或是宝塔风筝，它们都需要十几个人帮忙才能飞上天。我们还用鸟笼养鸟玩。那些黑鹦鹉、白喜鹊，只要我们耐心教，它们还可以学说话。

我们还常去听说书人说书讲故事。这些人敲着小铜锣走在乡间小路上，晚上住在某个小村里，把人们召集到打谷场上听他们说书。我们还去看过江湖艺人在附近寺庙前广场上演戏。这样，我早就知道了我的故乡——中国的历史，而且对各个时代的英雄人物也了如指掌。

在我们家，我父母教我们要像对待客人和长辈那样有礼貌地对待佣人，这样双方都感到某种自豪。我们家多年来一直雇佣人，我们属于他们，他们也属于我们。童年时，我和他们度过了难以忘怀的好时光。如果晚上当大门关上时，我不能自由地坐在佣人房间里逗他们的孩子玩，听他们用笛子和二胡演奏民间音乐，那是多么孤独的事啊！有时，我们的厨师，一个又瘦又矮小的多才多艺的人（他除了黄皮肤、黑眼睛、黑头发，其余看上去就像弗雷德·阿斯泰尔），经常给我们讲过去的故事，因为他能看书阅读。他读过《三国演义》《水浒传》《红楼梦》，他卧室里还有其他书籍。

中国的春节是一年中最欢乐的日子。那天，我们这两个世界的儿童都云集一起聚会。我们所到之处都和中国朋友们交换着礼物，彼此穿着新衣服，鞠躬，互致贺词：恭喜发财。这种享受和欢乐属于我的童年世界。这时候我父母很少陪我在一起，在那种地方我真不是一个外国人了，我自己认为不是，我的中国朋友也认为不是。

五、孔先生

1902 年，我十岁时，我和父母又回到中国。一天，我在扬子江边小山上的教会平房的又小又陈旧的餐厅里听到一位中国老绅士的洪亮的声音，他就是我的辅导教师，一位孔夫子的信徒。尽管他后来逐步向我灌输孔夫子的伦理道德，但这并不妨碍他和我父母的交往。当他教我汉语阅读和书写时，我听他讲课，向他学习，并称他为“孔先生”。他很为自己的姓骄傲，因为这也是孔夫子的姓。

我作为一名信仰基督教的孩子，总是把孔夫子当作和上帝一样的人。我接受所有的神，也习惯于看到寺庙充斥着许多神。在他们当中有一位很特别，那就是观音菩萨。她总是那样美丽、庄严，看上去她对一切女性都很温柔、仁慈。应当相信，她有一个妹妹，她就是圣母玛利亚。观音菩萨是真正纯洁无瑕的。那儿没有人谈论天父和天子。她是一个完美的人。中国历史和神话常常混在一起难以分清。

孔先生曾给我上过一次重要的课。他说：“假如一个人变得幸福了，他就不应该对邻居们趾高气扬。把头抬得比别人高的人，迟早会被斩首。”这是真的，在中国和在其他民主国家里一样，当一个人变得太出名、太成功、太有权力时，难以理解的力量就开始活动了，大地也在他的顶点下破碎。中国人是一群既有骄傲感也有妒忌感的人。无论作为国家还是作为个人，他们都从不喜爱自己的长官，不相信长官们能存在多久。

有一次，孔先生在我家用漂亮的京腔说：“当你再来这儿时，这儿又会平安无事了，小妹妹。但这不能长久。风暴正起来。当它爆发时，你应当远远地离开这里。你应当回到美国去待在那儿，不要再回来。否则你将和其他白人一起被绞死。”我害怕地问：“必须要等下一次吗？”孔先生用严肃的腔调说：“要等正义的到来。”我不再说什么。我知道他的老家在北京，房子已被德国兵烧毁了。

孔先生那时近五十岁了，他母亲七十二岁。孔先生总是在天气好的时候的下午两点准时来到我家。他手上拿着一捆用黑绸布包着的宝贝似的书。进门时他只是向我点头示意一下，我也向他鞠躬致意，然后我才能坐下。这之后他打开绸布包拿出我们要学的书。我们读两小时书，他解释着疑问。他从不仅仅限于按书本上的东西讲，而是联系遥远的过去和现在，甚至联系着将来给我解释。

这样，我从童年的那些日子里，从孔先生那儿学习了最初的人生格言，了解了每个事物都有它的发展过程。为了理解现在发生的事，我们应当去发现这个发展过程。这个过程在事情开始发生时就存在已久了。因此，假如我们理解现在和准备了解将来，就要尽可能详尽地学习历史知识。孔先生还教会了我理解：命运不是盲目的迷信，也不是无所希望，不能愚蠢地等待某件事的发生。

到下午四点钟时，上课结束。孔先生盖上茶杯盖，又用黑绸布包上书，我站起来，向孔先生鞠躬再见。他点点头，提醒我要准备好明天的功课，注意我可能有的一些错误，然后他就回去了。我像一个总跟着教师转的学生一样送孔先生走到大门口，目送老师远去，直到看不见他的身影。

六、两个世界的破裂

在1900年我八岁时，我童年里的两个世界终于裂开了。我曾坚持要把这两个世界联结在一起。在我居住的那个能眺望到扬子江的小山上，我能清楚地看到这两个世界。正是在这一点上我能把它们联结在一起。有时晚上我从游廊里向外眺望，我脑海里闪现出翠绿的山坡和山谷，池塘在阳光下犹如珍珠般地闪着光耀，远处是覆盖着乌瓦粉墙的城市和正流向大海的宽阔长江。海的对面就是美国——我毫无所知的故乡。由于我的毫无所知，所以我的想象力就格外自由。我想，附近的群山和山谷、镇江城和大海、我父母的故土，这些都属于我。

当然，我知道这是一种空谈，因为甚至在我童年时，我就不被当作中国人。当我上街时，小孩儿们叫我“洋鬼子”，或是装着天要下雨而躲雨的样子。这时，我感到这是一种刺人耳目的行为。我知道我不是妖怪。即使我被称作“洋鬼子”，我也没遇到什么麻烦，因为我在中国世界时，我仍是很安全的。如果这些孩子了解我，他们就不会叫我“妖怪”。每当他们这样叫我时，我就回敬他们一声“龟儿子”，即说他们是私生子，这是叫他们闭嘴的一种办法，我父母多少年来都不知道这个词的意思。那时候，我已经到该懂得害羞的年龄了。

在 1900 年整个春天，那是扬子江下游最美丽的时候，我在未曾料到的情况下看到我的世界在裂成许多碎片。那时，来我家串门拜访的中国人突然少了许多，有时候没有一个中国朋友在我家门口出现。和我玩耍的中国孩子们也常常沉默不语，他们不再和我玩平常的游戏，甚至我的同学也不再吵闹着要和我共用一张桌子了。我是一个被溺爱和礼物宠坏了的孩子。起先我被弄糊涂了，后来则感到被深深地伤害了。我母亲看到这一切后就尽可能地向我解释所发生的一切，她说：“这和美国人无关。我们确实没有对中国人做什么坏事。我们美国人没有抢走中国人的土地、河流和港口。是其他白人犯下的罪恶。”她保证我们的朋友们能理解这一切而不会恨我们。确实，我们感到中国人对我们还像以前那样热情，他们仅仅是不敢表示出他们的感情，因为他们害怕被别人指责。

终于，我了解了一切。我们是被那该死的、残酷的思维方式扯到了一块。真正的原因是旧有的仇恨需要得到发泄。我不能理解，为什么要把我们——从来没什么变化的我们和那些我们都不了解的其他国家的人扯在一起。他们是什么人？我们不知道，反正我们不是强盗和抢劫犯。直到现在，我才感觉出当初生活里的不公正。

现在危险来自人类。我和我的家庭，所有的白色人种的男人、女人和像我一样的孩子都处在危险之中。来自北方的北京城里关于慈禧太后的秘闻蔓延到我们这个中部省份。她背叛了白种人，因为狡诈的欧洲人和英国人正在蚕食中国沿海和沿江一带的土地，我们听说她想摆脱所有白人，并永远对白人关闭国门。我严肃的父亲说，慈禧太后不断被洋人所激怒，她希望使中国摆脱侵略者和强盗，但又害怕受洋人恫吓和指责。他还说如果我们美国受到陌生人要挟并被不断的战争、巨额经济赔款、割让土地和出卖所有权而一点点地被蚕食，我们会怎样。我父亲虽然同情慈禧太后，但他的同情不能解救我们。尽管我们是无罪的，但我们却不得不因为那些白人的罪恶行径而落到这种地步。

我记得那是夏季的一天。当我们第一次听到山东省传教士们被杀的消息时，我妈妈面孔吓得煞白。她和父亲商量后决定送我们离开。

这些洋枪洋炮是慈禧太后最害怕的。她知道她没有能和西方人的军队和枪炮相抗衡的东西，也找不到什么保护伞，因此她只有相信义和团那自以为了不得的神奇法术。当时对外国人的歇斯底里的感情也蔓延到了全国。外国列强向软弱的年轻皇帝光绪提出了一个又一个的要求。当光绪发布公告说如果按照维新法令执行将可摧毁旧的社会结构时，人们更感到了这场维新运动对他们的威胁。同时，法国已拿下了安南（越南），英国坚持要求得到威海卫，法国要求得到广州，德国要求得到青岛，俄国要求得到大连。这些都称作“租借领土”，但实际上是这些国家的殖民地。那儿的中国百姓要为驻守的外国军队和海军付出沉重的捐税。很清楚，中国的钱财已被刮走、花费和滥用了，不仅被慈禧太后自己刮走用来建颐和园昆明湖畔的大理石舫，也被她的官员们私下瓜分和贪污。当她这种彻底的罪恶开始受人民怀疑时，她要将人民的愤怒转向正在抢劫、掠夺中国的外国人身上。她因而听信义和团的话而拒绝她最好的大臣的忠告。光绪皇帝此时已无权可使，他已被软禁，他的支持者们也被镇压和放逐。

我们在那美丽的夏日离开自己的家，乘一艘大船去上海。当时是中午，美国领事馆换上一面大红色旗子，这是必须离开的紧急信号。我们不能带走所有的东西。我走过一个个房间，我对自己说我可能再也看不到这一切了。我只带走了少量的书籍，因为我们离开得太匆忙了。

七、大学毕业重返镇江

1914年11月，我母亲病情恶化。由于焦虑和压力，加上在欧洲进行的第一次世界大战前景看上去更暗淡，我请求长老会让我回中国故乡。一位同学及要好的朋友来接替我的心理学教学工作。我独自一人漂洋过海回到了我的故乡。我对这个故乡比对其他地方更熟悉。故乡在我离开的四年里有了很大变化。回到中国，我的思维又变得像一个中国人那样了。在美国上学的四年里，我没说过一句中国话，因为我的一个从上海来美国上学的同学不会说普通官话，我也听不懂她的上海话。汉语是我的第一语言，但在美国大学里，我只得说第二语言——英语，而且我还不知不觉地学会了弗吉尼亚的腔调。我记得在回中国的船上，一位美国年轻人甚至还纠正过我的“中国”英语发音。

母亲身体到底虚弱到怎样，我不能猜测。直到我在镇江火车站见到她时，我瞧着这个小小个头的女士，穿着平时总是那么整洁的衣服，但又瘦又小，我不禁哭着说：“妈妈，你怎么变得这么瘦小了！”我母亲却笑着回答说：“孩子，你变大了！”我的心在颤抖，但我忍住哭泣，转身感谢那些来迎接我的中国老朋友们。我同每个来接我的人都说上几句，连车站上的工人们都走进来听几句。

我又回到家了！我曾经生活和长大的那个院子已经被送给一所学校，原来住的老平房也被推平，在原地新建为一座新的二层宿舍楼。我父母也把家搬到了另一座小山上，长老会在那儿为他们另建了一座时尚的新房子。我们住的这新房子还是位于原来的山谷和小山群落里。当我们走在熟悉的土路上时，附近的农民们在田里抬头看到了我。他们放下锄头，跑过来和我说话。他们的妻子和孩子也跑出土房子叫喊着我的名字。“你回来了吗？”“很好，很好。”他们喊道。

当我走近新房子时，我发现妈妈已经为我安排了舒适的房间。它面向远处的长江，可以看到翠绿的山谷深处。我感到这房间空荡荡的，除了几件简单的家具，地板上没铺地毯。但书桌和穿衣镜台上放着玫瑰花。我妈妈为窗户做了窗帘，我以前的床也放在那儿。我童年时代的书籍放在墙壁上的小书橱里。这儿又成了我的家。

我的生活现在不得不分成两部分。白天，我除了在附近的 3 所男生学校教书，同时在其他学校训练那些 17 岁到 20 岁的中国姑娘做各种各样的工作，再有就是照顾我母亲。我承担了全部家务活以减轻她的劳动。我还承担了她在妇女中应做的工作。我不可能也不会主持教会活动，我母亲现在也做不动她原来做的事了。

我对在这儿教书有广泛的兴趣，因为我的学生不是儿童。他们是高年级学生，比同年龄的西方男孩更成熟。许多男生已结过婚，有的人还有了孩子。我把他们当做大人，尽管我自己比他们大不了多少。我的任务是教他们英语。我就他们感兴趣的又有一定难度的问题用英语说话。他们教给我的远比我教给他们的多。中国发生了许多大事，当时我正好避开了一个混乱的时期。弱小的溥仪皇帝登基了，随着慈禧太后的死，中国已没有真正的统治者。清王朝快完蛋了。像过去这种时候一样，中国人正从哲理上等待一位新领袖的出现。各种各样的地方领袖正发展成为军阀。这是一个历史过程——实现彻底的汉化和实际上的民主化，新统治者按传统做法正尽力使人民满意，以图使他的宝座更安稳。

八、“我不是传教士，我是教师！”

中国人不像美国人。他们对外国人的一切都非常好奇，常向我问成百上千的问题，也从不避开个人生活的细节。对此，我尽可能地给予一一回答。每次我们谈话快结束，他们都会焦急地问我一个重要问题：“你打算什么时候结婚？”我总是说：“不知道。”那么下一个问题是不言而喻地关心：“你父母就不帮你找个丈夫吗？”

按中国传统，父母要为女儿找丈夫而操心。遗憾的是，这种传统后来并未持续多久，因为青年们对传统婚姻的激烈反对已势如巨浪。不管怎样，当时我的中国朋友们都幸福地结了婚，并忙着带孩子。而我还年轻，她们为我的孤独生活而操心。由于我的白人朋友们走了，除了英国朋友阿格尼丝小姐，我再没有其他同年龄的白人朋友。我还有一个最亲近的美国女朋友，是一个传教士的妻子，35 岁，有 3 个孩子，但她属于另一代人了。当时，我也不允许受到住在镇江英国租界里的极少几个年轻白人小伙子的注意。他们当中有两三人在德士古石油公司工作，有一个在烟草公司工作。开始，我没考虑什么就接受了他们的邀请。后来有一天，一位年纪稍大些的、在教会工作的美国女人严肃地对我说：“你不能继续在这两种方式下生活。如果你和生意圈中的人在一起，你就必须离开教会圈子。”我反驳说：“我不是传教士，我是教师！”“你是教会学校的教师，”她提醒我说，“同时你的父母是传教士。”我坚持自己的看法：“我父母不会在乎我这样做。”“但我们其他人在乎。”她坚决地驳斥我说。

为了我父母考虑，我后来谢绝了这一类邀请，而且严格安排好我在家和在学校的工作时间。我开始研究中国小说。当我母亲身体稍好一点时，我就步行或骑马到乡间旅行。我的中国朋友仍然关心着我，我也知道她们和我父母谈论安排我的婚事，但这后来引起我和父亲之间的一场争吵。

九、母亲在镇江去世、安葬

1921 年 10 月的一个阴暗的下午，护士告诉我父亲和我们姐妹俩，我母亲快不行了。我让父亲和妹妹到母亲卧室去，我一人站在客厅里，凝视着窗外的景色，泪水夺眶而出。终于我父亲开门出来了，他用一种出奇的平静的语调告诉我：“你母亲去了。”然后他迈着疲倦的步子下楼回到他的书房。我妹妹也跟着他走出来。因为悲痛，后来的事我都记不清了。

过了一天，我们为母亲举行了葬礼。那是一个灰蒙蒙的秋日，下着小雨。送葬的队伍下了山，穿过山谷来到了一个围着围墙的外国白人墓地。哦，那是在外国土地上的凄惨的白人公墓！过去，我母亲和我常带着鲜花来这儿看望我死去的小弟弟的坟墓，他已埋在这儿多年。这儿最早的几个墓已有一百多年了，那儿埋葬着三个白人水手，国籍不明。我甚至还记得他们共同的墓碑上的六行诗句。过去每次来这儿，母亲都能看到这些诗句和大大小小的坟墓，其中有许多是白人婴儿和儿童的，还有许多是分娩时死去的白人妇女。我记得她总是拒绝看那个高高的著名英国传教士的坟墓。他的墓穴地点很好，周围环绕着他三个妻子和许多孩子的坟墓，每当她看到这个坟墓，她总是愤愤不平地说：“这个可耻的老东西！”但是，现在我们把母亲安葬在这里了。我稍稍感到安慰的是我们在这个公墓的一角为母亲找到一个僻静的安身之处。

十、人生高潮的开始

1921 年 10 月，当我办完母亲的丧事回到南京我的新家后，我迫切希望能使母亲复活。于是我开始为她写点东西。我当时想这是为我自己的孩子而写的，他们可能因此对我母亲有个印象和了解，因为他们太小了，会记不住我母亲活着时是怎样一个人。我不知道怎样写她，只有按我的记忆而准确地记录下她的思想和生活。这后来成了我的第一本书并发表了，题为《流放》。这是我发表的第七部书，但实际上它是我写作的第一本书。

当我写完这本书时，我发觉自己还想继续写下去。我母亲去世后的第二年夏天，我和妹妹及我的孩子去庐山牯岭避暑。我清楚地记得那是八月份的一个下午，我对她们坚定地说："从今天起我将正式开始写作，我终于为此做好了准备。"

后来我写了一篇小文章，只略略描写了那时候我在中国社会的经历。由于我从未使用过打字机，所以当时我费了好大劲才打印好这篇文章，把它寄给了《大西洋》月刊。这篇文章发表后，我收到了《论坛》杂志的一封约稿来信。尽管这两篇文章从来都没有收入在我发表的任何书里，我还是把它们作为我写作生涯记录的一部分。它们是那时中国的真实写照。这一年是 1922 年，我整整三十岁，这是我人生高潮的开始。

第二部分

译者按：赛珍珠在《我的几个世界》这部传记里，还特意写出了 1933 年留美华人学者江亢虎教授对其《大地》一书的文学批评，以及她当时的答复。美国《纽约时报》当时曾对此做过评论报道。

这是一件极有价值的史料，有助于我们了解赛珍珠当时的写作思想。这次文学批评和赛珍珠对此的答复是否曾引起过中国文学界的关注或有什么结论，现已无从得知。但事情已经过去五十多年，这漫长的时间和已经发生了巨大变化的世界是否可以为这场文学批评作出历史的、客观的结论了呢？

现将赛珍珠对此事的回忆全文译出，以供大家作一历史的回顾。

在 1933 年哥伦比亚大学的中国学生请我与他们共进晚餐时，我才知道一些年轻的中国知识分子对我写作《大地》一书的成功感到很不高兴。他们指责我的第一本成功的小说为什么不写他们那样的人而写中国农民。那一年我正在美国，他们当中的一个人甚至还在《纽约时报》登读者来信批评我。江亢虎教授的信很有意思，很好地表达了这些知识分子的感受。现摘引部分如下：

很久以前，中国的肖像画艺术就已达到了相当高的水平。唐、宋乃至清朝的绘画艺术被介绍到西方后，在西方艺术家和鉴赏家那儿引起了轰动。但是，除了壁画和漆器，中国画不论是黑白画还是各种彩画总是被西方人当成用笔和墨水在丝绸或纸上涂抹而成的东西。中国从来没有用油彩画成的画。祖宗的肖像画是在画中人活着时绘制，而由后代人在祭祀死者时完成的。这是一个很特别、很繁杂的风俗，需要一定的技术。画家必须要画出画中人全部的面孔和两只耳朵，画中人还要身着表示一定地位的礼服、站在传统中规定的位置上。

有一次，一位中国大官坐着让一位洋学校的画家给他画像。画完后，这位大官发现代表他官衔的帽顶上的那颗珠子不见了，甚至他的面孔被画成半黑半白。他非常生气，任画家怎么解释、道歉都没用。这说明中国人和洋画家们在正确的绘画观及比例运用的看法方面有多大的差距。

当我读了赛珍珠写的中国主人公的小说后，我也有差不多同样的感觉。按赛珍珠自己的看法，她对中国的描绘可能太令人信服了。但她肯定是把中国画成了一半黑脸、一半白脸，那个帽顶上的珠子也不见了！更有甚者，她好像更乐意描绘某种奇特怪癖，以及描写而不是表现一般人物的形象，每一类这种描写在书中都占有一定的比例。她利用和加强这类描写，有时“倾倒”着一个人太多太多的特点，使得这个人不可能生活在现实生活中。在这方面，赛珍珠更多地采用了卡通画的漫画手法而不是画家的绘画手法。

我必须承认，我对读西方作家写的中国题材的东西从不关心，读他们写的中国小说则更少。由于我的许多美国和加拿大朋友多次向我询问赛珍珠的作品，我才读了她的《大地》，一晚上便浏览完毕。我常感到她对某些奇特怪癖的细微描述和对某些仅受低等教养的中国角色的描写还是不容易的，尽管这些角色全都是不真实的、不常见的。

她特别得意的是鞭击人性的痛点，即两性关系。她的一些老练的启发使人们对这个司空见惯的事感到震颤、兴奋。确实，在两性关系中，生活是核心。有关分析表明两性关系就如同食物与水一样是人们的通常需要。但是恶意的启发比隐晦的说明更坏。这就是为什么穿薄长筒袜和超短裙表演比一般的裸体舞表演更具有性感。我不打算证明任何通常的性道德标准，但是我相信，性情绪越小对个人生活和社会生活所起的后果会越好。我们年轻一代渴望获得的是那种自然的、稳定的、自由的性表现，而不是赛珍珠作品中主要显示的那种可怜的、不健康的性表现。

在她的作品中，她描绘了她自己年轻时在中国的生活，其中许多是受了中国苦力和老妈子们的影响。这些人通常来自扬子江北最底层阶级中最贫穷的人家。当然，他们当中有许多高尚和善良的农民。他们做着艰苦的劳动并忠诚不二地服侍主人，他们的生活思想总是不可思议，他们的一般知识确实有限。他们可以组成中国人口的大部分，但他们肯定不能代表中国人民。

我对这封信的回答发表在《纽约时报》1933 年 1 月 15 日的那一期上。现摘录部分如下：

我总是很有兴趣地听取中国人对我作品的意见，不管这种意见有没有代表性或仅仅是个人看法。而且我对每个真诚的看法——不管这些看法说的是什么，都感到欣慰。在同样的这种真诚精神之下，我谈几点对江教授观点的看法。

首先我要讲，江教授说我画了一幅不是普通画像的中国人的画，这显然是说对了。它不像常见的那些画——画的主题已失去生命力，而画尚未完成。任何一个知道那些画的人该明白他们距离生活是多么遥远——他们装模作样、理理衣服上的折皱、板着面孔、表情严肃、露着那代表官衔的帽顶上的珠子。我画出了光线和阴影，而且有意识地隐去了帽顶上的珠子。我不想问他是否认识自己，以免他提出要画那个有帽顶上珠子的画像。我只按他画我的办法来画他。我不用抱歉……

对我来说，没有什么比与我作品有关的事更使我感兴趣，比如江教授在他的信中表示了的那种没什么重要意义的个人看法之类观点。那种观点我知道得很清楚，那总是使我感到可悲。当他说“他们”——这指的是中国的普通人们，“可以构成中国人口的大多数，但他们肯定不能代表中国人民”。我不禁要问：如果任何国家的大多数人不能代表这个国家，那么谁能代表？但是我知道江教授要说什么：还有像他一样的那些人。他们要求由他们这一部分知识分子来代表中国人民。他们要求用已经过去很久的历史和已失去生命力的画像（它们是祖宗留下的古典艺术）来代表现在广大的、丰富的、忧郁的、欢乐的中国人的生活。前者虽然是宝贵的，代表了中国文明的一部分，但它们代表的只是封建王朝和官方的帽顶上的珠子，因为杰出的中国普通百姓正在生活中伴随着自己不幸的性情、一个饱受战争折磨的政府和一个微不足道、内部纷争的知识分子贵族阶层。

生活在巨大的、强劲的生命漩涡之中，他们将因此被看得一钱不值吗？为了真理起见，我不能同意这种观点。我从成百上千的经验和江教授的文章中又一次明白了这种态度。在对待劳苦大众的残酷态度中我早已看见过这种感情的表露：为了显示高傲而藐视没有文化的农民，完全忽视无产阶级的兴趣。因此世界上没有一个国家的普通人民遭到过像中国人民那样多的饱受自己国家的军阀和知识分子领袖们的折磨与压迫。在中国，平民和知识分子之间的裂缝就像一条不可逾越的鸿沟。我一直和平民百姓生活在一起，此外，我还有十五年和知识分子生活在一起。我知道上面讲的这一切。

当江教授目空一切地说到“苦力”和“老妈子们”时，他证明了他对自己国家人民的误解态度。假如他明白“苦力”意味着什么，他就应该了解他们，这是一个使人痛苦的称呼。“老妈子”也仅仅是一个佣人的代名词。在我童年的家里，我们的花匠是一个大家都尊重的农民，我们从不允许有人称他为“苦力”，也从不允许我们的孩子现在在家里使用这个词。我们从不称保姆为“老妈子”，而总称“奶妈”。她除了教我们做个好孩子，其他什么也没教我们。我们就像对自己母亲那样真心地爱她、听她的话。她是一个乡下妇女，我不知道她的生活思想是否“总是不可思议”，也不知道她的一般知识是否“有限”。对我来说，她是我的奶妈。今天在我家里，我的孩子是那么热爱和尊重另一个国家的妇女，他们从不叫她“老妈子”，而是叫她原来的亲切的名字。因为她不仅仅是一个佣人，也是我的孩子们的忠实朋友和真正的乳母。我从未感觉她和江教授讲的有什么相同之处。

一些中国知识分子似乎不能抓住问题的要点。他们应当为自己的普通人民大众骄傲。这些普通人民大众是中国的光荣和力量之所在。那种认为西方可以被欺骗到相信中国人民现在看上去还和古代画像上所画的一样的时代已经过去。因为报纸、旅游者会告诉他们中国发生的一切：土匪、饥荒和频繁的战争。在我最近十五年的见识中，《儿子们》一书所讲的事件没有一天不发生。在整个画面中，正在缓缓变化的事是普通民众的素质，他们用那种崇高的坚忍精神忍受着时代的变迁。

我已经说了够多的话了。我不愿意提到江教授对我书中有淫猥描写的谴责。传教士中最狭隘的教派会同意他的这种谴责，但是我想这种对正常两性生活的害怕恐怕是某种训练的结果。是否是这样，我不清楚。我只要说，我写的只是我看到和听到的东西这就足够了。

至于我是否在用我的书为中国服务，只有时间才能给予答复。我已经收到人们给我的许多来信。他们告诉我，在读了那些书后，他们第一次对中国产生了兴趣。对他们来说，中国人现在也是人了。当然还有其他的评论。对我自己而言，我没有一种使命感或者在进行某种服务的感觉。我写作是因为这是我的天职。我能写出来是因为我了解那些事。我只了解中国，我一直生活在那儿。我在那里只有屈指可数的几个白人朋友，因此用不着任何暗示、提醒，我就能写出我了解的人民。我最爱中国人民。我生活在他们之中。每天早晨起床，他们关心的都不是那颗代表官衔的帽顶上的珠子。

第二天，《纽约时报》在它的社论里对此做出了评论。摘要如下：

江亢虎教授因对他“祖宗的画像”的说明而偏离了论题。虽然这种画是在主题尚有生命力时所作，但它却是在主题失去生命力后才完成。这必须要有某种技术。所画的人必须要表现出所规定的姿势——带两只耳朵的全部面孔，并且要穿礼服。某种习俗惯例必须要遵从，即使它们表现出一副虔诚的样子和违反有关绘画的比例及光和影的规则。如果画的是大官则必须把帽顶上的珠子画得清晰可见。江教授对赛珍珠女士描写的中国生活画面提出的批评就是赛珍珠女士不能观察得到的那种规则：中国已经被画得“一半黑面孔、一半白面孔”，“帽顶上的珠子”也丢了。

布克夫人①承认她没有画出符合规则的画。她在展现中国人个人生活画面时所运用的光线和影子是她在普通百姓和知识分子中间生活的所见所闻。至于细节的准确性，她能够提供丰富的素材和实例——这在她童年起即生活了多年的那个中国地区比比皆是。在中国，地区之间的风俗传统是如此不同，没有人能够规定写作时要一览无余。赛珍珠把地方性的记载报道读给她的邻居听，以求证实。江教授的批评是说她过多地依赖了中国的“苦力”和“老妈子”，而不是依靠他们这些“知识分子”，这些人正是布克夫人刻画的藐视普通人民大众的那些人。从他们身上可以看出，他们和人民大众之间被一条充满危险的鸿沟所隔开。赛珍珠似乎认为这条鸿沟是他们不可逾越的。

对布克夫人说来，构成中国人口大多数的那些人是广大、丰富、阴郁、欢乐的中国生活的真正代表。这些伟大的普通人民大众可能正伴随着自己不幸的性情、一个饱受战争折磨的政府和一个微不足道、内部纷争的知识分子贵族阶层生活在巨大的、强劲的生命漩涡之中。他们是中国的光荣和力量之所在。他们用杰出的坚韧毅力忍受着时代的变迁。为了了解和解释今天的中国，我们不必去读陈旧的教科书，江教授却似乎认为有必要。那儿从来没有什么固定不变的生活画面，西方世界不相信中国人民看上去就像他们的老祖宗画像上的那样。可是江教授却希望我们把这些画像当作天朝的真正代表而加以接受。布克夫人已使我们看到和欣赏到了一个正在遭受磨难的人民的耐心、俭朴、勤劳和他们的不折不挠的、完美的幽默感，而统治阶层中的知识分子正想从世界人民的眼皮下面把这些家庭悄悄地掩藏起来。

解放前我国翻译出版赛珍珠作品情况介绍

为了解 1949 年解放以前赛珍珠文学作品在中国的出版情况，1991 年我

① 布克夫人即赛珍珠。

特地去复旦大学、上海社会科学院、南京大学的图书馆查找资料。最后将所收集到的资料与刘龙老师所收集的相关资料合并编辑，将 1949 年以前赛珍珠作品在中国翻译出版的情况罗列如下。

《福地译述》，卜凯夫人原著，伍蠡甫译述，86 页，上海黎明书局 1932 年 7 月出版。

《大地》，赛珍珠著，张万里、张铁笙译，上中下三册，495 页，北平志远书店 1933 年 6 月出版。

《大地》，赛珍珠著，马仲殊编译，83 页，上海中学生书局 1934 年 2 月初版，8 月再版。

《大地》，赛珍珠著，胡仲持译，326 页，上海开明书店 1933 年 8 月初版，1934 年 3 月再版，1939 年 5 月五版，1941 年 3 月七版，1943 年 7 月八版，1946 年 4 月九版，1949 年 3 月十二版。

《大地》，赛珍珠著，由稚吾译，183 页，上海启明书局 1936 年 5 月初版，1939 年 1 月三版。

《大地》，赛珍珠著，由稚吾译，183 页，上海古今书店 1948 年 11 月出版。

《大地》，赛珍珠著，罗致译，183 页，重庆新中国书局 1945 年 12 月出版。

《大地》，赛珍珠著，凌心渤译，115 页，上海经纬书局出版。

《儿子们》，巴克夫人著，伍蠡甫译，386 页，上海黎明书局 1932 年 12 月出版。

《儿子们》，赛珍珠著，马仲殊译，78 页，上海开华书局 1934 年 4 月初版，1935 年 4 月再版。

《儿子们》，赛珍珠，唐允魁译，204 页，上海启明书局 1941 年 2 月出版。

《儿子们》，赛珍珠著，唐允魁译，204 页，上海古今书店 1948 年 11 月出版。

《分裂了的家庭》，赛珍珠著，常吟秋译，440 页，上海商务印书馆 1936 年 11 月出版。

《分家》，赛珍珠著，唐长儒译，220页，上海启明书局1941年1月出版。

《分家》，赛珍珠著，唐长儒译，220页，上海古今书店1948年11月出版。

《东风·西风》，赛珍珠著，郭冰岩译，238页，南京线路社1933年3月出版。

《东风·西风》，赛珍珠著，唐长儒译，113页，上海启明书局1940年8月出版。

《东风·西风》，赛珍珠著，唐长儒译，113页，上海古今书店1948年11月出版。

《母亲》，布克夫人著，邵宗汉译，362页，上海四社出版部1934年11月出版。

《母亲》，赛珍珠著，万绮年译，298页，上海仿古书店1936年5月出版。

《旧与新》，布克夫人著，常吟秋译，98页，上海商务印书馆1935年2月出版。

《结发妻》，赛珍珠著，常吟秋译，71页，上海商务印书馆1934年11月出版。

《爱国者》，赛珍珠著，戴平万译，453页，香港光社1939年6月出版。

《爱国者》，赛珍珠著，哲非等译，三册148页、290页、94页，上海群社1939年6月出版。

《爱国者》，赛珍珠著，朱雯、唐文、冯烽译，348页，上海美商华盛顿印刷出版公司1939年6月出版。

《爱国者》，赛珍珠著，钱公侠、施瑛译，288页，上海古今书店1948年11月出版。

《黎明的古国》，赛珍珠著，朱雯、唐齐、冯烽译，348页，上海ABC书店1939年11月出版。

《元配夫人》，赛珍珠著，李敬祥译，144页，上海启明书局1940年4月出版。

《生命的旅途》，赛珍珠著，荒芜译，124页，上海现代出版社1940年4月再版。

《滇缅公路的故事》，赛珍珠著，以正译，34页，重庆新评论社1941年出版。

《滇缅公路的故事》，赛珍珠著，以正译，34页，赣州新赣南出版社1942年4月出版。

《永生》，赛珍珠著，唐纳、安仁译，305页，上海国华编译社1942年4月桂林版。

《他山石》，赛珍珠著，译者不详，31页，时代出版社1943年出版。

《龙种》，赛珍珠著，王家域译，143页，重庆正中书局1943年8月初版，1945年11月沪一版，1946年2月沪五版，1947年7月沪七版。

《生路》，赛珍珠著，述云、王玢译，122页，上海现代出版社1946年8月出版。

《深闺里》，赛珍珠著，陈澄译，109页，上海百新书店1948年9月出版。

上述资料表明：在20世纪三四十年代，赛珍珠的作品在中国被大量翻译出版，正如鲁迅先生所说的“布克夫人上海曾大欢迎”。在《大地》三部曲获得1938年诺贝尔文学奖之前，赛珍珠的小说不仅畅销国外，也风靡中国，这表明赛氏小说拥有广泛读者基础，获诺贝尔文学奖并非偶然。

半个多世纪过去了，研究赛珍珠及其作品的沉寂局面应该结束了。这位近代美国女作家的中国题材小说在中国拥有如此之多的中译本和如此之大的发行量，这不能不令人深思，不能不引起有关方面的重视，不能不进行深入的研究。

十、跨时空的告白

刘龙老师访问美国

长久以来，刘龙老师有个愿望，即他非常想到美国参观赛珍珠故居并收集更多的史料。2000 年前后，镇江市政府曾经有几次派出友好城市代表团或赛珍珠主题访美代表团。因那时刘老师手术后正在休养中，领导们担心他的身体状况不能适应跨洋长途旅行而未作安排。待身体稍稍康复，他即多次联系我，表示一定要去美国参访赛珍珠故居，看到更多一手资料，并亲自到赛珍珠墓前凭吊。他在电话中告诉我，这是他此生最大的，也是最后一个愿望。他希望我能帮助他实现这个愿望。我被深深感动，决心帮助刘老师达成夙愿。

2003 年，刘老师曾与我商量当年春季访美，后因故搁浅。2006 年年初，他又联系我，表示自觉身体尚可，还是想实现访美愿望。考虑到 5 月份业务旺季尚未到来，于是我建议他 4 月来美，这样我可以全程陪同他。我向他发出访美邀请信，并给美国驻上海总领事馆发信，以便协助刘老师获得访美签证。2006 年 5 月，刘老师拿到访美签证，终于可以实现访美愿望了。但此时我已进入工作旺季，考虑再三，我还是决定一定要抽出时间陪同他访问纽约、费城及青山农场赛珍珠故居、华盛顿、洛杉矶，并安排他去旧金山访问。当时因业务竞争激烈，我的收入情况尚不理想，我们商定，由刘龙老师承担往返中美的国际机票，我来承担他在美国国内的食宿交通费用。

刘龙老师 2006 年 5 月访美日程安排如下：

5 月 20 日，北京—纽约，下午国航 981 航班，14:30 抵达。

15:30 会见赛珍珠养子埃德加·沃希。

17:00—19:00，游览纽约市区。

5 月 21 日，纽约—费城—帕卡塞（Perkasie）。

5 月 22 日，帕卡塞—都柏林镇（Dublin），青山农场，访问赛珍珠基金会及参观故居。

5 月 23 日，都柏林镇，赛珍珠基金会，全天查阅资料。

5 月 24 日，都柏林镇，赛珍珠基金会，全天查阅资料。

5 月 25 日，都柏林镇—费城—华盛顿，上午查阅资料。

5 月 26 日，华盛顿—洛杉矶，下午的航班。

5 月 27 日，洛杉矶，酒店休息。

5 月 28 日，洛杉矶，参观。

5 月 29 日，洛杉矶—旧金山。

5 月 30 日，旧金山，自由活动。

5 月 31 日，旧金山，自由活动。

6 月 1 日，旧金山—北京。

5 月 20 日 15 点，我在纽约肯尼迪机场接到刚入境的刘老师。刘老师告知我赛珍珠养子埃德加·沃希也来到了肯尼迪机场，他在停车场等候我们。我随即陪同刘老师步行去停车场。路上刘老师介绍，他在镇江与埃德加相识，埃德加说自己收藏有一些赛珍珠照片，此次见面刘老师想请埃德加提供一些赛珍珠照片。会面时，埃德加提出要收费。因数额超出预算，刘老师无法满足，只能放弃这一想法。

随后，我驾车陪同刘老师参观纽约曼哈顿市容，包括世贸遗址、华尔街、时代广场、唐人街等。

第二天，我们驱车前往费城，参观了独立宫、自由钟、造币厂。晚上抵达帕卡塞镇住宿。这里距离青山农场赛珍珠故居有约 30 分钟的开车路程。

刘龙老师此次访美的主要目的是访问赛珍珠基金会（后改称为赛珍珠国际）和赛珍珠故居并查阅资料。5 月 22 日上午 9 点，我们抵达青山农场。我们首先拜会了赛珍珠养女暨赛珍珠国际董事长詹妮丝·沃希女士和理事长明泽女士。对于我们的到访，她们显得特别高兴。她们热情地与我们交谈，介绍情况并回答我们的提问。她们询问刘龙老师这次访美是否属于镇江市政府派出（即代表镇江市政府），刘龙回答说：“这次是自费访问美国，属于个人研究活动。而且我和徐和平所做的赛珍珠研究工作，从一开始就是自费进行，没有使用过公家的经费。”对刘龙的回答，詹妮丝和明泽均十分惊讶，亦对我们更为敬重。对于我们计划用两天半时间查阅资料，她们表示：“你们两人是中国最早开始研究及重新评价赛珍珠的人，也是最早与赛珍珠基金会建立联系并邀请赛珍珠基金会访华的中国朋友。我们非常感谢你们所做的工作，为此我们的资料室对你们完全开放，你们可以查阅所有资料。”我们知道，在一般情况下，来访者查询资料需要事先提供书面要求，然后由工作人员帮助查找。詹妮丝和明泽允许我们直接进入资料室，随意查阅，不设限制，这让我们感到激动与意外。刘老师随即说：

2006 年 5 月 22 日上午，刘龙和徐和平在赛珍珠国际会见
赛珍珠养女詹妮丝（上图）及赛珍珠国际负责人明泽女士（下图）

“你们视我们为家人，这真是给家人般的礼遇，太感谢了!”。她们笑着表示：“当然，你们就是我们的家人。”

詹妮丝亲自陪同我们参观了赛珍珠故居。刘龙老师非常激动，眼前故居的这些场景、图片、物品等，都是他过去20多年来在收集史料和研究中所看到和知道的，而今历历在目。我们一边参观，一边议论，仿佛赛珍珠就在身边陪同我们，并回答着我们的问题。

刘龙老师（左）、赛珍珠养女詹妮丝、笔者（右）在赛珍珠书房合影留念

走出故居，我们随后去拜谒赛珍珠墓地。那儿绿树成荫，环境肃穆，我们以晚辈身份向这位镇江老乡和中国人民的老朋友致以最诚挚的敬意。因为机会难得和心情激动，刘龙老师独自默然凭吊十几分钟，虽未开口，但我知道他内心一定无比感慨。

午餐后，我们立即开始进入资料室工作。遗憾的是，资料室史料并不如我们想象得那么多。主要原因是赛珍珠已将其全部手稿捐赠给有关机构收藏，其中大部分的手稿捐赠给了西弗吉尼亚州威士林学院收藏。她逝世前，她的秘书兼她的传记作者私下拿走了很多重要文件、信件、照片等。另外，她的养子女们出于各种原因，也各自到赛珍珠故居拿走了许多资料，因此，她的养子埃德加手中保留有一些赛珍珠的照片。

2006 年 5 月 23 日，笔者在赛珍珠墓地凭吊，摄影者为刘龙老师

“赛珍珠国际”的资料室不大，位于二楼，一大一小两间，均不到 20 平米。这几天，我和刘老师每天早上 9:30 进入资料室，下午 16:30 下班时离开。除去午餐时间，我们在资料室每天工作至少 6 小时。中午休息时就在资料室隔壁的会议室用在吃早餐时购买的汉堡充饥。这里的资料很多，但几乎都是英文的，极少有中文。我们希望能查看每一份卷宗，争取把每一页资料都浏览一下。为有效利用时间，我们俩做了分工，刘老师查阅中文资料，我查阅英文资料。一旦发现有价值或我们感兴趣的，我们就一起看一下、聊一下，然后立即拍照。

就这样，前后三天，我们几乎翻遍了资料室的所有存档资料，拍了几十个富士胶卷。以每个胶卷 36 张照片计，大约拍了一两千张照片。我们收集的史料包括：

几十期《亚洲》杂志的目录和与中国抗战相关的文章，其中最有意义的是埃德加·斯诺访问延安的连载文章，它们后来被斯诺编辑成《红星照耀中国》（又译《西行漫记》）一书出版；

赛珍珠夫妇创办的“东西方协会”的资料；

赛珍珠丈夫理查德·沃希以“废除《排华法案》公民委员会”主席名义写给社会名流的信件；

赛珍珠与王莹往来的十几封信件，以及她率领“东西方协会”下属的“中国活动剧社”在美国演出的资料，包括在纽约中国戏院和白宫的演出海报；

赛珍珠与林语堂往来的十几封信件；

赛珍珠与晏阳初往来的信件；

赛珍珠与罗斯福总统夫人、肯尼迪总统的几封信件；

赛珍珠与其他人的信件；

赛珍珠参与社会各界活动的资料；等。

每天查阅资料结束后，我们即找个餐厅边吃晚餐边讨论当天的重要发现。因为此次查阅到的有价值资料绝大部分与赛珍珠参加的社会活动有关，所以我们商量根据这次查阅资料情况开展一个后续的合作计划：编辑一本《赛珍珠和她的多彩世界》，内容以史料照片为主，并附文字介绍与评论。刘龙老师拟就了编写提纲：

一、跨世纪的伟大作家

二、反侵略战争的人道主义卫士

三、反种族歧视的民权先锋

四、废除《排华法案》的积极推动者与组织者

五、倡导男女平等的女权斗士

六、美亚混血儿慈善事业的奠基人

我们还讨论了每一章拟采用的文献照片，以及具体的分工、责权等问题。

在这次收集史料过程中，最令人惊喜的是我们发现了赛珍珠传世的第三份中文手稿。1992 年 4 月初，我曾在西弗吉尼亚州威士林学院所收藏的

赛珍珠手稿中，第一次发现了她在二战期间为参加“美国之音”和英国BBC电台战时华语广播亲笔撰写的两份22页中文手稿。这次在青山农场赛珍珠故居资料室是第二次发现赛珍珠的中文手稿。

1941年珍珠港事件爆发，美国正式宣布对日作战，美国全国广播公司NBC随即开始对华战时英文和华语广播。1943年NBC邀请赛珍珠参加这个节目，并担任主讲嘉宾。为此，赛珍珠专门编写了《美国对中国说话》中文广播剧本。我们此次发现的就是她亲笔撰写的这部广播剧的中文手稿，共一百多页约三万字，我们全部予以拍照留存。如同1992年发现她的中文手稿一样，赛珍珠书写的中国字非常工整，似正楷笔法。这说明她幼学中文时曾在中文书写方面下过功夫。

1942—1943年，为宣传中美结盟共同抗击日本，美国全国广播公司NBC在华语广播节目中特邀赛珍珠为主讲嘉宾，男主持人手中的就是这份中文广播剧手稿

这部广播剧共有七个段落：

第一段：美国是怎样一个国家
第二段：美国的人民是怎样的
第三段：美国的家庭
第四段：美国的儿童
第五段：美国的妇女

第六段：战时的美国

第七段：美国的老百姓

我原计划将该中文广播剧本全文收录本书。但就在最近，镇江学者裴伟先生告知，刘龙老师生前编订的《永恒的赛珍珠》附录已收录该文稿内容，唯缺文稿照片。为此我仅提供该文稿的简要信息和部分照片。读者和研究者可在刘龙老师的著述出版后阅读到这部广播剧的完整内容。

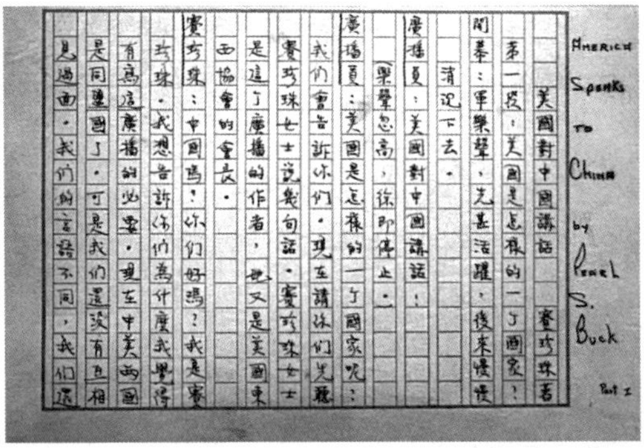
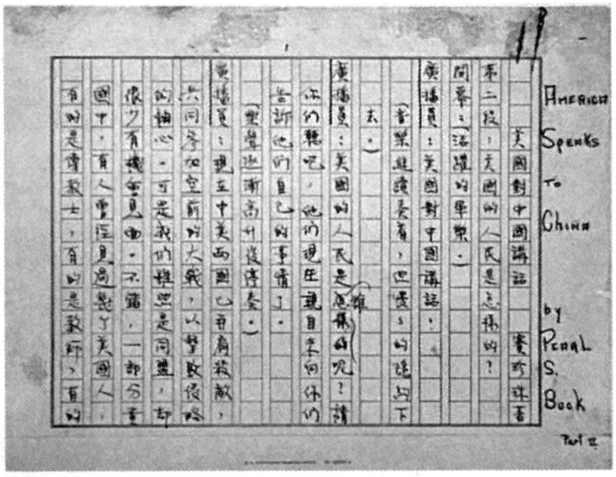

赛珍珠《美国对中国讲话》中文广播剧的亲笔手稿

再见，赛珍珠！

1971 年 3 月 28 日，中国乒乓球队时隔六年重返国际乒坛，参加了在日本名古屋举行的第三十一届世界乒乓球锦标赛。4 月 4 日，美国运动员科恩错过了美国队的班车，而恰巧上了中国队的班车。途中中国选手庄则栋主动与科恩打招呼并与其作了友好交谈。此事被媒体报道后，顿时成了各大媒体的头条新闻。随后美国队表达了访华的愿望。经周恩来总理批准，美国队于4月10日抵达北京访问，由此拉开了中美之间封闭22年的帷幕。

1971年7月9日，时任美国国务卿基辛格受尼克松总统指示秘密访华，以图改善两国关系并为尼克松访华探路。基辛格这次访华取得成功，1971年7月16日，中美双方发表会谈公告，宣布尼克松总统将于1972年5月前正式访华。

尼克松即将访华的消息震惊了全世界，中美关系的大门也由此重新开启。实际上，赛珍珠早在20世纪60年代初就多次向美国政府领导人呼吁恢复对中国的交往。现在，她终于等到了这一天。赛珍珠对此充满欣喜，1971年秋至1972年春，她参与及主持美国全国广播公司NBC的专题节目《重新看中国》，并写出许多介绍中国的文章。在接受媒体记者采访时，她信心十足地宣布自己即将访华和撰写一部反映新中国的著作计划。那时她还开始写作《中国的过去和现在》一书。在此期间，赛珍珠最大的关注点是计划安排自己重返中国大地，访问新中国。

此时，赛珍珠离开中国已经38年了，她特别渴望重返中国。为能顺利拿到访华签证，赛珍珠在1972年2月至4月连续给中国领导人发出四封信。她在第一封信中写道：

> 此刻在我的书桌上放着一封您很久以前给我的信。因为您听说我要写一本反映你们的军队在华北抗日作战的小说，您的信给我提供了那时你们人民的背景和环境。我在1943年11月15日立即给您回信，告知那时我还没有写作这个小说的计划。但是我可能会晚些时间写作这样一部小说。
>
> 这个“晚些时间”现在已经来临。①

3月1日，她给刚刚结束访华的尼克松总统发去加急电报，希望总统能够帮助促成她当年4月15日出发访华的愿望。4月份她在纽约拜访了中国首任常驻联合国代表黄华的夫人，然后在4月24日再请秘书以她的名义写信给黄华夫人。与此同时，她还给中国驻英、驻法大使馆去信，希望他

---

① 译自 Beverly Rizzon. *Pearl S. Buck: The Final Chapter* [M]. Palm Springs, California, USA: ETC Publications, 1989: 208.

们能够将她写给周恩来总理的信件副本转交中国外交部和周恩来总理。赛珍珠如此密集地写信给中国领导人，反映了她渴望再次重返中国大地亲眼见到新中国巨变的迫切心情与内心愿望。

美国女作家贝佛利·吕宗（Beverly Rizzon）在1989年出版了著作《赛珍珠：最后的一章》。书中介绍了赛珍珠在她人生最后三年的生活与工作，其中就收录了赛珍珠1972年2月至5月间所写的上述信件。

然而就在充满兴奋和焦急的等待中，1972年5月，赛珍珠收到了中国驻加拿大大使馆寄给她的拒签信件。她对自己的满腔热情与期待遭到误解与拒绝非常不解，甚至痛苦不堪。

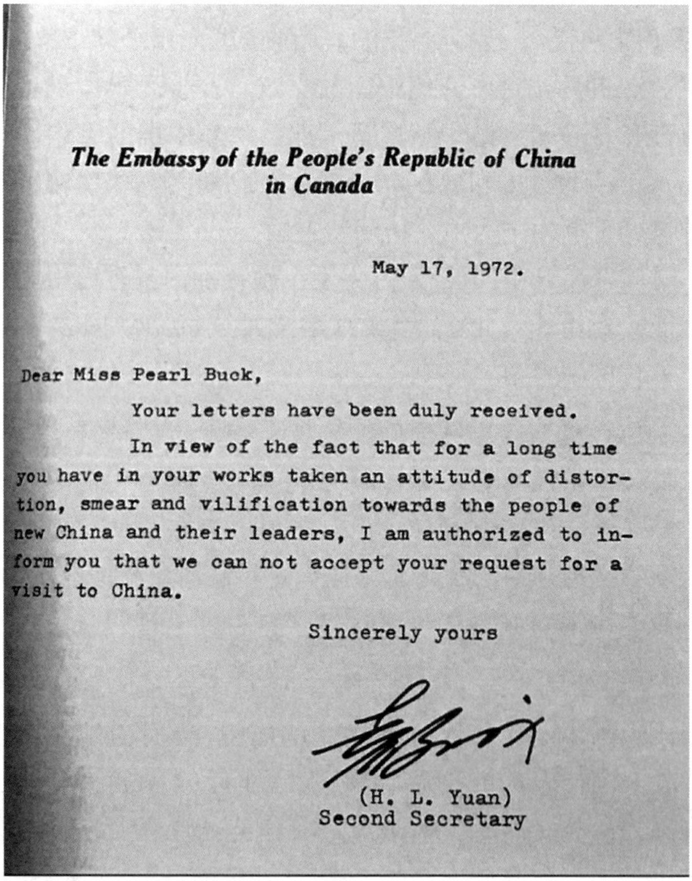

The Embassy of the People's Republic of China in Canada

May 17, 1972.

Dear Miss Pearl Buck,

Your letters have been duly received.

In view of the fact that for a long time you have in your works taken an attitude of distortion, smear and vilification towards the people of new China and their leaders, I am authorized to inform you that we can not accept your request for a visit to China.

Sincerely yours

(H. L. Yuan)
Second Secretary

赛珍珠的访华签证申请被拒签的拒签信复印件，签署日期是1972年5月17日

“长期以来你在著作里采取歪曲、攻击、谩骂新中国人民及其领导人的态度”，显然，赛珍珠对这封拒签信中所列出的这个拒绝理由是不能认同的。她要用笔再一次将她对中国的情感表达出来。于是她用几个月时间将此前尚未写完的《中国的过去和现在》一书做了完稿处理。她在第九章和全书结语中将她等待访华签证和收到拒签信后的心情做了完全的表白。此书于 1972 年 10 月由纽约庄台公司出版，这是赛珍珠生前的最后一本非小说类的著作。此书的第九章和全书结语由北京周报社的汪健翻译为《最后的倾诉》，于 1996 年发表在《当代外国文学》。译者汪健后来在 2002 年发表的《从海伦・斯诺看赛珍珠》一文中写道：

赛珍珠在《最后的倾诉》中“提供了鲜为人知的丰富史料，坦陈了自己憧憬、期盼、气恼、困惑、绝望，以至心平气和、继续前行的种种心态，感情浓烈而又理性澄澈。这是对她晚年行迹进行评断所不可或缺的第一手真实凭据，具有重要史料价值”。

1972 年 10 月，纽约庄台公司出版了赛珍珠的《中国的过去和现在》，
这是她非小说类著作的封笔之作。几个月后 **1973 年 3 月 6 日**赛珍珠逝世

刘龙老师在访美期间送给我一份《最后的倾诉》中译文的复印件。这篇文章可被视作赛珍珠对她一生所挚爱的中国与中国人民最后的告白。在刘老师访问美国期间，我们一起认真阅读此文，颇为感慨。作为了解中国近代史、了解赛珍珠一生，且经历了“文革”、经历了思想解放与改革开放的中国人，刘龙和我对赛珍珠访华申请被拒签充满了深深的遗憾。我们在开车途中或茶余饭后，常常谈到这位老人在人生最后阶段的心态。此篇倾诉感情洋溢，充满对中国的深情与热爱，也有对来自中国的误解和拒绝而表现出来的不满。

长久以来，我和刘龙老师一直都想知道中国驻加拿大大使馆为什么发出那样严厉的拒签信给赛珍珠。客观而言，五十多年前的这封拒签信严重影响了赛珍珠的情感。我们可以设想一下，如果那时赛珍珠真的能够成行访华，她的所看、所说、所写、所做将会对美国和西方民众了解新中国、对促进中美交往起到怎样的积极作用。

2002 年，在镇江举行的赛珍珠学术研讨会上，著名学者姚锡佩在其提交的会议论文《我对赛珍珠研究的感受》中介绍，1987 年她参加了中国纪念斯诺《西行漫记》发表五十周年的学术讨论会，她提交的比较斯诺与赛珍珠及他们著作的论文引起与会的老外交家黄华先生的关注。姚锡佩在发言中表达了与前人有所不同的对赛珍珠的评价，即“不仅要研究、宣扬像斯诺、史沫特莱、斯特朗这样支持中国革命事业并作出贡献的外国友人，而且也应该大力研究那些真诚地热爱中国人民并为之作出努力的像赛珍珠这样的外国友人，尽管他们可能曾经对中国共产党领导的中国革命事业有过这样那样的误解和批评”。姚锡佩的这一意见马上受到黄华先生的肯定。他指示当时的“三 S 研究会”应大大拓宽研究的范围（该研究会后经多人提议改名为“国际友人研究会”）。黄华先生建议姚锡佩进一步研究赛珍珠，他语重心长的话语和鼓励令姚锡佩深受感动。①

需要说明的是，1987 年时，我和刘龙老师还无从得知以上信息。我几年后与谢和赓结识，他也提到了黄华先生对赛珍珠“我们过去对她是不公

① 姚锡佩的这篇论文后被收入许晓霞等主编的《赛珍珠纪念文集》，由吉林文史出版社于 2003 年 8 月出版。

平的”这一看法。

在赛珍珠国际查找史料的第三天下午，工作结束后，我和刘龙老师又一次来到赛珍珠墓地。我们要与老人家做一次跨时空的临别“交谈”，因为明天我们就要离开青山农场前往华盛顿。

夕阳即将西下，初夏的青山农场气温宜人。刘龙和我坐在紧靠墓地旁边的一个长凳上。对面写着“赛珍珠”三个中文篆字的墓地里，躺着一位喝镇江水、吃镇江饭、说镇江话、视镇江为中国故乡、对中国充满深情的曾获得诺贝尔文学奖的著名女作家，此情此景令我们百感交集。我们想着对赛珍珠说些什么，要把这十多年为研究赛珍珠而追随到这里的感慨做一番倾诉。镇江人习惯称老年妇女为老太太，我们自然而然地对这位镇江的“乡亲”说起了镇江话：

赛老太太，我们属晚辈，与您是不同时代的人。虽从未谋面，但是由崇实女中的校友那里，我们认识了您。从您的小说中，我们了解了您。从您参加的广泛社会活动中，我们看到了您对良知正义的追求与付出。您对中国人民的感情，对中国抗日战争的支持，对废除美国《排华法案》等所做出的一切工作，显示了您是中国人民真正的朋友。中国人民感谢您，镇江老乡们感谢您。

赛老太太，作为镇江人，我们可能是您离开镇江几十年后，最早在工作中偶然“遇”到您，然后去追寻您足迹的镇江人。后来，在各自独立找寻您的过程中，我们两人在工作中相遇，当时刘龙在编写镇江崇实女中校史，他要将您编入校史中。我们花了很大努力，搜集到您的许多史料与作品，同时看到了您对中国人所做的一切。这让我们感动，也让镇江人引以为傲。当我们看到您用几乎一辈子的时间为中国呐喊，宣传中国文化，支持中国抗战，捍卫美国华人权益，等等，我们对此充满感激之情。同时，我们又为您被误解和拒绝而感到不安。作为改革开放后具有新思维的后辈人，我们愿意为人们重新认识您、重新评价您去做出我们应尽的努力。这是中国人对历史和历史人物应有的尊敬与责任。

我们俩都看过您的一些小说、文章、演讲，都知道您为宣传中国文化和支持中国人民的正义事业所做的出色工作与贡献。这让我们对过去的中国和过去的那个时代的中美交往有了很多了解。但是最能触及我们心灵的是您在1972年所写的《中国的过去和现在》，有中国译者将其中的第九章和全书结语翻译为《最后的倾诉》。在这篇倾诉中，您向中国人民、镇江老乡，以及长眠在庐山和镇江墓地中的父母及你的兄弟姐妹们发出了动人心弦的告白。这几天，我们在开车途中、在晚餐谈叙时常常谈到您的倾诉，谈到您写作此文时的心情。我们为此感到痛心与惋惜。

在这一时刻，我们仿佛感觉到赛珍珠在时空的另一端听到了我们的话语，我们还似乎听到了她的诉说：

……啊，我敬爱的父亲，我连你的墓穴也永远见不到了——永远，永远！信就在这里。它命令我永远不再归去……

不，我将永远不再看见你们，我所热爱的中国民众。我的双脚将永远不再踩踏我所如此了解的小山、村庄与城市。但是，尽管这是真实的，它也不再关我什么事了。甚至，你们究竟是要我回来还是不要我回来，也不再关我什么事了。我永远是你们的一部分，你们也永远是我的一部分。你们形成了我，你们养育了我，你们影响了我，使我的名字长存于世。

我有一部分已经永远和你们在一起了。我的父母亲长眠在你们的土地上。他们同你们在一起，并且是为着你们而度过了一生。死了以后，他们还是同你们在一起。同他们在一起的，还有我的两个哥哥和两个姐姐。他们都在幼年时期死于你们国家的地方病。他们从未见过自己祖先的国家美国。他们永远是中国的一部分，我也是，只是我还活着，在我的祖国安全地活着，因为我是七个兄弟姐妹当中唯一出生在这里的。[①]

在这一刻，我们可以想象到赛珍珠撰写这些文字时的场景：她边写边流泪，一字一句地，音调或高或低，就像自己从小在镇江、在清江浦、在宿州、在南京等地所见过的那些中国农民，在遭遇天灾人祸而失去家人时或被误解却无人倾听，或被冤屈而投诉无门，他们在呼天喊地般地哭

① 赛珍珠. 最后的倾诉（汪健译）[J]. 当代外国文学，1996（3）：69，76.

诉……那些人太可怜了，太值得同情了。赛珍珠在《最后的倾诉》中反映出的被误解、被拒绝，特别是被所爱之人拒之门外的哀怨与哭诉，我们两位镇江晚辈能够理解，感同身受，极为同情。

此时，我们仿佛看到赛老太太又激动地对我们诉说：

也是在这里，我自由地从事自己的工作。我坚定不移地帮助我的美国同胞了解、尊敬甚至钟爱你们——我的中国同胞。在我们总统对北京的访问当中有我的一份作用，因为我们的人民希望他前往那里。不论我们两国政府之间有什么样的差异，我们的人民并不感觉你们是陌生人。我自豪地获知，我通过自己的写作已经帮助了创造与支撑这种感觉。我还将继续这样做。

中国所给予我的一切，友谊、美丽、兴奋、危险（我本人以及家人的生命都曾遭遇到过危险，是我们的中国友人救我们脱险），这么多年来我的全部经历，都已倾注到我的著作之中。我的著作已经将我，连你们也跟我在一起，广泛地植根于我们的大地之中。我很高兴，我由于你们而成为有史以来我国作家当中著作被翻译得最为广泛的一个。因为这样意味着，你们也广为世人所知。我已尽了自己的最大努力为你们声扬。我为诺贝尔文学奖向我颁发是由于我“对中国农民生活真切而取材丰富的史诗般描述”而感到自豪。①

老太太的肺腑之言，我们似乎都听到了、听懂了。我们告诉她，我们完全认同她对自己的评价。我们告诉她，我们花了好几年时间搜集有关她的史料与作品。世事沧桑，几十年过去，许多人、事、物都变了，在中国很难找到她的那些史料，有些知情的老人也故去了。但是，我们克服很多困难，还与一些旅居海外的崇实女中和润州中学的老校友、与她的养女詹妮丝·沃希和美国赛珍珠国际建立了联系，他们也给我们提供了许多珍贵史料。我们告诉她，我们还找到了她家在镇江登云山上的旧居。当时房子年久失修，已成危房。镇江市政府与美国友好城市坦佩市已联合出资修缮了故居，并将她的故居设立为文物保护单位，每年有成千上万的中外游客

① 赛珍珠. 最后的倾诉（汪健译）[J]. 当代外国文学，1996（3）：76.

前来参观。南京大学刘海平教授也在南京大学找到了那座她曾居住并在那里写作《大地》三部曲的房子（平仓巷3号），如今那里也设立为赛珍珠故居。

我们还告诉她，中国人现在已经可以认真地了解和重新评价她的文学作品及社会活动，大家都高度评价她的文学作品与社会活动对东西方文化交流所产生的积极作用。中国的赛珍珠研究已经取得了积极进展。1991年1月，经过我们的积极推动和镇江市政府的大力支持，中国首次赛珍珠文学创作讨论会在镇江举行。数十位来自北京、上海、南京、镇江的学者，以及出版社及媒体代表参加了讨论会。大家对她长期以来为宣传中国和中国文化，积极支持中国抗战、支持废除《排华法案》等所做出的杰出贡献评价很高。那年的研讨会结束不久，我们就将多年收集与研究的资料编辑为《赛珍珠研究》一书出版。这是中国第一部关于她的研究文集。中国人民没有忘记，历史会永远铭记。

我也激动地说：

老太太，1992年3月，我和南京大学外文系刘海平教授参加了您的母校兰道夫–梅肯女子学院举办的“赛珍珠百年诞辰研讨会”，主办方还邀请我们在会上发言。刘海平教授的发言题目是“当代人眼中的赛珍珠”，我也提交了会议论文《赛珍珠和她的“中国故乡”镇江》并进行了节选发言。会后，我还与刘海平教授一起去赫尔斯保罗参观了您的诞生地故居。我还专程去参访了保存您绝大部分手稿的威士林学院。

那年4月初，我第一次拜访您在费城郊区青山农场的故居。那一间间您曾生活过的屋子，一件件您曾使用过的物品，一本本您的小说作品，一张张栩栩如生的照片，让我觉得您仍旧就在那里，只是偶然出去，很快就会回来。

我还拜访了居住在康涅狄格州麦迪逊镇的海伦·斯诺女士。她可是您的老朋友，她向我介绍了她与先生埃德加·斯诺与您的交往和友谊。她对您评价甚高，并为我们写下：怀念赛珍珠，我亲密的朋友，她建起了第一座沟通东西方的桥梁。她的这句话符合历史，恰如其分。

我们告诉她，镇江市继第一次赛珍珠文学创作讨论会后，还成立了镇江市赛珍珠研究会，并在 2002 年和 2005 年又举办了两次赛珍珠国际学术讨论会。这些会议的召开和一批批赛珍珠研究的文章发表，引起了越来越多的中国学者的关注，甚至在一些中国大学的外文系和外语学院还开设了赛珍珠研究的专业课程。这些年来一批批年轻的赛珍珠研究学者不断涌现。赛老太太应该为此感到高兴。

我们告诉她这一切是如何发生的。那是因为 1978 年中国改革开放后的 20 多年来，中国发生了翻天覆地的巨大变化，从经济到科技，从教育文化到城乡建设，从物质财富到精神面貌，中国已经变了模样。现今中国人民，包括农民的生活质量已经大大改善。人人有饭吃，有衣穿，有房住，孩子们有学上。医疗卫生事业今非昔比，人们的就医条件得到根本改善，过去曾有的那些传染病得到了完全控制甚至消除，如今的中国已经变得欣欣向荣。

我们还对她说：

如果今天您再回中国，再到镇江、再到南京、再到苏北的清江浦看看，您肯定已经认不出它们了。但是您一定会为此感到高兴，因为这一直就是您对中国的期盼。

赛老太太，您是熟知中国历史和世界历史的。历史的误解不仅仅是您一人所受到的误解与痛苦，现在这一切如同寒冬已经过去。您对中国人民的善良之心和特殊贡献在新的时代已经被中国人重新认识和肯定，您的光彩终于在中国重新闪现。在九泉之下的您应该为此欣慰。

还是往前看吧。您得到的，未来还将继续得到。作为后辈，我们觉得这是您人生的最大价值。那些不如意的人生遭遇，包括被误解和被拒绝，已经过去。而您在中美及东西方文化交流中的那些影响将永远被我们后辈人所铭记。

夕阳西下，刘龙老师和我向赛珍珠作最后告别，我们告诉她我们非常庆幸能够为现代中国人重新认识赛珍珠、重新评价赛珍珠、重新肯定赛珍珠做出自己的努力，做了我们后辈人应该做的。我们也是喝长江水、吃黑桥烧饼长大的镇江人，我们以赛珍珠为荣。如果生命可以轮回，愿赛珍珠再次回到镇江，回到中国故乡。愿更多外国友人像赛珍珠一样到中国来生活、学习、考察，并写出一篇篇介绍现代中国发展、反映中国人民生活的作品到西方、到全世界。当年赛珍珠所推动的东西方文化交流事业，如今一定会后继有人。

告别之刻，我们仿佛看到赛珍珠无奈而又感慨的神态，她仿佛在回应着我们：

人生大概就是如此。有得有失，有失有得。想要圆满，又得不到圆满。我的父母奋斗了一生，付出了一生，最终也没有得到他们想要的。他们留下了奋斗一生的精神。作为他们的女儿，我也一样。

刘龙老师和我依依不舍地低头告别：

再见了，赛老太太！

真心欢迎您再回到中国，回到镇江！

后　记

终于完成书稿，内心如释重负。

过去一年多，每当完成日常业务工作，我就静心伏案回顾三四十年前所经历的赛珍珠研究的那些往事，每次都是思绪如潮。一个个人物一件件事，穿越时空再次呈现在我的眼前，仿佛就在昨天。翻阅史料，接触赛珍珠、了解赛珍珠、评价赛珍珠，她似乎还在我们面前写作、说话、做事，仿佛未曾离开。

能够在历史的长河与思想的海洋中徜徉，与那些历史人物，还有我们的同行者，或相遇，或交谈，或探讨，感觉特别惬意。

今天，我们的思想可以把历史和历史中的人物，与现实世界结合在一起进行重新审视，前人和历史仿佛从未远去，而是始终与我们在一起。他们影响和造就了过去，他们还会影响我们的现在与未来。我们还能和那些历史人物在一起做些有益的事情吗？

我相信精神的传承和文化的传承始终伴随着社会发展进程，而且还继续发挥相当重要的影响作用。赛珍珠就是这样一位曾经有着巨大影响力而且还可继续发挥作用的历史名人。在当前世界面临百年未有之大变局时代，东西方关系尤其在当前中美关系、中欧关系面临变革的时刻，历史的经验与前人的智慧仍旧有着重要的参考意义。

100 多年来，中美交往的历史可谓起伏跌宕，并且深深地影响着世界。从清末大批美国传教士来华，到美国加入八国联军侵略中国；从美国人用部分庚子赔款建立清华学堂与协和医院，到二战中两国结为同盟与日本军国主义作战，并共同成为战胜国；从意识形态对立，中国抗美援朝和抗美援越，到尼克松访华、中美关系融冰；从中国改革开放，从中美建交后的“蜜月”时期，到现在两国关系面临严峻复杂形势，中美两国一直在矛盾冲突中交往与发展。历史地看，两国虽然矛盾不断、冲突不断，有时甚至一度严重对立，但在发展大方向上，一直在求同存异中开展交往、共同发展。过去如此，未来还应是如此。

如何“斗而不破”？除了中美之间的外交、经贸、国际合作，两国的民间交往和文化交流仍将继续扮演重要角色。

由此我想，如果赛珍珠还在世，她会怎样看待现在的中国？她会怎样续写现在的中国？她会怎样评论今天的美国等西方国家？她又会怎样建言中美两国的交往呢？其实，在一篇赛珍珠写于二战时期的支持中国抗战的对华广播稿中就已经看到了她的观点：

> 将来战争结束，我们必是最终胜利者。那时我们两国，一东一西，要成为世界上的民主主义的两大领袖。战后与战时一样，我们要站在完全的平等地位。今天，我们因战争的需要彼此逐渐的互相合作。将来太平时，我们必须照旧合作下去。因为只有中美的合作，才能达成一个完全自由平等的世界。①

作为中国人，回看 1911 年以来、1949 年以来、1978 年实行改革开放以来的社会发展与进步，不胜感慨。中国已经从 100 多年前赛珍珠笔下的贫困落后、军阀混战、饱受外敌侵略和欺侮的一穷二白的农业国家，发展成世界第二大经济体，中国人为此付出了令人难以想象的抗争、牺牲、努力的巨大代价。今天的中国以崭新的面貌展现在世人面前，实现了毛泽东主席的中国将“自立于世界民族之林”的诺言与理想。中国追赶世界潮流、缩小与发达国家差距的速度令世界惊叹，中国也因此成了世界最为关注和必须交往的最重要国家之一。近二三十年来，随着千千万万的外国人到中国旅游访问、投资经商等，以及每年上亿人次的中国人走出国门，更随着互联网进入亿万人家，中外经济与人文交流的广度与深度已经远远超过了历史上的任何时期。

未来中国的发展必将更加迅速、更加令人瞩目、更加令人期待！世界如何看待和适应中国的发展变化，这需要他们的智慧来解读，也需要中国人的智慧来分享与引导。过去说“合则两利、斗则两伤”，如今的全球经

① 这段文字引自笔者 1992 年 4 月在美国威士林学院所发现的赛珍珠 1942 年为“美国之音”和英国 BBC 对华广播所写的中文广播稿手稿。

济一体化已经形成“合则众利，斗则众伤”的局面。和而不同、互利共存、和平共处是唯一可行之道。

赛珍珠是前一世纪的“人桥”，她为沟通东西方文化交流特别是中美之间的文化交往，还有她在二战期间为促进全世界反法西斯同盟所做的卓越工作与杰出贡献，至今仍有其深刻的现实意义。这座“人桥”的积极作用还应该不断地延伸、扩大。

美国学者博文理（Paul Bell）① 曾明确表示：“我的梦想是为西方了解东方、为世界了解中国、为美国人民更好地了解中国人民打开一扇窗。通过这扇窗去看一看当今真实的中国，了解生活在这片土地上的人民”。他的这番话代表了一些西方学者与民众的理性观点。目前，中国与美国是全球影响力最大的两个国家。客观了解中国，客观了解美国，这有助于东西方两个大国彼此尊重与合作，并共同承担更多的国际责任，这有益于世界。

中国人应该站在未来发展的基点上，重新思考与制定未来的中外文化交流规划。中国快速发展的综合国力和不断增强的国际影响力，需要这样一个与之相匹配的文化交流的规划。借用军事古语“兵马未动，粮草先行”，国家发展也需要“经济前行，文化并进”。

站在这个角度，我们不难发现今天赛珍珠研究的现实意义。

赛珍珠写中国，写的是那个时代她所触摸到的和亲眼看到的中国。她想把现实中的正在变化的中国通过她的小说介绍给美欧读者。她成功了。中国人也透过她的小说笔触，走向了世界。

如今的中国经历了改革开放和快速发展，对外宣传取得很大成绩，外国人对中国的看法已经有了很大改变。但是西方媒体的“惯性思维”“片面报道”“双重标准”等依然存在，它们仍然影响着世界，致使许多西方人对中国的看法还很不客观、很不全面。这是中国面临的一个大挑战。介绍中国、宣传中国，让外国人看到一个真实的中国，这是我们现在和未来要做的一个重要工作。做好这个工作，一方面要中国人自己去讲、去写、

① 博文理（Paul Bell）博士，美国俄克拉荷马大学副教务长、文理学院院长、孔子学院理事会主席。

去报道，另一方面，也需要更多具有客观公正态度的外国人来看、来写、来报道。尤其在当前中国发展迅猛而西方充满疑虑的情势下，更要抓紧做好这个工作。如果从这个角度来理解中外文化交流，它的意义就是透过中外文化交流，进一步让彼此人民相互了解各自的历史和现状、国家和人民，以扩大各项交往来促进共同发展。赛珍珠给世界做了一个极好的榜样。我们应该在赛珍珠研究中得到启发和借鉴，要继续为做好中外文化交流和民间友好往来而努力。

我因此产生了一些想法和建议：在有条件的大学（包括外交学院）教学培养计划中增设“中外文化交流”的课程，尤其是在外国语或文学院系，应将“中外文化交流”列入学生的必修或选修课程。外语院系不仅仅是培养外语人才、外交人才的地方，更应该为中外交往培养文化交流使者。那些进入到政府机构、外事部门、文化系统、新闻媒体、涉外驻外企业、联合国维和部队等单位工作的大学毕业生应该具有“中外文化交流”知识基础。同时，那些已经在这些部门岗位工作的人们，也应该尽快补上“中外文化交流”的课程知识。

同时，在中国的大学里继续办好和扩大外国青年学者“中国问题研修计划”。每年邀请外国青年学者到中国研修，实地生活考察，持续培养。中国需要新一代的“赛珍珠”们！

此外，还可以由民间募集资金，成立“中外文化交流基金会”。每年通过民间评选，对杰出的中外文化交流人士予以表彰，以此吸引和鼓励更多朋友加入到中外文化交流的事业中来。

互联网技术的发展使人类社会已经进入信息互联互通的时代。我们要利用网络媒体的特点开展文化交流。最近十几年，去书店买书看书的人数在下降，而与此同时在网络上看电子书、看“今日头条”、看各类公众号，参与热点评论的人数猛增。为此，我们的学术研究应该与时俱进。去年和今年，镇江赛珍珠研究会已经通过网络组织了两次“中国镇江赛珍珠国际学术研讨会暨赛珍珠研究学者研习营”活动，各地研究学者和“赛珍珠”粉丝踊跃参加，反映颇佳。建议今后多举办这类形式活泼而内容丰富的线上活动。

改革开放以来，中国的赛珍珠研究已开展了四十年。20 世纪八九十年代，包括我和刘龙老师在内的一些学者做了许多赛珍珠研究工作，那是属于中国赛珍珠研究的起始阶段。2000 年后，中国赛珍珠研究在深度与广度方面进入了一个新的阶段，镇江市赛珍珠研究会则在其中起到了重要的作用。

2002 年，在镇江市政府的积极支持下，镇江市举办了赛珍珠国际学术研讨会，并正式成立了中国镇江赛珍珠研究中心。随后在 2003 年，成立了镇江市赛珍珠研究会。研究会先后在许晓霞、蔡文俊、卢章平三位会长的出色领导下，于 2005 年、2008 年、2012 年、2015 年、2017 年、2019 年举办了六次赛珍珠国际研讨会。每次均有国内外上百位研究学者参加，并出版了 6 部论文集，即《赛珍珠纪念文集》1~6 辑，收录研讨会论文、发言 200 多篇。至此，中国赛珍珠研究已经形成了相当规模，形成了以刘龙（已故）、王逢振、刘海平、张子清、姚锡佩、陆行良、熊玉鹏、汪应果、郭英剑、姚君伟、段怀清、周锡山、朱希祥、方柏林、董琇、王玉国、周卫京、董晨鹏、李臻、裴伟等诸多学者为代表的研究群体。有理由相信，这些不同年龄段的学者们一定会将中国赛珍珠研究推向更高的水平，为中外文化交流谱写新的篇章。

最后，感谢镇江市赛珍珠研究会领导们对本书部分内容的建议和文字校正；感谢裴伟先生对本书引用文献所提供的资讯帮助；感谢江苏大学出版社汪再非总监对本书提出建设性意见，以及在本书编辑校对过程中所付出的辛苦。

徐和平

2021 年 8 月

于美国洛杉矶